北岸 著

陆游

中国出版集团有限公司
华文出版社

图书在版编目（CIP）数据

陆游 / 北岸著. — 北京：华文出版社，2025. 5.
ISBN 978-7-5075-6167-8
Ⅰ．K825.6
中国国家版本馆CIP数据核字第2025UV7771号

陆游

著　　者：	北　岸
策划编辑：	胡慧华
责任编辑：	寇　宁
出版发行：	华文出版社
地　　址：	北京市西城区广安门外大街 305 号 8 区 2 号楼
邮政编码：	100055
网　　址：	http://www.hwcbs.cn
电　　话：	总编室 010−58336239　责任编辑 010−58336195
	发行部 010−58336267
经　　销：	新华书店
印　　刷：	北京新华印刷有限公司
开　　本：	710mm×1000mm　1/16
印　　张：	16.75
字　　数：	234 千字
版　　次：	2025 年 5 月第 1 版
印　　次：	2025 年 5 月第 1 次印刷
标准书号：	ISBN 978-7-5075-6167-8
定　　价：	58.00 元

版权所有，侵权必究

出版前言

陆游,是我国古代著名的文学家、史学家,伟大的爱国诗人。

他生于北宋末年的官宦之家,一生历六位皇帝,高寿85岁,见证了两宋之交的风云际变、人世沧桑。

他是诗人,是一位成就卓越的诗人。他说自己"脱巾莫叹发成丝,六十年间万首诗"(《小饮梅花下作》),盛唐以降,可与比肩者,为数不多。

他是词家,只是诗名掩盖了他词作的光芒。他的词或豪放,或婉约;或雄浑,或清丽。存世的140多首词,多可称为词中精品。

他是散文家,他的《入蜀记》是中国古代现存较早的长篇游记。他的《老学庵笔记》体例庞杂、构思精巧、文字优美,是宋代笔记中的佼佼者。

他是史学家,三次为史官,撰修了《两朝实录》《三朝史》。他还以一己之力,完成了简核有法、史评精到的《南唐书》,为后人留下了宝贵的文化遗产。

他是书法家,他的草书酣畅淋漓、豪放恣肆。他的楷书、行书尽可为帖。

他是藏书家,藏书不仅是他的家学渊源,也是他一生的爱好。"残年唯有读书癖,尽发家藏三万签"(《次韵范参政书怀》),他笑称自己是"书痴""书颠"。

他是军人,直到暮年,他还感叹:"衰迟罢试戎衣窄,悲愤犹争宝剑寒。"(《书愤二首》)闲置的宝剑，象征他报国无门的悲愤。他的宝剑不是许多诗人诗里那种空谈和借喻的意象，在秦岭的山谷中，至今还流传着他从军时打虎的故事。他是个文人，却不文弱，反而武德充沛、生机勃勃。

他是个出色的弈者，是茶客，是酒仙，是郎中，是农夫。他是美食家兼厨艺高手，喜欢吃炒栗子、吃粥，自称"今日山翁自治厨，嘉肴不似出贫居"(《饭罢戏示邻曲》)……

而他最重要的身份，是一个矢志不渝、百折不回的爱国者！

"国仇未报壮士老，匣中宝剑夜有声"(《长歌行》)，"早岁那知世事艰，中原北望气如山"(《书愤五首·其一》)，"王师北定中原日，家祭无忘告乃翁"(《示儿》)，他的仕途坎坎坷坷，他的爱情曲曲折折，他的人生起起落落，唯一不变的，是他的复兴志、爱国情。对家国的忠诚与热爱，是陆游跌宕生涯中恒定的锚点，是他一生奋斗、前进的动力。

陆游的拳拳爱国心，虽被偏安堕落的南宋统治者所辜负，却化为历史中一抹亮色，感染、激励了后世无数中华儿女。他的精神力量，连同他高妙的文学天才、传奇的人生故事，至今仍吸引着人们去了解、探究。

盼能以史为据，展现陆游人生之多个侧面，使读者更加全面地认识这位大诗人，既能见其可爱的、生活化的一面，也能识得其令人敬佩的人生底色。是以考诸史料，作此传记，以飨读者。

目　录

楔子／Ⅰ

历史篇　残阳泣血　繁华落幕／1

　　宋末帝祥兴二年（1279）

　　　　零丁洋里叹零丁：血色崖山／1

　　　　家祭如何告乃翁：一门忠烈／5

　　　　英雄出世笑华山：开天辟地／7

身世篇　风雨淮河　务观出世／11

　　宋徽宗宣和七年（1125）

　　　　亡宋谁知是石头：盛世危图／11

　　　　舣船生我淮之湄：生逢丧乱／21

　　　　世谱推原自楚狂：名门世家／28

藏书篇　万卷双清　书香门第／33

　　宋高宗绍兴三年（1133）

　　　　泪痕空对太平花：陆宰罢官／33

　　　　七世相传一束书：卷帙含香／44

从师篇　名师授业　终身向学 / 52

宋高宗绍兴十二年（1142）

　　　　纸上得来终觉浅：一字之师 / 52
　　　　少年堪做圣人徒：千载畏仰 / 55
　　　　忆在茶山听说诗：师从曾几 / 59

功名篇　三试考场　御赐出身 / 65

宋高宗绍兴二十三年（1153）

　　　　我年十六游名场：初试锋芒 / 65
　　　　父子气焰可熏天：再试临安 / 69
　　　　天下英雄惟使君：无冕之王 / 75
　　　　杀身从死岂所难：知遇之恩 / 78

爱情篇　菊枕留香　清词含怨 / 84

宋高宗绍兴二十五年（1155）

　　　　灯暗无人说断肠：锦书难托 / 84
　　　　芳心不管鸳鸯妒：金钗定情 / 86
　　　　曾是惊鸿照影来：痛彻心扉 / 91
　　　　一枕凄凉眠不得：邂逅红颜 / 95

入仕篇　仕途辗转　风雨临安 / 101

宋高宗绍兴二十八年（1158）

　　　　白鹤峰前试吏时：通判宁德 / 101
　　　　青衫初入九重城：大义微言 / 110
　　　　泪溅龙床请北征：铁血丹心 / 115
　　　　即日趋召登丹陛：君恩难报 / 127
　　　　一寸丹心幸无愧：黯然归乡 / 135

入蜀篇　万里西征　千年一记 / 143
　　宋孝宗乾道六年(1170)
　　　　　　柳暗花明又一村:放眼夔州 / 143
　　　　　　江山万里看无穷:别有洞天 / 148
　　　　　　故乡回首已千山:一记留名 / 159
　　　　　　俸钱虽薄胜躬耕:苍生大爱 / 161

军旅篇　匹马从戎　漂泊巴蜀 / 172
　　宋孝宗乾道八年(1172)
　　　　　　铁马秋风大散关:执戈军前 / 172
　　　　　　逆胡未灭心未平:打虎英雄 / 182
　　　　　　千年史册耻无名:如是放翁 / 187

游宦篇　十年风雨　两落惊雷 / 201
　　宋孝宗淳熙五年(1178)
　　　　　　不堪倦马又天涯:北苑茶香 / 201
　　　　　　一寸凄凉报国心:恶浪排空 / 204
　　　　　　小楼一夜听春雨:严州大阅 / 209
　　　　　　流落归来两鬓丝:皇恩浩荡 / 215

遗恨篇　风起南园　落叶归根 / 221
　　宋宁宗庆元六年(1200)
　　　　　　异姓真王功第一:见讥清议 / 221
　　　　　　却看长剑空三叹:目送王师 / 227
　　　　　　青史英豪可雄跨:寄梦稼轩 / 233

史诗篇　春秋笔走　诗心绝唱 / 237
　　宋宁宗嘉泰二年(1202)
　　　　　　信史新修稿满床:三任史官 / 237

3

湖山胜处放翁家:田园作歌／241
六十年间万首诗:剑南诗吼／246

后记 ／251

楔　子

在断断续续的两年时间里,作为一个虔诚的崇拜者、追寻者,我苦苦地摸索、丈量陆游生命的步履,并一头扎进历史的汪洋,搜集到无数散乱的字符,再经过一段时间的甄别、排列、组合,似乎找到了开启陆游人生宝库的密码。

将之呈现给读者的时候,我反复在几种可选的架构中纠结着。我思忖着以有别于他人那种单纯以年代线条为叙述基础的写法,以更加厚重、宏大、通透、鲜活的风格,来确立这部传记的基调。

此刻,我的脑海里正勾勒着一部三维动画。我把陆游的一生捻成一条线,串上八十五颗珍珠;我把大宋的历史版图平铺在"地"上,依着陆游行走的轨迹,哪一年,他处在哪里,就把一颗珍珠钉在哪里;再选取重要的节点,把相应的珍珠涂成红色,这个红色的珍珠就代表我列出的章节。每个节点前后左右的历史、人物、事件都是相应章节涵盖的范围。

陆游的生平,无疑是各个章节的内核,以内核为中心,我把陆游的家世、师学、功名、仕途、爱情、军旅、成就等进行板块化归类,既能系统地呈现陆游生平的全貌,又能独立成章,详尽地解读陆游在具体模块内的际遇和要素,进而跳出传统人物传记结构上的模式惯性,给作品增加一点新鲜感。

为让内核更加丰满,我会给它填上果肉,注入汁液,偶尔让它长出几只角和几条根,让这个节点上发生的事件有出处、有背景、有延展,让事件本身的条理性、逻辑性更加明晰,一目了然,不至于令没有这方面知识储备的读者感到晦涩、突兀,进而再去为一个人物、一个名词、一段历史溯本求源、耗费精力。也许看上去有些内容游离于主题之外,但我固执地认为,作为一部长篇传记,多这几页篇幅,既无伤大雅,也并非画蛇添足。

行文上,我铺陈了一些精确的史实,这是创作一部历史人物传记必须坚守的原则。在个别章节,我试着对枯燥的史料进行合理的故事化演绎,以增强文字的通俗性、趣味性和可读性。

我把第一颗珍珠钉在了陆游出生的淮河上,确切地说是钉在了"淮之湄"所处的寿春。最后一颗珍珠则和陆游一样,落叶归根,钉在越州山阴(今浙江绍兴)。

如此,点、线、面都有了,一部书的基本脉络就呈现出来了,但这还只是一个二维画面,对于多维的、坚实的、炽热的、跟跟跄跄游走在斑驳的历史画卷中的陆游是远远不够的。我又在地图的前方,垂直于地图,竖起一块宽阔的屏幕作为背景,播放一部又一部惊心动魄的历史剧:宫廷争斗、政治博弈、外交风云、国恨家仇、金戈铁马……我还以一个冷静的旁观者的身份,给这个三维动画配上了契合的音乐和解说词。

当我按照选中的框架开始动笔的时候,我又有了新的想法,这个想法是由陆游的绝笔诗《示儿》催生的。我想把陆游的故事和他一生的愿望画个完整的句号。于是,陆游的这条线被我人为地抻长,我又加了一颗珍珠,意图把这颗珍珠钉在金国的南京开封府,那是金国最后的都城。

宋理宗端平元年、金天兴三年(1234),这是中国历史上又一个分水岭式的年份。

此时,窝阔台处在大蒙古国的汗位上(1206年,铁木真统一蒙古各部,建立了大蒙古国)。雄风正劲的蒙古铁骑在他的号令下挥师南下,踏破一座座金国城池,直奔金国的都城汴梁(今河南开封)而来。惊慌失措的金哀宗舍弃了都城,出逃到蔡州(今河南汝南)。残破不堪的蔡州城早已粮草断绝,陷入"人掘草根官煮弩"(元好问语)的境地。绝望中的金哀宗,急遣使臣来到南宋的都城临安(今浙江杭州),他们准备了大段声泪俱下的说辞,承诺了无数优厚的条件,希望、恳求年年都要给他们纳贡的"叔侄"属国——南宋,在此千钧一发的关头,伸出援手,共御强敌,挽救危在旦夕的金国,顺便也为南宋自己赢得一个无忧的安全环境。

此时的南宋,擅权祸国两朝二十六年的权臣史弥远(1164—1233)病逝不久,刚刚亲政的宋理宗赵昀(1205—1264)正想再造一个"中兴"时代。在"联蒙灭金"和"助金抗蒙"间做选择的关键时刻,赵昀和他的谋臣们选择了前者——彻底灭亡金国。

历史不容假设,如果在这个重要的历史节点上,南宋选择适当的"助金抗蒙"政策,让两个剽悍的族群在相互鏖战中不断耗伤元气,同时整饬国防、枕戈备战、积蓄力量,那么或许能发出雷霆一击,真正北定中原,再造新的大宋版图,成就一种截然不同的历史走向。我相信南宋的智囊团,绝不会缺少这样的智慧。要怪就怪金国自己吧,一个"靖康耻",结下的仇太深,留下的恨太重。此刻,抓住历史机遇,一雪百年国耻,成了满朝文武、天下黎庶心中的唯一选项。

传了十帝,享国119年(1115—1234),欺凌了宋朝100余年(1126—1234)的金国,惨烈地灭亡了。金朝实质上最后的皇帝金哀宗完颜守绪悬梁自尽。他死前,把皇位传给了史称金末帝的完颜承麟,这个历史上最短命的皇帝,"黄袍加身"不到一个时辰,便落入元军之手,被乱刃分尸。亡国的金朝版图内,哀鸿遍野、血流成河,皇亲国戚、官兵臣民惨遭屠戮,比当年宋朝的"靖康耻"不知要惨烈多少倍。

如果把这个消息告诉陆游,他会瞑目吗？也许不会！祭祀他的香火刚刚点燃,蒙古人的弯刀就挥向了南宋,历史在不同的时段上演了与"联金灭辽"极其相似的一幕。其后的45年里,南宋在苟安、退让、抗争、逃亡中徘徊,终于在宋立国319年后,轰然崩塌。

陆游的一生,历宋徽宗、宋钦宗、宋高宗、宋孝宗、宋光宗、宋宁宗六位皇帝,生于乱世,也赶上了短暂治世。也许把他的一生放在大宋朝的整体背景里,更能映衬他在特定的社会、政治、文化、经济、外交背景下成长的脉络和思想的纹理。我把钉在汴梁(注:北宋的都城为开封,后世说到它的历史,笼统地将之混称为开封、汴京、汴梁、东京、东京汴梁、东京开封。开封之名自古就有,金朝灭亡北宋后,成立"伪齐"政权,伪皇帝刘豫将开封改名为汴京,元灭金后,将行政区划的南京路改为汴梁路,汴京又有了汴梁的名称,所以,具体到一些发生在不同年份的历史事件,笔者在行文时采用了不同的名称提法,未必准确,只为尽量贴近历史的真实。)上的那颗珍珠拔起来,把那条线又抻出好长一截,最后,找到了那个地方,并把它钉在这个令我不忍提及又固执地想要落笔的地方——崖山。

历史篇　残阳泣血　繁华落幕

宋末帝祥兴二年（1279）

零丁洋里叹零丁：血色崖山

宋度宗咸淳九年（1273），苦苦支撑了六年之久的襄阳城被元军攻破。三年后，宋恭帝德祐二年（1276），元军兵临南宋的都城临安（今浙江杭州），垂帘听政的太皇太后谢道清求和被拒，自知已无力回天的她，留下大宋的两粒种子——宋恭帝的哥哥益王赵昰、弟弟卫王赵昺，抱着年仅六岁的孙子宋恭帝赵㬎，出城向蒙古军统帅伯颜投降。至此，已享国316年的赵宋王朝，实际上可以宣告灭亡了。

张世杰、陆秀夫和文天祥等一众宋臣，先后拥戴皇室的后裔赵昰和赵昺，在沿海一带组建朝廷，维系着宋室政权，继续抵抗。宋末帝祥兴二年（1279）正月，流亡到崖山的小朝廷，被尾随而来的元军三面包围。

崖山，位于今广东省江门市。潭江水系由此出海，这里是潮汐涨退的海口。此区域东有崖山，西有汤瓶山，两山之脉向南延伸入海，如同一扇大门约束着出海口，中间的咽喉之地称为崖门。两山夹一海，并有南北两个出海口，看似地势险要，易守难攻，其实，北部的出海口水道较浅，如不是涨潮，船只很难出海。崖山的位置影响了宋军的进退和机动。祥兴二年（1279）正月，元军分两路水陆并进，进攻崖山。张弘范部从福建、广东沿海进军，在到达崖山北面时，由于北面水路退潮，水位变浅，战船不能进入，改由东部转向西南，进入崖山海域。由陆路进攻的李恒部也由江西南下，抵达崖山北部。此时的元军已完成了对宋军的全面封锁，并暗遣一路兵马由虎跳门绕至崖山的东侧登陆偷袭，切断了宋军补给淡水和柴草的通道。宋军断水断炊十余日后，最后的决战即将开始……

张世杰疲惫地走出船舱，这是他所在的楼船，银州湖的湖水（因与海相通，下文多称海）在绳索连接着战船圈成的水寨里，东一头西一头撞击着船舷。此刻，一个王朝的命运都压在他身上，如同此时的天际，昏暗、沉闷，压得他喘不过气来。他缓缓地回头，望向那条处在船队中央的龙船，百感交集、潸然泪下。夜深了，小皇帝该睡了吧！三年了，一片枯叶般漂泊的小朝廷没有一天是安稳的。那年的临安，元军入城前，谢太后交代宋度宗的杨淑妃和国舅杨亮节护卫她的两个孙子出逃，在金华与陆秀夫、张世杰、陈宜中、文天祥等会合。在元军统帅伯颜的穷追不舍下，他们又逃到福州。众臣拥立赵昰登基做了皇帝，就是宋端宗，封张世杰为大将，陆秀夫为签书枢密院事，陈宜中为丞相，文天祥为少保、信国公，并组织抗元。

元朝灭宋的步伐并没有停止。宋端宗景炎二年（1277），经过半年的苦战，福州沦陷。宋端宗在陆秀夫、张世杰的保护下，带着十万大军，乘船离开福州，抵达泉州，打算以泉州为根据地，重整旗鼓，继续组织力量抗击元军。万万没有想到，此时，大宋朝的又一个掘墓者出现了，他就是挟持一方，备受朝廷恩典的南宋福建招抚使、提举泉州市舶、官商通吃的巨富——阿拉伯裔商人蒲寿庚。在全城百姓的张望中，手握泉州军政大权的蒲寿庚，断然拒绝宋军入城。张世杰向蒲寿庚借船出海的要求也被他无情地拒绝。无奈之下，张世杰只好强行征用蒲寿庚的数百条商船。气急败坏的蒲寿庚，假借计议守城事宜，宴请南宋宗室，将毫无防范的南宋宗室三千多人悉数屠杀，后又捕杀忠于朝廷的臣民数万人，作为屈膝元朝的投名状。此后近百年，蒲寿庚连同他的后人，享受着元朝给予他们的荣华富贵。

再说张世杰，保护着南宋小朝廷，带领船队准备经广东逃到雷州，途中遇到台风，帝舟倾覆，宋端宗差点溺死，因落水染病，不久崩逝。七岁的卫王赵昺登基，在左丞相陆秀夫和张世杰护卫下逃到崖山，这是南宋小朝廷最后的据点，也许明天，也许后天，最终决定大宋朝命运的战斗就要打响了。

张世杰在心里推演着这场战斗的结局，元军号称十万（亦说总兵力两万），但实际兵力不会超过五万，自己这边有二十万军民，起码有五万军士可以参战。海战不是元军的强项，他们的小船在宋军的大船面前更没有优势。如果这场战役胜利，可以以一隅之地为新的起点，号令旧部和陆上深受国破家亡之苦的南宋子民奋起反抗，将元朝铁骑在燎原而起的火海之中化为灰烬。

"水寨"里的灯光摇曳在波浪里，像在张世杰的心头点亮的灯塔。他想起了文天祥：殊死一搏的时刻，多么渴望你能助我一臂之力啊！他又想起了陈宜中：你到占城（今越南南部）咋不回来了呢？为什么要做逃兵呢？这个时候，要是你能出其不意地带一支船队出现在元军的后方，和我来一个里外夹击，成就一个光耀史册的宋朝版的"崖山大捷"，何愁不能再续三百年大宋的基业！

不远处的战船上，几个匍匐在甲板上的兵士不约而同地滚入水中，瞬间就被淹没了。张世杰招呼身边的小校，大声地吩咐："快去看看，因何落水了？"小校无力地看看张世杰，低下头，呜咽着："将军，是饿的，渴的，他们一定是忍不住又喝海水了！"张世杰目光呆滞地瞭着海面，凉凉的海风送他一个寒战，也送来一丝不祥的预感。

此刻，崖门处的海口，元军主将张弘范正一脸得意地站在船头。通过连日的部署和进剿，他已经完全阻断了宋军的陆上退路，焚毁了宋军的粮草，又切断了补给通道，把二十万宋朝军民逼到孤立无援的千艘战船上。理论上，兵力和器具的劣势在战略与气势上的优势面前不足为虑。开战权握在他的手上，他随时都可以吹响战斗的号角。他自信将是这场决战的胜利者，是在辉煌与黯淡、雄起与没落间存在了319年的大宋王朝最终的掘墓人，也是元朝的不世功臣。

宋军的"水寨"载着摇摇欲坠的南宋小朝廷，在海面上起起伏伏。

张弘范轻叹一声,闭上了眼睛。他是元朝的蒙、汉军都元帅,也是个地地道道的汉人。元太祖八年(1213),蒙古军南下中原,他的父亲张柔在金都南迁之时,以地方豪强的身份,聚集乡邻亲族数千家结寨自保。元太祖十三年(1218),其父与蒙古军战于狼牙岭(今河北保定易县狼牙山),兵败被俘,降于蒙古,成为元朝的保州(今河北保定)都元帅。元太宗十年(1238),他出生时,金朝已亡国四年了。作为元朝的大将,他足智多谋、骁勇善战,在元宋长达六年的襄樊战役中战功卓著,之后一路征战,追着南宋"小朝廷"直到崖山。他理了理战袍,命令手下把文天祥"请"来。愁绪中未减凛然之气的文天祥,与踌躇满志的张弘范比肩而立,张弘范缓缓地说:"文丞相,前面就是宋军的水寨,那里已经断炊十几天了,围而不战,估计也挺不了多少时日,现在他们把千艘战船都用绳索连起来了,和赤壁之战的曹营如出一辙,这是要成就我再来一场赤壁大捷啊!"张弘范边说,边玩味地看着文天祥。或许是预感到宋军将面临一场惨烈的劫难,文天祥强忍心中的悲愤和绝望,不让泪水流下来。宋军的水寨摇晃着,模糊在他潮湿的目光里。

"写一封信吧!让他们归降,宋朝的气数尽了,这么多鲜活的生灵,为一个即将逝去的朝廷殉葬,连我都于心不忍啊。"张弘范边叹气边说,这是他第四次让文天祥劝降张世杰。第三次时,文天祥用他们准备的纸笔,写下了那首不朽的爱国诗篇《过零丁洋》。文天祥冷冷地看着张弘范,义愤地说:"我不能捍父母,乃教人叛父母,可乎?"张弘范失落地看看文天祥,这样的结果本在他的意料之中,他只是幻想在最后的关头能发生奇迹,可惜这个幻想终是个幻想。他望着宋军的水寨,徐徐地吟诵起文天祥的《过零丁洋》:"辛苦遭逢起一经,干戈寥落四周星。山河破碎风飘絮,身世浮沉雨打萍。惶恐滩头说惶恐,零丁洋里叹零丁。人生自古谁无死,留取丹心照汗青。"或是被诗中的浩然正气所打动,张弘范叹息着:"好诗,真是好诗啊!有这样蹿肝沥胆、铁骨铮铮的忠臣,大宋朝也算无憾了。"

最后的决战开始了……

宋末帝祥兴二年(1279)三月十九日,决战的最后一天。

张世杰挥剑砍断绳索,带着十多艘战船向外突围。他保护着杨太后,到了广东的外海。之后,陆秀夫背着小皇帝跳海殉国的消息传来,杨太后蹈海自杀,复国的所有希望都破灭了。张世杰将杨太后葬在海边。海面上,伴着一个王朝的落幕,一场飓风裹挟着海啸滚滚而来。将士们说:"将军,登岸吧。"张世杰摇摇头,说:"不必了。"然后登上柁楼,点燃了三炷香,面北躬身,自言自语着:"能做的事臣都做尽了,一君亡,又立一君,现在又亡。再立赵氏血脉以存祀的希望已经没了,我也该去陪伴皇帝了!"风雨中,张世杰坠海。

立朝319年的赵宋王朝,在崖山的血色中悲壮落幕。

今天,广东江门市的新会区,有一方建于明代的祠宇——崖山祠。祠院中有一座三忠祠,殿堂上,矗立着三尊神情肃穆、威风凛凛的塑像,他们是南宋的重臣、忠臣——文天祥、陆秀夫、张世杰。他们在后世,接受着后人的祭祀、赞美和缅怀。

清代诗人陈恭尹在顺治十一年(1654)途经崖门,凭吊忠烈时,写下了《崖门谒三忠祠》。

> 山木萧萧风又吹,两崖波浪至今悲。一声望帝啼荒殿,十载愁人来古祠。海水有门分上下,江山无地限华夷。停舟我亦艰难日,畏向苍苔读旧碑。

家祭如何告乃翁:一门忠烈

南宋诗人林景熙曾写下《书陆放翁诗卷后》一诗:

> 天宝诗人诗有史,杜鹃再拜泪如水。龟堂一老旗鼓雄,劲气往往摩其垒。轻裘骏马成都花,冰瓯雪碗建溪茶。承平麾节半海宇,归来镜曲盟鸥沙。诗墨淋漓不负酒,但恨未饮月氏首。床头孤剑空

有声,坐看中原落人手。青山一发愁蒙蒙,干戈况满天南东。来孙却见九州同,家祭如何告乃翁。

"坐看中原落人手""家祭如何告乃翁",天下重归一统,统一天下的却非大宋。陆游临终前,曾盼子孙为他见证大宋恢复中原的未来,但历史并非总是如人之愿。立朝319年的大宋朝,终于还是灭亡了。

陆游是一个伟大的爱国诗人,背小皇帝跳海的陆秀夫是一个以身许国的英雄,一个"陆"姓,让后人产生了很多联想。一些他们后世的敬慕者,不停地在字里行间寻找他们之间的关联。

20世纪60年代,有人依据《会稽陆氏族谱》推断陆秀夫是陆游的后代。据族谱记载,陆秀夫是陆游第六个儿子陆子布的孙子,也就是说,他是陆游的曾孙。族谱称陆子布生有三子,第三子陆元楚从山阴迁居盐城,陆秀夫是陆元楚的幼子,他还有两个哥哥,陆传道和陆传彦。据载,崖山之战,陆氏族人随陆秀夫一同殉国的多达十五人。20世纪80年代,又有人征集到陆游后人珍藏的《世德堂陆氏世谱》,此家谱上也明确记载:陆宗祠老五房历代书名排列共四十八代,十四世祖即渭南伯——放翁公,十七世祖便是殉难崖山的陆秀夫。

这样的说法,似为"虽然陆游的祖籍在越州山阴(今浙江绍兴),陆秀夫的祖籍在楚州盐城(今属江苏),但陆秀夫是陆游后人"这一观点找到了合理的解释,不过,也有学者依《陆丞相世系考》和《盐城陆氏宗谱》否定了这一说法。还是把它当作一桩悬案吧。

有据可查的是,陆游的后人陆元廷、陆传义、陆天骐都因宋军兵败崖山、大宋亡国而死……

山阴,陆游的旧居,破败的老屋里住着他的后人。宋末帝祥兴二年(1279),山阴已纳入元朝的版图,大宋遗民正作为最低等的"南人"(元朝把治下的国民分为蒙古人、色目人、汉人、南人四个等级,南人即南宋的遗民和偏远地区的少数民族,处在社会的最底层)生活在元朝统治下。

春寒料峭的早春,陆元廷(陆游之孙)缓缓地从榻上坐起来,呆滞的目光投向窗外。院外的皂荚树摇摆着枯枝,几只乌鸦在树梢盘旋着,不时发出凄厉的鸣叫。院中的菜畦里一片荒疏,此刻,他已无心打理。一个马队哒哒哒地在门前跑过去,马上的元兵耀武扬威地挥着弯刀消失在烟尘里。他咳了一声,从榻上下来,迈着沉重的步子走向祭堂。祭桌上供奉着陆游的画像,他"扑通"一声跪在画像前,失声痛哭,喃喃地哭诉着:"爷爷啊,我不能瞒您了,咱们大宋朝怕是真的要亡了!您的遗愿怕是实现不了了……"

房门"啪"的一声被撞开,陆传义(陆游曾孙、陆元廷之子)跌跌撞撞地进了祭堂,拉着父亲的手哭号着:"完了,我们在崖山战败了,皇帝投海了……大宋朝……亡了……"陆元廷呆坐在祭桌前,木雕泥塑一般。

"天骐(陆天骐,陆游玄孙)在前线投海殉国了……"说完,陆传义便昏厥过去。

几天后,陆元廷忧愤而死,陆传义绝食而亡。

陆游没有等来"王师北定中原日",却迎来了忠肝义胆的后人。

英雄出世笑华山:开天辟地

历史学家陈寅恪说:"华夏民族之文化,历数千载之演进,造极于赵宋之世。"这是一个博学者参透了大宋历史、政治、军事、经济、外交、文化、科技、民族、疆域、社会等诸多方面的得失后,纵横比对得出的结论。

回望宋朝的历史,人们第一眼看到的,往往是一个又一个在周边政权的铁蹄下订立的屈辱的和议、盟约,一段又一段君王昏庸、权臣误国、忠臣遭黜的史实。其实,皇皇大宋亦有可取之处,甚至,单单一个"大"字,尚不足以涵盖大宋朝曾经有过的辉煌伟业。

陆游一生忠诚、热爱的大宋朝,到底是怎样的呢?一部《宋史》,496卷,500万字,比116卷的《辽史》、135卷的《金史》二者总和的一倍还多,同时也是"二十四史"中最为卷帙浩繁的一部。

陆游出生的宣和七年(1125),赵宋王朝已经立国165年,此时,宋朝的人口已经达到惊人的12 600万,是当之无愧的人口大国。虽然它的疆域不及两汉、隋、唐,也不及后世的元、明、清,但它的版图不是从唐朝承接而来的,是宋太祖赵匡胤在五代十国(907—960)乱局中取得柴家(后周)的天下后,经过近二十年的征伐才得到的,正所谓"一寸山河一寸血"。

作为开国皇帝、赵宋王朝的奠基人,赵匡胤结束了五代十国藩王割据、民不聊生的乱局,开创了一个稳定繁荣的盛世,奠定了华夏民族迅猛发展的基础。他睿智过人、心地清正、宽仁大度、勤政爱民、崇尚节俭、以身作则,不仅对改变五代以来奢靡风气具有极大的示范效应,而且深为后世史学家津津乐道。虽然他在"文以靖国"的理念下,实行了"右文抑武"的基本国策,在后世屡因尺度把握失当,造成武备不张、兵难御敌的境况,但他也通过尊孔崇儒、完善科举、创设殿试、选贤任能、厚禄养廉等一系列重大举措,彻底扭转了唐末以来武夫专权的黑暗局面,营造了开明的政治环境,成为我国历史上极受推崇的一代文治之君。

读书人生在宋朝,幸莫大焉!《避暑漫抄》记载,赵匡胤生前曾经秘密立一"誓碑",令后世每个继帝位者都要在碑前明誓,谨遵这三条誓言:第一,柴氏子孙有罪不得加刑,纵犯谋逆,止于狱中赐尽,不得市曹行戮,亦不得连坐支属;第二,不得杀士大夫及上书言事者;第三,子孙有渝此誓者,天必殛之。历数各朝各代,因言获罪者多如牛毛,在宋朝,因言被戮者却少之又少,即便大奸大恶如蔡京者,也只是饿死在贬黜的途中。

宋太祖后世的继承者也不乏政治智慧。宋朝第三代皇帝宋真宗在不能通过武力达成目标的情况下,果断与辽国缔结了"澶渊之盟",对于当时的北宋来说,这是个理性的和约,以微不足道的岁币换得长久的和平,使宋朝可以将主要精力、实力放在内政建设和西北的战事上。此后的大宋朝,各个领域都飞速发展,取得了令世界瞩目的辉煌成就。

后人笼统地总结出宋朝的十大成就:

其一:武器。宋之前的朝代,作战使用的武器完全是刀枪剑戟的冷兵器。到了宋朝,中国进入冷兵器和火器并举的时代,这是具有革命性的成就。宋代火器有霹雳炮、震天雷、引火球、铁火炮、火箭、火球、火枪、单梢炮、七梢炮等,丰富多样。

其二:造船技术。宋时,因为西夏阻隔了丝绸之路的发展,宋朝政府把经济发展的方向往南推移,对南方各地进行全力开发。宋朝和南太平洋、欧洲、中东、非洲等地区五十多个国家有通商贸易,造船业和航海业取得前所未有的大规模发展。宋太宗时期,宋朝全国每年造船量高达三千多艘。

其三:国家收入。宋朝的商业经济无比繁荣。据载,两宋时期,每年的财政收入,基本上都在一亿贯以上。传下来的数据并非两宋时期最高的岁入,却已经是唐朝最盛时期的两倍。

其四:商业经济。北宋时期最高年铸币数目为五百七十万贯,每年平均在一百万贯到三百万贯之间。盛唐时期最高的年铸币数目为三十三万贯,平均为十万贯,宋朝的铸币量是唐代的几倍还多。此外,宋朝是整个中国古代史上,也是世界史上第一个使用纸币的朝代,首创纸币交子。

其五:城市规模。两宋的首都被誉为古代史上人口规模最大的城市,北宋首都东京开封的人口为一百五十多万,南宋临安的人口数目为二百五十万。在北宋时期,开封几乎是世界第一大都市。

其六:科学技术。两宋科技被誉为中国古代科技史上的一个高峰。北宋科学家沈括,写了一本科技著作《梦溪笔谈》,此书内容繁杂,涉猎天文学、历法、数学、物理学、生物学、工程技术、军事等,是影响深远的科学著作。毕昇发明活字印刷术,代表了当时最先进的印刷技术水平,比西方人发明活字印刷术足足领先了四百年左右。宋朝在指南车、火药、火器、造船技术、土木工程、风力等方面都有着非常突出的科技成就。

其七:学术。宋朝的学术主要指在儒学的基础上衍生而出的理学,理学又名道学,是中国古代最完备的哲学体系,对后世元、明、清三朝,甚至民国都影响极大。

其八:文学艺术。宋词是比肩唐诗的文学形式,是宋朝文学最突出的成就。两宋时期诞生了一大批词作家,以苏东坡、辛弃疾等为代表的豪放派和以柳永、李清照等为代表的婉约派交相辉映,如同唐诗,以后再无朝代可以超越。此外,宋代散文成就也非常突出,"唐宋八大家"中宋人就有六位。

其九:娱乐业。宋代的娱乐业达到了古代史上之最,瓦舍成为一种非常普遍的大众娱乐场所,他们的演出以评书、说唱、戏剧杂耍为主。开封城有大型瓦舍十多家,在南宋的临安则多达二十多家。

其十:教育社团。在宋代以前,朝廷对老百姓的管理基本全部依靠朝廷设置的机构。宋朝时,因为理学的影响,朝廷开始鼓励和支持商人、乡绅、高官自主募集资金,办理民间救助组织,即义庄。这些公益组织主要扶持建设书院等项目。宋代初建的石鼓、白鹿洞、嵩阳、岳麓、睢阳等书院,至今还是人们游历、参访的场所。

宋朝在我国古代史上是非常独特的一个朝代,虽然强敌环伺,饱受战乱的侵扰,但社会清明、思想活跃,在科技、文化、商业等领域都取得了前所未有的成就。

陆游一生虽仕途坎坷,却能德寿天年;虽屡触皇权被贬,但至78岁高龄尚能被起用,这与皇家重文惜才的传统和帝王本身的宽仁密切相关,也与他多年来的忠君报国思想颇有关系。陆游作品丰富,取材包罗万象,与赵宋时期各方面的蓬勃发展更是息息相关。

身世篇　风雨淮河　务观出世

宋徽宗宣和七年（1125）

亡宋谁知是石头：盛世危图

宋徽宗宣和七年（1125）十月十七日，陆游出生了。

他生在一个危机四伏的虚假盛世里，一个即将没落的颓废王朝中，这一切都得归因于一位昏庸的皇帝——宋徽宗（1082—1135）赵佶。

元丞相脱脱在主持编撰《宋史》时，给了宋徽宗一个精准的评价："诸事皆能，独不能为君耳。"

赵佶是一位吟诗作赋文采超群，琴棋书画样样精通的卓越艺术家，尤其在书法、绘画方面展现出极高的天赋。他自创的"瘦金体"俊朗端正、细腻劲道、独步天下，为后人所膜拜。他的书法作品《千字文》《欲借风霜二诗帖》《夏日诗帖》《跋欧阳询张翰帖》等，每一件都是传世经典。

传说在赵佶出生前，他的父亲宋神宗曾到秘书省观看收藏的南唐后主李煜的画像，"见其人物俨雅，再三叹讶"，随后就有了赵佶。赵佶并没有辜负父亲的期望，他的文艺天赋和造诣与南唐后主李煜同样出色。然而，他也如南唐后主一样，不是一位善于治国理政的皇帝，最终断送了祖宗的江山。可悲的是，李煜在成为宋太宗的阶下囚时，尚有"春花秋月何时了？往事知多少。小楼昨夜又东风，故国不堪回首月明中。　雕栏玉砌应犹在，只是朱颜改。问君能有几多愁？恰似一江春水向东流"

这样悲怆的咏叹、绝响,而赵佶被掳到金国的五国城后,不但卑躬屈膝地任人欺凌,还在那样的境遇下生了十几个孩子,真是活成了没心没肺的笑话。

宋哲宗元符三年(1100),二十四岁的宋哲宗赵煦英年早逝。因他没有子嗣,宋神宗的第十一子、宋哲宗的异母弟弟端王赵佶在向太后的决断下登基。

在赵佶当皇帝的二十六年里,当初反对他继位的尚书左仆射章惇所下的断言"端王轻佻,不可以君天下",不幸应验了。

《宋史》说:"宋中叶之祸,章、蔡首恶,赵良嗣厉阶。然哲宗之崩,徽宗未立,惇谓其轻佻不可以君天下。辽天祚之亡,张觉举平州来归,良嗣以为纳之失信于金,必启外侮。使二人之计行,宋不立徽宗,不纳张觉,金虽强,何衅以伐宋哉?以是知事变之来,虽小人亦能知之,而君子有所不能制也。迹徽宗失国之由,非若晋惠之愚、孙皓之暴,亦非有曹、马之篡夺,特恃其私智小慧,用心一偏,疏斥正士,狎近奸谀。于是蔡京以狷薄巧佞之资,济其骄奢淫佚之志。溺信虚无,崇饰游观,困竭民力。君臣逸豫,相为诞谩,怠弃国政,日行无稽。及童贯用事,又佳兵勤远,稔祸速乱。"

北宋看似亡于外患,实亡于内忧。《宋史》说出了北宋之亡在政治、外交、军事上的因果,也点明了宋徽宗的妄为之处。徽宗在位时,蔡京一伙人投其所好,鼓吹神灵异说,诱使徽宗沉溺于享乐,大兴土木,铸"九鼎"、修"九殿"、造"明堂"、建道观、扩宫室,使国力虚亏、民生凋敝、人心涣散。其例举不胜举,且捡取一二。

艮岳之祸

宋徽宗有一幅画作——《祥龙石图》,现收藏于北京故宫博物院。图的右侧画有一石,犹如首尾毕具的蟠龙,龙嘴大张吐出一汪清水,水中生长着生机勃勃的一小丛植物。宋徽宗作画的高超手法自不必说。左侧,有他御笔亲题的题跋、诗文和"天下一人"的花押。他在题诗中写道：" 彼美蜿蜒势若龙，挺然为瑞独称雄。云凝好色来相借，水润清辉更不同。"宋徽宗留下来的诗作有十七首，这是其一，虽不比乾隆皇帝的诗多，质量却是帝王中的佼佼者。据说他在金国写过一千多首诗，都被金人烧掉了。

徽宗画的这块"龙石"位于艮岳御苑中的环碧池。艮岳，是宋徽宗以举国之力修建的一个皇家园林。

笃信风水、道教的宋徽宗登基之初，皇嗣未广。道士刘混康言，"京城东北隅，地协堪舆，但形势稍下，傥少增高之，则皇嗣繁衍矣"，意思是说开封城东北角的地势低洼、阴气太盛，不利于生男，要想增加皇嗣，唯一的办法是将地势垫高。于是，宋徽宗政和七年（1117），艮岳开始营造，历时五年才建成，开建时距离"靖康之耻"仅剩十年。

为了营造艮岳，宋徽宗动用了上千船只、车辆将全国各地的奇树异石源源不断地运到开封，一时间汴河上舳舻相衔、船帆蔽日，官道之上车舆不断、尘烟滚滚。如此便诞生了一个人们在后来的《水浒传》中常听到的名词——花石纲。"花石纲"专指运送奇花异石的队伍，一般十船（车）为一纲。

普天之下，凡有奇石、名树，皆被征用。至于盛产奇石的太湖等地，更是被闹得鸡飞狗跳、民不聊生。花石纲直接或间接地引发了方腊、宋江、张迪、高托山等多地的农民起义。据载，立国319年的大宋朝共经历了四百多次农民起义，其规模和影响皆以徽宗朝为最。

五年后，艮岳这座处处鬼斧神工的园林杰作诞生了，北宋亡国的种子也种下了。

元代的郝经曾作诗曰："万岁山来穷九州，汴堤犹有万人愁。中原自古多亡国，亡宋谁知是石头。"其实，北宋亡国，岂止源于石头？

从《千里江山图》到《清明上河图》

宋朝，当之无愧的文化盛世，留给后世的文化遗产瑰丽而丰厚。跻身中国十大传世名画之列的《千里江山图》（作于北宋政和七年，即1117）和《清明上河图》（作于北宋宣和年间）便是杰出的代表。作为备受后世推崇的佳作,这两幅画作皆与宋徽宗息息相关。

《千里江山图》是青年画家王希孟的作品,取景于庐山和鄱阳湖,寓意大宋朝壮美的万里山河。《千里江山图》问世以后,宋徽宗赵佶将之赏赐给权臣蔡京。蔡京的题跋写道:"政和三年闰四月一日赐。希孟年十八岁,昔在画学为生徒,召入禁中文书库,数以画献,未甚工。上知其性可教,遂诲谕之,亲授其法,不逾半岁,乃以此图进。上嘉之,因以赐臣京,谓天下士在作之而已。"这段跋文记录了《千里江山图》成画的历史。跋文的大意是:政和三年,皇帝赐给我这张画。王希孟当年十八岁,在画院为生徒,后被升入文生库,他曾多次给皇帝献画,都不算好,但是皇帝看他是个人才,有可造就之处,就亲自指点他,教了半年,就画出了这幅画。皇帝很赞赏,把画赐给了我。那些具有杰出才能的人,只需持续不断地努力去做事,即可达成非凡的成就。

王希孟无疑是一位天才,但《千里江山图》的成画与流传,与宋徽宗对他的赏识、培养、支持密不可分。以王希孟个人的能力,别说让画作流传,就是创作巨幅青绿山水画的颜料,他大概都集不齐。红色的赭石、红珊瑚、朱砂,白色的砗磲,以青金石为主合成的群青蓝,绿色的孔雀石,都是稀缺的矿物。若非皇家,谁能搜寻、积累到这些贵重的原料?

《千里江山图》的创作,可以说是艺术史上的佳话,但从另一方面看,一个王希孟,宋徽宗就以天子之尊指导了他半年,并为他搜寻颜料,而北宋的画院中,还有多少个王希孟耗费着他的精力?如此,宋徽宗还有多少精力可以分给天下苍生?

《清明上河图》是北宋著名画家张择端所绘制的一幅长卷,生动地再现了中国十二世纪的城市生活图景。它之所以成为备受世人推崇的传世神品,除了张择端艺术造诣高超,更重要的原因,便是画作背后深藏的历史价值了。一些学者认为,张择端笔下的繁华背后,有着对国家危局的警示,有人因此把此图称为"盛世危图"。不谈它的艺术成就,依专家们的解读,看看它是怎样的"盛世危图"吧。

《清明上河图》卷首,一队人马踏青归来,画中当官的骑着马,官太太坐在后面的轿子里,神情非常惬意,好不威风。这一行人中,有一个人手里提着两只打来的山鸡。北宋建国初期,皇帝就曾颁旨,每年的二到九月份不允许打猎,可是这个当官的却还是纵容手下触犯了法律。当官的做了违背律法的事情,本应该心有敬畏,把鸡藏起来,这行人却丝毫没有隐藏的意思,反而拿着"罪证"招摇过市。由此可以看出,当时的官员我行我素、有恃无恐,对法律、制度已经没有敬畏之心了。张择端还非常形象地画了一匹行进队伍中的惊马,马匹当街嘶吼,百姓惊恐万状,纷纷躲避,这恰恰反映出北宋末年统治阶级和官僚阶级对百姓的态度。

就在前方不远处,有一个望火楼,孟元老所著的《东京梦华录》曾经明确记载过这样一件事:京师修建了许多望火楼,平日里,会有专门的值班人,在望火楼的高台上,监察四处的情况,人们一般会在望火楼的下面设立几间官屋,屋子里面必须安排一些在此地驻守的军人。值班人员发现有火情,就会发出信号,而在下面驻守的军人,将在第一时间赶到事发地救火。按理说,开封城中应该设立很多望火楼,可是在街道绵延十里的《清明上河图》里,却只找到了一个望火楼。与其把这个高台称之为望火楼,倒不如说它就是一个摆设,不仅高台上空无一人,就连下面的官屋都成了百姓休息喝酒的凉亭。

再往前走,可以看到一个官衙模样的建筑。就在官衙的门口,横七竖八地躺着七八个士兵,他们的手边有一些类似于文件箱的东西。从画面中不难看出,这些官兵身上应该是带着任务的,可是他们却都躺在官衙门口呼呼睡大觉。由此可以看出,北宋时期冗兵、冗官、冗费的情况已经是极其严重了。

再往前走,汴河上停着许许多多的运粮漕船,有人说这些船只体现的是开封城的繁荣,可是这繁荣表象的背后,却隐藏着一个巨大的危机。因为这些用来运粮的船不是官家的船,而是商人们用来夹带私货的私家粮船。早在北宋太宗朝的时候,朝廷就已经立下过一条铁律:京城的粮食必须由朝廷掌控,私粮是不可以被运到开封来的。可是这些承载着大量私人粮食的船只,明目张胆地开到了开封城中,可见开封城里私粮泛滥,粮价不稳定。

继续向前,有一个拱桥,拱桥的下面横亘着一艘大大的客船,客船上

15

满载着客人。按理说，客船到岸之后，岸上应该会有值班的人提醒纤夫停止拉纤，放下桅杆，可是因为船上没有人值守，所以拉纤的纤夫不知道发生了什么事情，等到船上的人发现的时候，他们已经快要撞到桥帮上了。

一波未平一波又起，就在桥下、船上的人惊慌失措的时候，桥的上面也爆发了一场矛盾。只见桥的两头分别过来了一队文官和一队武将，他们在桥上相遇之后，便开始了激烈的打斗……

画中还展现了北宋末年悬殊的贫富差距。画上有饿汉在街头流浪，不远处的酒楼里，却有衣着光鲜的雅士坐着高谈阔论，两者间形成了鲜明的对比，颇有杜甫笔下"朱门酒肉臭，路有冻死骨"的意思。张择端用非常生动的笔触，把北宋末年的社会矛盾淋漓尽致地展现了出来。

宋徽宗是一个在艺术方面极具天赋的皇帝，他不可能看不懂张择端这幅画背后的深意，只不过他已经接触了太多这样讽刺、挖苦他的谏言、谏诗、谏画了，《清明上河图》已难以唤醒他麻木的神经。

宋徽宗宣和七年、辽天祚帝保大五年、金太宗天会三年（1125），率残部西逃的天祚帝耶律延禧（1075—1128），在应州（今山西应县东）为金兵所俘，享国218年的辽国（907—1125）就此亡国。采取联金灭辽外交政策的宋朝，总算实现了灭辽的夙愿。然而，前门驱狼，后门揖虎，北宋也顺带着走进了亡国的前夜。

金：女真的英雄和新生的王朝

辽天庆五年（1115），完颜部的英雄阿骨打（1068—1123）（汉名完颜旻，金国开国皇帝，庙号为金太祖）统一了散布在白山黑水间的女真各部，攻陷了辽国重镇会宁府（今黑龙江阿城南），并正式称帝。初生的金国，在他的带领下开启了崛起的进程。

女真人是一个古老的族群。新石器时代，女真人就在天寒地冻的长白山脉、黑龙江和乌苏里江的广大流域生活。三千多年前，他们的祖先被叫作肃慎人，肃慎，意为东部人。大禹定九州的时候，肃慎人和周边的部落一起进贡朝贺。到了隋、唐时期，肃慎的后裔以靺鞨的名称出现，一度发展到数十个部落。靺鞨后来又发展为粟末、白山、伯咄、安车骨、拂涅、号室、黑水七大部落。靺鞨人不断派出使节到中原取经,还把青年子弟送到中原留学,吸收中原文明,尤其是大唐文化,这促使靺鞨发生了很大的改变。七大部落中的黑水靺鞨,便是女真人的祖先。

黑水靺鞨中的完颜部等部落,五代时臣属于渤海国。辽国攻灭渤海国后,收编南方的女真人,称为熟女真,北方则是生女真。契丹人对女真人实行"分而治之"的政策,他们把强宗大姓骗至辽东半岛,编入契丹籍,另一部分"生女真"则留居粟末水(松花江北段)之北、宁江州(今吉林扶余)之东。完颜部作为黑水靺鞨的一支,沿蜿蜒的河畔辗转游徙,迁移至阿什河之滨。

辽咸雍四年(1068),女真完颜部的英雄阿骨打出生了。他的父亲是完颜劾里钵,母亲是拿懒氏。他的家族在女真人中有着显赫的地位,祖上一直是部落的首领。由于地理位置偏远,完颜部经常与其他部落争夺资源,因此部落之间经常发生冲突。在战斗中,阿骨打沉着指挥,赢得了父亲和叔父的认可。辽大安八年(1092),完颜劾里钵去世后,阿骨打的两个叔父先后继任了联盟首领之位。在叔父完颜盈歌去世后,阿骨打的长兄完颜乌雅束接任了联盟首领。这时,女真族内部出现了贫富分化引发的矛盾。阿骨打力排众议,提出通过减免税收等措施来缓解矛盾,这不仅缓和了日益激化的内部矛盾,稳定了兵源,还进一步提升了阿骨打的声望。辽天庆三年(1113),乌雅束去世后,阿骨打众望所归,成为联盟首领。

完颜部本是辽国的附庸,向辽国发起挑战,原本无异于以卵击石。那么为何完颜部一定要对辽国发起挑战呢?问题还是出在辽国身上。在林林总总的辽金史料中,有一个不起眼却至关重要的东西,影响着辽国与女真人的关系——海东青。

清人沈兆褆写有《海东青》一诗:"辽金衅起海东青,玉爪名鹰贡久停。盛世珍禽原不贵,每罗纯白献天廷。"海东青,身躯轻巧,却有上抓天鹅下捕狼的本领,在辽代成为权贵和财富的象征。辽帝每年都要派人到女真等部落去捕捉或索要海东青,用于捕天鹅。传说中,十万只神鹰中才能出一只海东青。康熙帝曾有诗赞海东青:"羽虫三百有六十,神俊最数海东青。性秉金灵含火德,异材上映瑶光星。"此鸟极难捕捉,女真人为了向大辽进贡海东青,耗费了无数的人力和财力。最让女真人痛恨的是来自上京的取鹰、捕鹰人。这些被美化成"银牌使者"的各色臣使狐假虎威、蛮横粗野、吃拿卡要,令女真人不胜其烦。

压抑的火种终于在天祚帝的头鱼宴上点燃。

辽天庆二年(1112)春,浩浩荡荡的春捺钵①队伍,簇拥着天祚帝从上京出发,向混同江(今黑龙江)而来。经过一冬的休养,这是混同江水最净、鱼最肥的季节。

春州城,辽帝王的行在,一派热闹的景象。千里之内的各部酋长奉御旨而来,参加天祚帝意在彰显帝国威严、天子权威,抚慰诸酋、靖边宁远的头鱼宴。

在天子亲随的引领下,众人鱼贯而入,在大帐内依次坐下。席分两列,一列是辽国的文臣武将,一列为各部落首领。或许因为此时的阿骨打并没有显赫的名望,他被安排在了末席。他毫不在意自己的席次,远离天祚帝,正好可以静静地审视他和他手下那些盛气凌人的文臣武将们。

在太乐令的指挥下,百名乐师手中的丝琴、革鼓、木柷、敔玉、方响、筌篌、琵琶熟练地演奏着动听的音乐。《景云》《承天》两曲宫廷大乐后,是更多人合舞的《散乐》,悠扬的曲子与灵动、舒展的舞蹈把宴会推向了高潮。

酒过三巡,心情大好的天祚帝有了几分醉意。他高举起手中的金盏,高声说:"女人的舞蹈,不看也罢,各位首领,每人为朕献舞一曲可好?!"

此言一出,大帐里的欢乐氛围顿时凝固了,众部落首领闻之,酒醒了大半。

---

① 捺钵,契丹语,行宫、行营的意思。契丹皇帝多在春夏秋冬不同季节去不同行宫,举行不同的活动。

契丹和女真都是能歌善舞的民族,连部族里的小儿都有歌舞的天赋。但是,在这样承担了政治功能、等同于国宴的场合,让这些统率之民少则数万,多则数十万的人物,当众行歌伎之事,未免近于羞辱。

正在众人面面相觑之时,天祚帝的近臣萧奉先站了出来。他唯恐天子不快,大声催促众人。言辞之间,如主人呵斥奴仆。大家虽心中不快,但被时势所逼,无可奈何,只能依次走到大帐中央献舞。一曲又一曲,在辽国君臣放肆的嬉笑声里,舞毕的部落首领们满脸通红地讪讪退下。众人归座,才发现有一个人并没有加入献舞的行列。此人便是阿骨打。

此时的阿骨打早已拿定主意,要为生女真出口气。当天祚帝要求阿骨打歌舞助兴时,阿骨打端立正视,当场拒绝。《辽史》载:"天祚天庆二年,驾幸混同江,头鱼酒筵,半酣,上命诸酋长次第歌舞为乐。女直阿骨打端立直视,辞以不能。上谓萧奉先曰:'阿骨打意气雄豪,顾视不常,可托以边事诛之。不然,恐贻后患。'奉先奏:'阿骨打无大过,杀之伤向化之意。蕞尔小国,又何能为。'"萧奉先在无意中救了阿骨打一命,他万万不会想到,正是这个出身于蕞尔小国的阿骨打,最终成了辽国的掘墓人。

立国前的金国,作为小小的部落联盟,一直臣服在辽国的淫威之下,可用的兵力不过几千,可用的资源屈指可数,既无图谋辽国的能力,也没有那样的雄心,至于图宋,更是毫无可能。然而,立国不过十多年,在金国摧枯拉朽般的攻势下,大辽崩溃了,被赶去了西域,成了西辽;大宋崩溃了,被逐出了中原,成了南宋。以如此开局,能建立这样的事业,只能说完颜阿骨打作为金国的开国之君,其智慧、魄力、视野、格局、雄心、气场,远不是辽天祚帝耶律延禧和宋徽宗赵佶这样荒淫颓废的昏君可以匹敌的。

海上之盟

宋徽宗宣和二年(1120),宋金外交史上第一个重要的军事盟约——海上之盟,经过两年断断续续的艰苦谈判,最终签订了。这是"澶渊之盟"后,对宋朝的国家命运产生决定性影响的标志性事件。

宋真宗景德二年(1005),经过多年交战,宋以每年给辽绢二十万匹、银十万两的代价,换取了百年和平。宋徽宗重和元年(1118),辽国在金国的凌厉攻势下丢城失地、节节败退。新生的金国把辽国的势力赶出了辽东。本来在政治上毫无作为的宋徽宗,忽然有了光复版图的冲动——借助金国的力量,从辽国的手里夺回燕云十六州。

燕云十六州(又称幽云十六州、幽蓟十六州),即幽州、顺州、儒州、檀州、蓟州、涿州、瀛洲、莫州、新州、妫州、武州、蔚州、应州、寰州、朔州、云州,分布在今北京、天津到大同一带的长城内外地区。

后晋天福元年(936),后晋开国皇帝石敬瑭反唐自立,向契丹求援。契丹出兵扶植他建立后晋。天福三年(938),石敬瑭按照契丹的要求把燕云十六州割让给契丹,使得辽国的疆域扩展到长城沿线,中原至此失去了抵御外族的屏障。立国后的大宋朝几代帝王,都曾为夺回燕云十六州与辽朝进行了无数次战争,最终也没能如愿,不得不与辽签订了"澶渊之盟"。和平之下,是久久未愈的心病。

宋徽宗政和元年(1111),童贯出使辽国。归国途中,在霸州的客舍中遇到一位前来拜访的不速之客。此人名叫马植,是世代居住在燕京的汉人,出身当地的望族。他本人考中了辽国进士,在辽国当官,对于辽天祚帝的荒淫无度了如指掌,在辽国实在是看不到希望,便来投奔宋朝。投靠宋朝后,他向宋徽宗献上了联金灭辽之策。宋徽宗欣喜若狂,于是不顾一班大臣的反对,任命马植为秘书丞,并赐名为赵良嗣(?—1126),旋即又升迁为龙图阁学士,专门负责与金国联络事宜。以蔡京为首的北宋"六贼",欢呼雀跃,以为逮到了可以异姓封王的绝佳机会。

本来赵良嗣不是什么显赫的人物,只因为他是联金灭辽的始作俑者,《宋史》的奸臣传中竟给他留了一席,对他献上的联金灭辽之策进行了详细的记载:"政和初,童贯出使,道卢沟,植夜见其侍史,自言有灭燕之策,因得谒。童贯与语,大奇之,载与归,易姓名曰李良嗣。荐诸朝,即献策曰:'女真恨辽人切骨,而天祚荒淫失道。本朝若遣使自登、莱涉海,结好女真,与之相约攻辽,其国可图也。'……帝嘉纳之,赐姓赵氏,以为秘书丞,图燕之议自此始。"(《宋史·赵良嗣传》)。

赵良嗣自山东登州乘船入海,偷偷渡过了辽国控制的渤海湾,假道朝鲜进入金上京,历尽艰辛见到了阿骨打,面呈徽宗密信。阿骨打依契丹习惯称宋为南朝。阿骨打刚开始对南朝的建议并不在意,但巧舌如簧的赵良嗣说服了他,使他初步同意了联盟提议。之后的两年里,赵良嗣跋山涉水,往来于两国间,终于促成了这项重要的盟约,史称"海上之盟"。

其内容主要包括:

一、共同灭辽复燕:双方约定共同攻打辽国,以收复燕云十六州之地。

二、地理划分:金朝取辽中京大定府,北宋取辽南京析津府。

三、岁币转纳:辽国灭亡后,北宋将原给辽的岁币转纳于金国。

四、燕云十六州归属:金国同意燕云十六州之地归宋朝。

五、军事行动:女真兵自平州松林趋古北口,南朝兵自雄州趋白沟夹攻。

六、边界划分:以古北松亭及平州东榆关为界,确定地界。

七、榷场设立:事定之后,当于榆关之东置榷场。

海上之盟的签订标志着宋金两国开始联手对抗辽国,灭辽进程开始加速。

关乎国家命运的时刻,宋朝廷也不乏清醒之人。大将种师道(1051—1126)进言:弃约毁盟,去攻打跟自己有着百年兄弟友谊的辽国,无异于趁火打劫,无论成败都后患无穷。结局不幸被老将军言中,辽国灭亡,宋朝失去了御金的屏障。几年后,被掳去五国城的宋徽宗恐怕肠子都要悔青了。

舣船生我淮之湄:生逢丧乱

一

少傅奉诏朝京师,舣船生我淮之湄。
宣和七年冬十月,犹是中原无事时。

二

我生急雨暗淮天，出没蛟鼍浪入船。

白首功名无尺寸，茅檐还听雨声眠。

——《十月十七日予生日也孤村风雨萧然偶得二绝句》

"海上之盟"的签订，意味着"澶渊之盟"被宋朝彻底撕碎。正陶醉在"复四州、平方腊"威风中的太尉童贯，统率大宋朝的三十万大军，浩浩荡荡地开赴白沟前线。此时的金兵已经马不停蹄地攻克辽国数州，抵达辽将张觉镇守的居庸关下。宋军所面对的，是被金兵打得丢盔卸甲、仓皇逃遁的辽军和惶惶不可终日的燕地守军。正当童贯因没有展示出大宋"天威"而懊恼的时候，探马来报："辽军郭药师部正调动兵力意图袭击我军。"

"有多少人马？"

"郭药师部有两万兵卒驻守涿、易等六州，此次派出的兵卒有一万人左右。"

童贯兴奋地看看身边的副帅王黼，正了正官帽，从容地说："哈哈，这个不怕死的家伙自投罗网来了，也好，免得我去攻城了，众将官，列阵迎敌。"

宋军的阵势还没有列好，郭药师就带着兵卒冲了过来。凶悍的辽兵像一支支利箭，瞬间穿破了宋军的防线，如入无人之境，宋军死伤无数，四散奔逃。郭药师得胜收兵，惊恐万状的童贯收罗了残兵败将，逃进几十里外的雄州（今河北保定雄县），就此龟缩在城内避战不出，隔三岔五就编个"捷报"到开封邀功。此后，郭药师叛辽投宋，主动献了涿州和易州，总算是给宋朝挽回了点颜面。

铁心投宋的郭药师得到了宋朝的倚重和嘉奖，当下与童贯密议，一回到涿州，就率麾下的八千常胜军偷袭燕京，童贯率援军随后赶来，兵合一处，一举夺取燕京。

与童贯分开之后，郭药师回到驻地，迫不及待地率部向燕京进发，一路上并无障碍，因为他麾下的队伍仍打着辽军的旗幡，穿着辽军的兵服。

到了燕京城下,他命令部队立即换上事先准备好的大宋军旗,鼓噪攻城。然而,郭药师中了萧德妃和耶律大石的弃城诱敌之计,攻入城中后,郭药师和他的八千常胜军统统落入辽军的包围之中,全军覆没。郭药师化装成百姓才得以逃出燕京城。

与徒劳无功、处处受挫的宋军形成鲜明对比的是,在面对大兵压境的金军时,留守孤城的辽丞相左企弓(1051—1123),干脆安排辽国的秦国公虞仲文、陈国公康公弼,带领燕京城内的文武官员,打开城门,迎接完颜阿骨打入城。在一心自杀殉国未果的情况下,左企弓被金兵俘获,最终也成了阿骨打的股肱之臣。

宋金联盟,几乎成了金国的独角戏,貌似强大的宋朝,底牌被明晃晃地掀开。讨论交割燕云十六州的时候,左企弓给金太祖呈上了一首诗:"并力攻辽盟共寻,功成力有浅和深。君王莫听捐燕议,一寸山河一寸金。"

对南朝一直秉持友好、诚信态度的阿骨打没有听从左企弓的建议,执意要遵照盟约,将燕云十六州归还宋朝。可惜的是,金天辅七年(1123),五十六岁的阿骨打崩逝,他的弟弟金太宗完颜晟(1075—1135)继承帝位。金太宗和哥哥对宋朝态度不同,他只给了宋朝几座空城,宋金两国自此走上对抗的道路。

河北、山西最先成了对垒的前线,此时,陆游的父亲陆宰接到朝廷的调令,赴任京西路转运副使。转运使,是唐代以后各王朝主管运输事务的中央或地方官职。唐代建都长安,因关中地狭,产粮不敷食用,需仰仗于盛产粮食的江淮。唐初,洛阳以东的租粟,先输纳洛阳含嘉仓,然后转运至长安以充太仓。宋初,朝廷曾派若干转运使赴各地筹办军需,事毕即撤。宋太宗时,为削夺节度使的权力,又于各路设转运使,称"某路诸州水陆转运使",其官衙称"转运使司",俗称"漕司"。转运使除掌握一路或数路财赋外,还兼领考察地方官吏、维持治安、提点刑狱、举贤荐能等职责。慢慢地,转运使实际成为一路之最高行政长官。后来,宋朝陆续设立了提点刑狱司、安抚司等机构,以分割转运使的权力。两省五品以上官任,称"都转运使",随军转运使则因事而设。

陆宰(1088—1148),字元钧,号千岩,于徽宗建中靖国元年(1101),借父亲陆佃的光,恩补为官,及长,做过一些文职官职。徽宗政和中,陆宰升为淮西提举常平(治所寿春);徽宗宣和六年(1124),转任淮南东路转运判官、淮南路计度转运副使(治所扬州);徽宗宣和七年(1125)十月,在此任上,上谕传来,调任他为直秘阁、京西路转运副使。这一年,传国200余年的大辽被新崛起的金国所灭,蠢蠢欲动的金人,开始贪婪地打起大宋江山的主意,并不断制造事端,两国战争一触即发。陆宰从淮南东路计度转运副使,调任京西路转运副使,虽是平级调动,却是从后方调往前线,受到的重用程度和肩负的使命截然不同。对三十八岁的陆宰来说,这是一次重大的考验,也是难得的政治机遇。然而,由于一年后的变故,陆宰早早就结束了政治生命。京西路转运副使,是他一生中做到的最高官职,也是最后一个实际官职。

此去洛阳(京西路治所),再回来不知是什么时候。陆宰带着家眷,准备从扬州沿运河入淮河,因对寿春"地方人事稍熟稔故",将在寿春短暂停留,再启程溯淮河北上到京城述职。陆宰在淮西提举常平任上多年,有太多的故旧和从政的记忆。当年初到寿春时,他常听人们提起刘仁赡。刘仁赡,字守惠,出身豪族,是南唐一位文武双全、战功卓著、舍身报国的著名将领。在后周与南唐的战争期间,刘仁赡坚守寿州孤城,抵挡柴荣十万大军,最终以身殉国。得胜的周世宗对这位敌方将领非常敬重,追封他为彭城郡王。有人在汉淮南王刘安庙中立了一尊刘仁赡的塑像以示纪念,寿春父老觉得这样做贬低了刘仁赡的功绩和形象,多有微词。陆宰一到寿春,便主持为刘仁赡单独建了一座庙宇,供人们祭拜和缅怀,他也因此得到寿春百姓的认可和爱戴。

陆宰所乘的官船离开扬州后,驶入运河。

身怀六甲的夫人唐氏,带着长子陆淞、次子陆濬陪伴着千里赴任的陆宰。唐氏的名字没有定论,但她出身名门是确定的事实。她的祖父是北宋仁宗、哲宗、神宗三朝元老——大名鼎鼎的铁面御史唐介,高居宰执之位,是个与包拯不相上下,为人刚介、为官两袖清风的角色。此刻的唐氏,人到中年,依然仪态端庄,不减大家闺秀的风韵。丫鬟搀扶着她,来到陆宰的身旁,款款地说:"夫君,想什么呢?"陆宰细心地帮她理了理披帛,缓缓地说:"夫人,我在想这大运河,想那个耗费国力修这条运河的人。"

"你说的是隋炀帝吗?"唐氏看着陆宰说。

"是啊,还有为修这条河而累死的征民。"陆宰边说边叹了口气,接着说,"修这条运河,是他的功劳,历史应该给他记上一笔,但他当初修这条河可没想这么多,人们戏说他是为'一朝看尽洛阳花'修的。其实,他做的很多事,包括修这条运河,或许是为了建立些功业,来抵消他弑父篡位的恶行,但没能如愿。"

"隋炀帝干过很多劳民伤财、好大喜功的事,再加上荒淫残暴、穷奢极欲,最后落了个悲惨的结局,也算是恶有恶报。可惜那么大的国家,在他手上仅仅十四年就断送了。"唐氏深有同感地说。

陆宰想起了李商隐的《隋宫》,徐徐吟诵起来:"紫泉宫殿锁烟霞,欲取芜城作帝家。玉玺不缘归日角,锦帆应是到天涯。于今腐草无萤火,终古垂杨有暮鸦。地下若逢陈后主,岂宜重问后庭花。"

运河的素浪不断拍打着船舷,一朵朵浪花溅起又跌落,似陆宰翻涌的心潮。他忧心忡忡地说:"我真为国家担心啊。皇上疏于政事,内有蔡京为首的'六贼'当道,法纪不张、民怨沸腾,北有金兵压境,西有西夏窥视,正是国之危局啊!"

"嗨,朝廷的事不劳夫君多虑,尽了任上的职责就好。皇上洪福齐天,咱大宋朝经历的大风大浪多了,不都过来了?就像这运河,风浪再大也掀……奈何不了夫君的官船。"唐氏慢条斯理地宽慰着陆宰,刚吐出个"掀不翻"的"掀"字,忽想起行船的忌讳,忙改了口。其实她心里也是盼着国家安定的,毕竟自己还是跟皇家沾亲的人呢。

"是啊,我们陆家世受皇恩,此去京西路,宵衣旰食自不必说,赴汤蹈火也在所不辞。"陆宰言罢,竟有些动容了。

在寿春盘桓两日后,陆宰的官船如期启航了。

十月,淮河两岸榆、柳、楸、槐已凋零了婆婆的身姿,槭树和红枫却格外地鲜艳。清澈的淮水轻轻地拍打着船舷，一身白羽的江鸥不时地飞过官船的上空，追逐着、嬉戏着。放眼望去，水光山色尽在如诗的画屏里游荡。入夜，两岸或明或暗的灯光倒映在波光里，几条系着缆绳的小船悠悠荡荡地浮动着。忽的一股强风吹来，扯着樯上的竹布帆发出呜呜的声响，随风跃起的浪头扑到船上，溅起的水瀑打湿了陆宰的袍服和革履。仆从担心地催促陆宰："老爷，起风了，看这低黑的云怕是要来大雨，您快进舱吧。"说话间，官船不自觉地摇晃起来。

"把船靠岸吧，你们快去照看夫人。"陆宰巡视着适合泊船的河岸，吩咐着。

船刚靠到岸边，密集的雨点在大风的裹挟下打到船上。仆人拿来一挂蓑衣披在陆宰身上，又撑开了一把油纸伞。一个丫鬟从舱里跑出来，高叫着："老爷、老爷，夫人要生了……"

"知道了。"陆宰应着，两眼望向船舱。他轻轻地打个咳声，心里不禁自责起来。这么远的路，真不该带夫人出来，尽管做了万全的准备，也想不到会在风雨飘摇的淮河上临盆啊。

天边的云翻滚着，一道闪电照亮了淮河，也照亮了岸边的官船，接着，便是一个在云里炸开的响雷。一会儿，风停了，月亮扯去了敷面的云纱，熹微的晨光也睁开了眼。丫鬟的头探出舱口，惊喜地叫起来："老爷，夫人生了！"

"生的啥？"仆人问。

"生了个小少爷！"丫鬟爽快地回答着。

陆宰解下蓑衣，也卸去了心中的忐忑，满脸喜色地说："这小子，不知是哪位神仙转世，他一来就雨过天晴了！"

宋徽宗宣和七年十月十七日（1125 年 11 月 13 日）寅时，陆游出生。

《陆游年谱》载："宰由寿春赴京师（开封），中途泊舟淮河岸。十月十七日平旦，大风雨，务观生。"

陆游曾在《十月十七日予生日也孤村风雨萧然偶得二绝句》的小序中言："予生淮上，是日平旦，大风雨骇人，及予堕地，雨乃止。"

一轮旭日在河道的远方缓缓地升起来,河水倒映着橘红色的朝霞,一波一波地涌动着,淮河两岸到处洋溢着鲜活的气息。陆宰走进船舱,唐氏正揽着熟睡的小公子躺在软床上。陆宰坐在床边的椅子上,俯下身,爱怜地看着夫人和新生的儿子。

唐氏说:"夫君,给他起个名字吧。"

陆宰思忖着,说:"我想到一个字——游,和他俩哥哥一样,名字从水,水利万物而不争,也做个乐水的智者。"

"夫君,你怎么就想到了个游字呢?"唐氏一脸的惊喜。

"列子说:'务外游,不如务内观。外游者,求备于物;内观者,取足于身。'这个'游'字正好,名游,将来取字务观,在外不为外物所羁绊,在内善查得失而自省,人生若此,也算不枉一世了。"陆宰边说,边用目光与唐氏交流。

唐氏说:"巧了,我也想到了这个'游'字。昨晚在舱内昏睡,恍恍惚惚地梦到一个书生,一会儿摇着扇,一会儿挥着笔,一会儿舞着剑,我问他是谁,他说他是秦少游,说完还唱出一首词:'漠漠轻寒上小楼。晓阴无赖似穷秋。淡烟流水画屏幽。 自在飞花轻似梦,无边丝雨细如愁。宝帘闲挂小银钩。'秦观的词我读过很多,这首《浣溪沙》更是熟记在心。醒来我就想,将要降生的孩子,若是男孩,是不是该取'游'字为名呢。"

"秦观,字少游;陆游,字务观,哈哈,这名字也是应了天意。我们这个儿子说不定也是个大诗人啊!"陆宰说完,兴奋地走出船舱。船工升起了帆,浑厚又悠长的调子回荡在淮河上:"开——船——了——"

关于陆游名字的来历,有宋人叶绍翁(《四朝闻见录》)的"梦生"说、清人查慎行的"列子"说,两种说法均是推断,多数学者认为后者较为可信。

陆游《题陈伯予主簿所藏秦少游像》诗曰:

晚生常恨不从公,忽拜英姿绘画中。
妄欲步趋端有意,我名公字正相同。

秦观与陆游都是中国历史上的著名诗人,他们名字上的关联堪称一个佳话。

世谱推原自楚狂:名门世家

多年后一个盛夏,镜湖之畔湖山胜处,栖居着晚年的陆游。他作诗、种菜、捕鱼、行医、会友、出游,俨然一个精力旺盛的中年人。一壶茶煮了又煮,一盏酒斟了又斟,茶呷至苦涩,酒喝到无味,田园生活很美,却不是他真心想要的生活。他想成为先祖陆通那样远离喧嚣的狂放之士,心里却放不下边关冷月和天下苍生,自责与不安,焦灼与苦闷,凄凉与无奈,填满了赋闲的日子,也许作诗是他最好的排解吧。

镜里流年两鬓残,寸心自许尚如丹。衰迟罢试戎衣窄,悲愤犹争宝剑寒。远戍十年临的博,壮图万里战皋兰。关河自古无穷事,谁料如今袖手看。

——《书愤》

陆游缓缓地起身,走向虚掩的窗,轻轻地推开,烟波浩渺的镜湖把他的目光拉向远方。他忽记起初春时写的那首《草堂》,徐徐地吟诵起来:

幸有湖边旧草堂,敢烦地主筑林塘。滤残酷瓮葛巾湿,插遍野梅纱帽香。风紧春寒那可敌,身闲昼漏不胜长。浩歌陌上君无怪,世谱推原自楚狂。

诗中的"楚狂"叫陆通,是陆游心中的先祖。

陆通,字接舆,春秋时楚人。楚昭王时政令无常,陆通乃佯狂不仕,时人称为楚狂接舆。孔子到楚国,楚狂接舆迎其门曰:"凤兮凤兮,何如德之衰也！来世不可待，往世不可追也。天下有道，圣人成焉；天下无道，圣人生焉。方今之时，仅免刑焉。福轻乎羽，莫之知载；祸重乎地，莫之知避。已乎已乎！临人以德。殆乎殆乎！画地而趋。迷阳迷阳，无伤吾行！吾行郤曲，无伤吾足！"孔子欲与之言，陆通趋而避之。楚王闻其贤，遣使持金百镒、车马二驷往聘之，陆通不应。使者离去后，陆通之妻对他说："先生少而为义，岂老而违之哉？门外车马迹何深也！妾事先生躬耕以自食，亲织以为衣，食饱衣暖，其乐自足矣！不如去之。"于是夫妻变名易姓，隐于蜀地峨眉山。

李白曾在《庐山谣寄卢侍御虚舟》里把陆通写入诗中："我本楚狂人，凤歌笑孔丘。"有这样一位狂放不羁、东山高卧、枕石漱流的先祖，是何等的骄傲！

陆游在为堂兄陆洸所撰的《奉直大夫陆公墓志铭》中写道："吴郡陆氏，方唐盛时，号四十九枝，太尉枝最盛。唐末，自吴之嘉兴，东徙钱塘。吴越王时，又徙山阴鲁墟。"这说明陆游的世系承自吴郡陆氏。作为吴郡陆氏的后裔，西晋诗人陆机、陆云也是陆游的先祖。有一天，陆游大笑不止，之后作《九月六夜梦中作笑诗，觉而忘之，明日戏追补一首》，诗曰："吾家笑疾自士龙，我才虽卑笑则同。纷纷世事何足计，尽付抚掌掀髯中。""士龙"是陆云的字，"吾家"二字，很直白地表明了自己与"二陆"兄弟的传承关系。陆游的老师曾几在《陆务观读道书，名其斋曰玉笈》中称赞陆游"贤哉机云孙，道眼极超胜"，也明确了陆游是陆机、陆云兄弟的后裔。

陆游的高祖叫陆轸（978—1054），字齐卿，号朝隐子，官至吏部郎中，以上柱国赐紫金鱼袋致仕，后因孙子陆佃政绩卓著，被朝廷追赠为太子太傅。

陆轸幼时长得秀气清爽，喜欢看书，但一直木讷少言。后来，陆轸的祖父陆郁生病，以为不久于人世，心里牵挂着陆轸，把他唤到床头，说："要是你能作几句诗，我就能瞑目了。"陆轸一急，高声吟出一首诗："昔年曾住海三山，日月宫中屡往还。无事引他天女笑，谪来为吏向人间。"陆郁听后，高兴极了。

宋真宗大中祥符五年（1012），陆轸荣登进士，成为榜眼，出任郾州推官，开始入仕，一改陆家数代隐居农耕的境况，使家族成为书香门第、官宦之家。

陆游的《家世旧闻》中有十一则对高祖陆轸遗闻逸事的记载，占了很大的篇幅。陆游言："太傅性质直，虽在上前，不少改越音。为馆职时，尝因奏事，极言治乱，举笏指御榻，曰：'天下奸雄睥睨此座者多矣，陛下须好作，乃可长保。'明日，仁祖以其语告大臣，曰陆某淳直如此。"言语之间，不难看出陆游对这位耿直敢言的高祖的敬重。

陆游的曾祖陆珪（1022—1076），字廉叔，子凭父贵，荫补出任太庙斋郎，做过几任知县等不大的官，又父凭子贵，被追赠为太尉，是其父陆轸和其子陆佃两个显赫人物之间的传承纽带。

陆游的祖父陆佃（1042—1102），字农师，号陶山，宋神宗熙宁三年（1070）进士，授蔡州推官、国子监直讲。元丰时擢中书舍人、给事中。哲宗时徙知邓州、泰州、海州。徽宗即位，召为礼部侍郎，命修《哲宗实录》。拜尚书右丞，后转左丞。

宋仁宗嘉祐五年（1060），陆佃听说大学者王安石在江宁（今江苏南京）开馆讲学，不远千里徒步拜师，被王安石收为关门弟子。他一生苦学，成为北宋著名学者、文学家、经学家，所著《春秋后传》《尔雅音义》等是陆氏家学里的重要典籍。

宋神宗熙宁三年（1070），王安石拜相，开始大规模的改革运动，在全国逐步推行均输法、青苗法、市易法、免役法、方田均税法、农田水利法、置将法、保甲法、保马法等一系列新法。王安石向陆佃征求对新法的意见，陆佃说："法非不善，但推行不能如初意，还为扰民，如青苗是也。"王安石对陆佃的回答很不满意，还疑心陆佃不能依附自己，从此再不向陆佃咨询政事。

王安石因变法与司马光等朝臣展开了激烈的斗争，两度罢相。元丰八年（1085），神宗去世，宋哲宗即位，改元元祐，由太皇太后高氏垂帘听政。哲宗即位后，高太后立即起用司马光为相，全面废除新法，史称"元祐更化"，王安石于次年在江宁（后为建康，今江苏南京）抑郁而死。失势的王安石一党散若烟云,都忙着洗白自己和王安石的关系,陆佃却率诸生前往祭拜,深为有识者所嘉许。

后来,陆佃以吏部侍郎徙礼部,与范祖禹、黄庭坚一同修撰《神宗实录》,黄庭坚主张把前御史弹劾吕惠卿的奏章内容写入实录,认为奏章中提及王安石给吕惠卿的私信上有"毋使上(宋神宗)知""毋使齐年(参知政事冯京)知"之语,是王安石欺君罔上的证据。陆佃坚持说台谏可风闻奏事,不一定是事实,数次与之争辩。黄庭坚指责陆佃说:"如公言,盖佞史也。"陆佃反唇相讥道:"尽用君意,岂非谤书乎!"黄庭坚、陆佃二人争执不下,最后惊动了皇帝,将王安石的原信找出,并没有发现奏章中所指的内容,黄庭坚这才作罢。由此不难看出陆佃的操守和对恩师的感情。

耿直的陆佃一生为官,身居高位,但他的仕途并不顺利。王安石"熙宁变法"失败后,他被同僚攻击为新党。蔡京当道,他因政见不同,又被人攻击为旧党,一再受到排挤,最后贬至亳州,病逝在亳州知州任上,享年六十一岁。

陆游的父亲陆宰在京西路转运副使任上遭御史徐秉哲弹劾,从此远离官场,潜心读书、藏书,成为南宋著名的藏书家。他继承父亲陆佃《春秋后传》,著《春秋后传补遗》。宋高宗绍兴十八年(1148),陆宰卒于山阴。他有个力主抗金、在同辈中颇有声名的弟弟陆宲(1088—1148),也于同年故去。

爱国的父亲陆宰、抗金的叔父陆宲,是陆游爱国思想的启蒙者,也是他为官不媚权、为人不畏势的光辉榜样。陆游六十岁时作诗曰:"家世无高年,我今六十翁。"表达了他对先辈过早离世的伤感和自己濒临暮年却报国无门的慨叹。

陆家自高祖陆轸始,庞大的家族里几乎都是仕途中人。陆宰育有四子:陆淞、陆濬、陆游、陆浚。陆游兄长陆淞,字子逸,号云溪,官至辰州太守、天台宰;陆濬,字子清,号次川逸叟,知岳州,赠太尉;弟陆浚,仕泉州、严州通判。

陆游的七个儿子,长子陆子虞,淳熙十五年(1188)出仕,官至淮西濠州通判;次子陆子龙,庆元三年(1197)出仕为武康尉,官至东阳丞;三子陆子修,嘉泰四年(1204)出仕闽县;四子陆子坦,嘉泰四年(1204)出仕临安;五子陆子约,英年早逝;六子陆子布,生于淳熙元年(1174),未载有官名;七子陆子聿,弱冠登第,奉议郎,知溧阳,绍定元年(1228)刊刻陆游《老学庵笔记》,后谓陆氏家刻本,是该书唯一宋刊本。他又刊刻陆游《渭南文集》《剑南续稿》,使陆游的诗作、文稿得以系统保存并传之后世。

陆游有二女,长女名无考,次女名为陆定娘,乳名女女,早夭。

藏书篇　万卷双清　书香门第

宋高宗绍兴三年(1133)

泪痕空对太平花：陆宰罢官

我生学步逢丧乱，家在中原厌奔窜。淮边夜闻贼马嘶，跳去不待鸡号旦。人怀一饼草间伏，往往经旬不炊爨。呜呼！乱定百口俱得全，孰为此者宁非天！

——《三山杜门作歌》五首其一

联金灭辽，让金国成为北方新的霸主；摧枯拉朽般地摧毁辽国，让金人的自信和野心瞬间膨胀起来。金国的疆域、财富、臣民、军队迅速扩张，国富兵弱的宋朝顺理成章地成了金人觊觎的对象。经过短暂的休整，磨刀霍霍的金人，要对北宋下手了。面对严峻的北方局势，北宋朝廷不得不开始相应的战略布局。

陆宰担任的京西路转运副使，负责供应泽州（今山西晋城）、潞州（今山西长治）一带的粮饷。泽州、潞州地处山西东南角，负责守护太原，均为战略要地。

陆宰的官船出淮河，入汴河。在汴京述职后，陆宰将妻儿安顿在荥阳（今河南郑州西部），自己前去赴任，供应泽州、潞州粮饷。

宋宣和七年、金天会三年(1125)十二月三日，金太宗完颜晟以宋朝接纳辽军降将张觉为借口,开始了对宋朝蓄谋已久的征伐。如狼似虎的金朝军队分东西两路突破宋军的防线。东路由完颜宗望为主帅,率军六万,自平州入燕山,攻燕京。西路由完颜宗翰领军,率军六万,从西京大同出发,直扑太原,计划两路大军会师于东京城下,一举灭亡主懦臣庸的宋朝。东路金军在完颜宗望的指挥下,攻占了燕山北部重要关隘古北口,同日攻陷檀州(今北京密云),并迅速通过辽东走廊越过玉田,于十二月七日攻占燕山以东的重镇蓟州。同日,郭药师、张令徽、刘舜仁率常胜军及宋军主力步骑四万五千人在燕京以东的白河(今北京通州北运河)拦截金军。开战后,张令徽、刘舜仁率宋军不战而逃,金军全线出击,郭药师大败而归,东路军向西乘胜进逼燕京。郭药师率所部发动兵变,劫持知府蔡靖、转运使吕颐浩、副使李与权、提举官沈琯,开城降金。燕山所属各州郡见大势已去,无不望风而降。十二月十日,金军兵不血刃占领燕山所属六州二十四县,驻燕山的十一万宋军皆被缴械或收编。

  从西路进兵的金军,很快攻取了朔、武、代、忻四州,兵临太原城下,却在这里遇到了顽强的抵抗。在靖康之耻的前夜,宋人以一场悲壮的太原保卫战,给徽、钦二帝当政的北宋末年涂上了一抹亮色。

  国家危亡之际,金国使者来到太原,通报了金军已经南侵的情况,并要求宋廷割让黄河以北的土地。坐镇太原的童贯准备逃归京城,太原知府张孝纯劝阻道:"金人撕毁盟约,大人应当率领各路将士奋力抗敌,如果大人南归,军心必然动摇,这无异于把河东拱手送给金人呀。河东一旦失守,河北岂能保全?!请大人留下来与我们共同报效国家,更何况太原地势险要,人民劲悍,金兵未必能够攻取。"厚颜无耻的童贯说:"我的职责是宣抚,不是守土,如果一定要我留下,还要你们做什么?!"

  十二月八日,童贯逃离太原前线,但太原并没有就此沉沦。在坚决主战并给予前线将士巨大鼓舞的李纲的支持下,在率领军民守城的张孝纯、王禀,援助太原的折可求、刘光世、种师中等宋军将领的不懈苦战下,这座英雄的孤城,在坚守了二百五十多天之后,才被金军攻陷。

  两军对垒,身负重任的陆宰不断寻找机会把粮饷送到前线。然而,随着宋军大将种师中的不幸阵亡,本来已经解除危险的太原再一次陷于重围。此时,朝中主和派与主战派的斗争达到了白热化,主和派占据了上风。为了讨好金人,所有的主战派都成了主和派的敌人,成了必须消灭的"异己分子"。陆宰忠于职守,力主抗金,当然也在铲除之列。正巧,陆宰因为忧心国事,问过军事要地郑州的防务之事,御史徐秉哲借此罗织"妄议职权外的事""玩忽职守""曾为童贯、王黼手下"等罪名,弹劾陆宰。在主和派的鼓噪下,弹劾奏章很快被钦宗允准了。

交代了手头的工作,陆宰依依不舍地返回荥阳,遣散了家丁和丫鬟,带着家眷离开荥阳,暂避于东京汴梁。后来,东京汴梁沦陷,弹劾陆宰的徐秉哲投靠了金国。宋钦宗被金军扣留后,徐秉哲传达金人的命令,让宋徽宗也自动投降,在"靖康之耻"中,扮演了落井下石、助纣为虐的卑劣角色。他还主动承担了为金人搜刮民间财物的任务,成为金人的走狗。徐秉哲的变节,无形中洗刷了他泼在陆宰身上的污水。然而,蒙受了不白之冤的陆宰,从此心灰意懒,再也无心于仕途。

陆宰一家到东京汴梁时,东京正在经历着一场浩劫。宋人孟元老在《东京梦华录》的序中写道:

> 仆数十年烂赏叠游,莫知厌足。一旦兵火,靖康丙午之明年,出京南来,避地江左,情绪牢落,渐入桑榆。暗想当年,节物风流,人情和美,但成怅恨。

此时是靖康元年(1126)四月,繁华的东京开封饱受战火的摧残。当年"青楼画阁,绣户珠帘"的繁盛之景早已暗淡了光彩。陆宰和京城的同僚好友、城中百姓一样,每天在亡国的忧患和自身安危的忧虑中艰难度日。当他得知南遁返京的徽宗和现任皇帝钦宗并没有利用短暂的喘息之机重整旗鼓、积极备战时,不免陷入深深的感伤和痛苦中。

不出陆宰所料,靖康元年(1126)八月,金兵再度南下,并于当年闰十一月再次包围了开封城。得知金人来犯的消息,陆宰带着夫人唐氏和不满一岁的陆游离开开封,经过寿春,逃向老家山阴。

淳熙元年(1174),陆游写下《太平花》一诗,记录了当年"扶床踉跄出京华"的情境和心中的感慨：

> 扶床踉跄出京华，头白车书未一家。
> 宵旰至今劳圣主，泪痕空对太平花。

靖康之耻

> 怒发冲冠，凭栏处、潇潇雨歇。抬望眼，仰天长啸，壮怀激烈。三十功名尘与土，八千里路云和月。莫等闲、白了少年头，空悲切。　靖康耻，犹未雪；臣子恨，何时灭！驾长车，踏破贺兰山缺。壮志饥餐胡虏肉，笑谈渴饮匈奴血。待从头、收拾旧山河，朝天阙。
> ——岳飞《满江红》

靖康之耻有很多别名：靖康之变、靖康之乱、靖康之祸、靖康之难，但没有哪个名字像"靖康之耻"这四个字那样，深刻地诠释了这次令北宋亡国的事件。作为个体，昏庸的宋徽宗、无能的宋钦宗，乃至养尊处优的皇亲国戚、作威作福的王公贵族、尸位素餐的迂腐朝臣，并不值得同情，但在皇权至上的封建时代，连他们都遭际凄惨，百姓的悲惨命运可想而知。

靖康二年（1127）四月，得胜的金国扶植徽宗朝的宰相张邦昌为傀儡皇帝，改国号为大顺，带着无数掠夺的金银财帛、粮马辎重，裹挟宋徽宗、宋钦宗、三千多个王公贵族和上万名宋朝的能工巧匠，浩浩荡荡凯旋。

一路上，惊恐的大宋子民远远地窥视着一队队远去的车马和人流，在金兵的鞭打和吆喝声中缓缓地前行。北飞的大雁望着大地上的同行者，忽上忽下地变换着队形，不时发出"嘟嘟嘟"的鸣叫，似在交流着：这是皇帝出行吗？是啊，不然哪有这么大的阵仗！是去北狩吧！每年这个时候他们不都要去狩猎吗？

对于国之大耻，人们都忌讳直说，无论是张邦昌百般不情愿建立的大顺,还是赵构承北宋而建的南宋,都不约而同地统一口径,称二帝到北方狩猎去了。这个胡话一直说到金天会十三年(1135),五十四岁的宋徽宗病死在五国城。蔡京唯一有些德行的儿子蔡鞗,一路追随,以一个忠实臣子的身份,挑挑拣拣地记录下宋徽宗在金国生活中闪光的点点滴滴,名曰《北狩行录》传之后世。

五国城(今黑龙江依兰),是赵佶被掳到金国后最后落脚的地方,深秋的五国城比赵佶他们最初到达的韩州(今辽宁昌图)还要冷一些。简陋的居室里,赵佶蜷缩在冰冷的土炕上,翻看着他用衣物换来的书籍。看书和写诗是他生命中最后的寄托和乐趣。在金国的八年里,他写过一千多首诗,尽数被金人焚毁了。曾经高高在上的端王、皇帝、太上皇,此时成了任金人欺辱的"昏德公",炊金馔玉、一呼百应的生活早已成为过去。也许这样的境遇,恰恰能让他写出真正打动人心的诗篇吧!他起身,研了一砚墨,满怀悔恨和哀怨,在素墙上题了一首七绝:

彻夜西风撼破扉,萧条孤馆一灯微。
家山回首三千里,目断天南无雁飞。

——赵佶《在北题壁》

当初,宣和七年、金天会三年(1125),金军渡过黄河,南下宋都东京。四十四岁正值壮年的宋徽宗,早被金人吓破了胆,为逃避抗金之责,匆忙禅位给二十六岁的太子赵桓。靖康元年(1126)正月,年轻气盛的宋钦宗在抗金的强烈呼声中下诏亲征,而宋徽宗借口要到亳州太清宫烧香,名为祈福,实为临阵脱逃。貌似孝顺的儿子宋钦宗下了一道诏旨,为父亲打掩护,也是为皇家的颜面找了个正大光明的说辞:"恭奉道君玉音,比以尤勤感疾,祷于太清,旋日康复,方燕处琳馆,靡有万机之繁,可以躬伸报谢。今春就贞元节前择日诣亳州太清宫烧香。朕祗奉睿训,敢不钦承……"宋徽宗带着皇后、妃嫔、皇子和童贯、蔡攸、朱勔等近臣一路狼狈南逃,在亳州转了一圈,到了镇江,一边享乐一边观望着东京的局势,打着自己的小算盘。正月,完颜宗翰率金兵东路军进至东京城下。

新任尚书右丞、亲征行营使、京城四壁守御使李纲,力阻钦宗迁都,临危受命挑起了统兵抗金的重任,团结军民,进行东京保卫战。仅用了三四天,李纲便巩固了东京防务。金军打到东京城下,向几个城门发起进攻,死伤累累,未能得手。最终,金人攻城未果,近二十万大宋的勤王之师陆续赶到。金人遣使入城,索要黄金五百万两、银五千万两,并要求割让中山、河间、太原三镇,也算契合了钦宗破财免灾的想法。宋朝答应条件,金人与宋议和后撤军。

议和后,缺心少肺的宋钦宗并没有吸取真金白银换来的教训,利用难得的休战期积极演武强兵、遣军备战,反以"专主战议,丧师费财"的罪名将李纲贬出京师,以为天下就此太平。同年八月,一心想要夺回燕云十六州的金军再次分兵两路攻宋,一路摧营拔寨。闰十一月,金两路军队会师东京城下。面对来势汹汹的强敌,宋钦宗亲自到金人军营议和,被金人拘禁。随后,开封沦陷,宋徽宗也被金人掳获。

千里流徙,被掳去的宋人受尽了磨难和屈辱,一路上弃尸遍野,哀号动天,连徽、钦二宗的宠妃都被当作金人的玩物,饱受蹂躏,有些不堪受辱的女子以死明志,其情其景,惨不忍睹。

徽、钦二帝使北宋走向如此的结局,金太宗给宋徽宗封的昏德公、给宋钦宗封的重昏侯,也算恰如其分、实至名归了。

泥马渡康王

在靖康之耻的塌天大祸下,赵构——宋朝的第十位皇帝、南宋的开国之君,正式走上历史的舞台。

赵构(1107—1187),字德基,徽宗赵佶第九子、钦宗赵桓之弟,以康王身份继位,在位三十六年,庙号宋高宗,谥号受命中兴全功至德圣神武文昭仁宪孝皇帝。一长串至尊至圣的谥号,标榜着赵构的"大德神功"。然而,盛名之下,他却有残害忠良、重用奸佞、畏敌怯战、纵享声色等许许多多为历史所诟病的劣迹。不过,作为南宋的开国之君,他还是比他的父兄好很多的。

靖康元年(1126),金国第一次南侵,达成和议后,金人提出以宋宗室皇子和重要朝臣作为人质,以防钦宗反悔。是时,肃王赵枢和康王赵构成了最佳人选。此去金营,必是九死一生。懦弱的肃王赵枢顾不得脸面,脑袋甩成了拨浪鼓。赵构虽年少,却表现出远比赵枢强大得多的精神力量和担当的勇气,他自信能够担起这份责任,也自信不会给国家和皇室丢脸。也正是这份自信,让他化险为夷并因祸得福。

赵构和张邦昌作为宋朝的人质来到金营。一天,心情大好的金军统帅完颜宗望,为两位宋朝"大员"准备了一份相当震撼的精神大餐,让他俩观看金军的操演。操演场上旌旗猎猎,鼓角震天,操演的金兵挥着弯刀,挺着长矛,井然有序地变换着阵形。赵构泰然自若地欣赏着,像欣赏一场见怪不怪的蹴鞠表演。一队队拐子马、铁浮图跑过操演场,卷起阵阵沙尘,得意的完颜宗望面露喜色。到了展示单兵技能的环节,一个个健硕的金兵,杂耍般地舞动着流星锤、狼牙棒、骨朵、铁斧、靴刀,完颜望一边叫好,一边一脸傲慢地睥睨着赵构,说:"康王殿下可曾见识过我们金国勇士所用的这些兵器啊?"赵构微笑着点点头,回答道:"还好,还好,就是单一了些。""哦,不知南朝都有哪些拿得出手的兵器啊?""不多,常用的也就十八种,刀枪剑戟,斧钺钩叉,镋槊棍棒,鞭锏锤抓,拐子、流星,各有其长。"说话间,一排弓弩手进入操演场,一声令下,一支支箭矢飞向百步外的箭靶。完颜宗望转过头,望着身边这个大言不惭的康王,试探地说:"康王,有兴趣射上几箭,让本帅开开眼吗?"赵构笑笑,说:"儿时和父兄学着练过几天,多年不摸弓了,既然大帅有雅兴,小王就献丑了。"说完,他起身接过金卒送上的弓箭,啪啪啪连射三箭,箭箭射中靶心。

气急败坏的完颜宗望,怎么也不相信锦衣玉食的宋朝皇子,会是这样一个气定神闲且文武兼备的人。他强烈要求宋朝用真皇子肃王赵枢换回这个"假皇子"康王赵构。赵构逃离虎口,丝毫不敢耽搁,唯恐金人回过味儿来。想不到怕啥来啥,他前脚离开,完颜宗弼就拍马追来,于是,一出"泥马渡康王"的悲情剧、玄幻剧、神话剧就此上演。此事版本众多,多是捕风捉影的民间杜撰,最为精彩的还是《说岳全传》中的描述:

康王正在危急,只见树林中走出一个老汉,方巾道服,一手牵着一匹马,一手一条马鞭,叫声:"主公快上马!"康王也不答应,接鞭跳上了马飞跑。兀术在后见了,大怒,拍马追来,骂道:"老南蛮!我转来杀你。"那康王一马跑到夹江,举目一望,但见一带长江,茫茫大水。在后兀术又追来,急得上天无路,入地无门,大叫一声:"天丧我也!"这一声叫喊,忽然那马两蹄一举,背着康王哄的一声响,跳入江中。兀术看见,大叫一声:"不好了!"赶到江边一望,不见了康王,便呜呜咽咽哭回来。到林中寻那老人,并无踪迹。再走几步,但见崔孝已自刎在路旁。兀术大哭回营。众王子俱来问道:"追赶殿下如何了?"兀术含泪将康王追入江心之事说了一遍。众王子道:"可惜,可惜!这是他没福,王兄切勿悲伤。"

且说那康王的马跳入江中,原是浮在水面上的,康王一面想,一面抬起头来,见日色坠下,天色已晚,只得慢慢地步入林中。原来有一座古庙在此。抬头一看,那庙门上有个旧匾额,虽然剥落,上面的字仍看得出,却是五个金字,写着"崔府君神庙"。康王走入庙门,门内站着一匹泥马,颜色却与骑来的一样。又见那马湿淋淋的,浑身是水,暗自想道:"难道渡我过江的,就是此马不成?"想了又想,忽然失声道:"那马乃是泥的,若沾了水,怎么不坏?"言未毕,只听得一声响,那马即化了。康王走上殿,向神举手言道:"我赵构深荷神力保佑!"此回叫做泥马渡康王的故事。正是:天枢拱北辰,地轴趋南曜。神灵随默佑,泥马渡江潮。

这个故事出于赵构之口,他有可能是想以此表明自己是真命天子。赵构逃离了金营后,来到了远离战火的相州(今河南安阳)。而新的人质肃王赵枢,成了第一个被金人掳去的北宋宗室,年仅二十八岁就死在了金国。

几个月后,金人再次南侵,钦宗派人持蜡书前往相州,任命赵构为河北兵马大元帅,让他与河北守将火速带兵入援京城。然而,他在大名府接到火速勤王的蜡诏后,只让副元帅宗泽带部分勤王兵南下救援,自己则带着大队人马,一路向东逃到济州(今山东济宁)。此时,二帝被掳,被迫做了大顺皇帝的张邦昌,派人送来了传国玉玺。赵构是徽宗诸子中唯一没有被掳的亲王,理所当然地成了唯一有资格登上皇位的人。靖康二年(1127)五月一日,移师南京应天府(今河南商丘)的赵构,在府衙中称帝,改元建炎。一部宋史,因有张邦昌"立国""还政"的插曲,被烙上割裂之痕,史家所称的南宋就此开端。

赵构称帝后,任命李纲为右相,令其急速赴行在应天府视事。念及张邦昌"还政"之举,也是顾及金人的反应,赵构封其为太保、奉国军节度使、同安郡王,同时设置御营司,整合各路勤王兵马,以黄潜善和汪伯彦分兼御营使和御营副使,以王渊为使司都统制,韩世忠、张俊、苗傅等并为统制官,刘光世提举使司一行事务。基本稳定了局势。他又任命郎傅雱为大金通和使,去金朝求和。一个月后,李纲到达应天府。在李纲的一再坚持下,张邦昌被贬往潭州,不久赐死。入秋后,金人以张邦昌被杀为由,再次攻宋。

宋高宗杀了两个劝诫他"还汴抗金""宫禁燕乐"的爱国士人陈东和欧阳澈,将主和的黄潜善、汪伯彦分别迁为左、右相,把朝政全权交给他们,便下诏"巡幸淮甸",不顾中原军民正与金军浴血奋战,逃到扬州,把这个烟花锦梦之地作为"行在",开始寻欢作乐。

十二月,金军兵分几路进攻南宋。西路攻陕西,东路在渡过黄河后由完颜宗弼分率一部直逼开封。这时的开封府尹兼东京留守使是宗泽,他有效部署了东京开封的防线,粉碎了金军夹攻的计划。其后,他派人联络两河抗金义军,建立了以东京为中心、两河为屏翼的抗金防线。两河义军数十万都受宗泽节制。宗泽深知这些自发的义军,是抗金斗争最可倚重的力量,但没有朝廷的支持,迟早会归于失败,因而在开封秩序恢复正常以后,一再上书高宗,呼吁还都,以号令抗金斗争。宗泽留守东京一年,先后二十四次上《乞回銮疏》,却得不到回应。

建炎二年(1128)七月,宗泽见坐失良机,忧愤成疾,三呼"过河"后与世长辞。

多年后,陆游在《夜读有感》诗中写道:

> 公卿有党排宗泽,帷幄无人用岳飞。
> 遗老不应知此恨,亦逢汉节解沾衣。

建炎三年(1129)二月,完颜宗弼(兀术)领兵奔袭扬州,高宗正在寻欢作乐的兴头上,乍闻战报,惊惧之下阳刚尽失,从此绝了生育能力。他慌忙带领少数随从策马出城,仓皇渡江,一路辗转逃到了杭州,把杭州改为临安,权作行在;几个月后,又把杭州由"州"升为"府",具有了与开封府等同的地位。虽仍称杭州为"行在",表示皇帝依然心系中原,未忘国耻,但其实皇帝心里早就把这里当作了偏安的都城。外患未至,内乱又生,到临安不久,就发生了震动朝野的"苗刘之变"。

三月,掌管着皇帝卫队的御营司武将苗傅、刘正彦,对大发战争财的王渊和倚仗高宗的宠信为非作歹的宦官康履等极为不满,发动了兵变。他俩提着王渊的脑袋,要求封官晋爵,又恐事后遭到高宗的清算,索性逼迫高宗逊位给唯一的儿子、不满三岁的皇太子赵旉,即不被历史承认的"宋简帝",作为他们二人的傀儡皇帝,同时改元明受。这就是"苗刘之变",也称"明受之变"。

不久,赵旉因受惊吓病故,韩世忠、刘光世等各路人马起兵勤王,苗傅和刘正彦被韩世忠俘获,两个月后被处死。一场兵变画上了句号,但这个事件对宋高宗的统治心理与朝政决策产生了严重的负面影响,使他对武将产生了强烈的疑惧和戒备心理,给日后他打压武将、削解兵权的行动埋下了伏笔。

眼看南宋小朝廷由扬州逃到杭州,完颜宗弼一把火烧了扬州,一路烧杀劫掠,直向杭州扑来。他给自己定下一个小目标,叫"搜山检海捉赵构",而他的对手宋高宗赵构翻烂了兵书,用了一个绝妙的计策——走为上!赵构由临安逃到越州(今浙江绍兴),由越州逃到明州(今浙江宁波),由明州逃到温州,又由温州逃回越州,由越州逃回临安,再由临安逃到平江(今江苏苏州),最后坐着楼船逃到定海(今浙江镇海),漂泊在温州、台州间的大海上。直到金军北撤,高宗才从温州泛海北上,回到越州,结束了长达四个月的海上亡命生活。这次海上流亡始于建炎三年(1129)岁末,是岁己酉,南宋找了一个不让皇帝难堪的说法,称之为"己酉航海"。后世的史家和文人则给这次南逃起了一个好听的名字——建炎南渡,就像不是逃跑,是去南方游山观景、扬帆弄潮了一样。

皇帝南逃,大批陷落之地的官吏,或献城投降,成了金人的帮凶,或弃城而逃,与流离失所的民众、溃散的兵卒一道,加入南逃队伍。罢守江宁城"缒城宵遁"的赵明诚,将大部分数十年收藏的金石、古玩、字画丢弃,带着并不情愿的李清照,也加入了南逃的行列。悲愤的李清照写下一首震撼朝野的五言绝句,借项羽兵败垓下,不肯过江见江东父老的故事,表达了对南宋小朝廷丢城陷地、一逃再逃的强烈愤慨。

> 生当作人杰,死亦为鬼雄。
> 至今思项羽,不肯过江东。
>
> ——李清照《夏日绝句》

建炎四年(1130)正月,完颜宗弼攻陷明州,乘船入海,追剿漂泊中的南宋小朝廷。也是南宋命不该绝,不善水战的金国船队,遇到了突如其来的海上风暴,宋军水师乘势出击,一举击溃了完颜宗弼的水军,灰头土脸的完颜宗弼狼狈地退回明州。这时,南下的金军后方空虚,战线漫长,屡遭宋朝武装袭击,已是强弩之末。二月,完颜宗弼声称已完成"搜山检海"的目标,开始北撤,一路纵火焚城、掳掠奸淫,千里江南,到处火光冲天。

三月,金国军队从平江府撤军,准备在镇江渡江北上。宋将韩世忠率水师从长江口兼程西上,埋伏在镇江焦山寺附近的江面上,截断了金军的归路。双方展开激烈的水战,上演了"梁红玉擂鼓战金山,金兀术败走黄天荡"的精彩大戏。韩世忠将金军水师逼入建康东北七十里处的黄天荡。这是一条死港,宋军堵住其出口,金军屡次突围均告失败。

最后，金军掘开老鹳河故道，从秦淮河让战船驶入长江，以火器击退前来堵截的韩世忠水师，才得以安然撤退。与此同时，岳飞打败了从陆上撤退的金国部队，收复了建康。在黄天荡之战中，韩世忠以八千水师包围十万金军，两军相持达四十余日，虽未能最后取胜，却使金军从此不敢渡江。

次年，回到越州的宋高宗取"绍祚中兴"之意，改元绍兴，又升越州为绍兴府，暂作行在。绍兴二年（1132）正月，高宗回到临安，建炎南渡正式结束。

七世相传一束书：卷帙含香

天假残年使荷锄，白头父子守园庐。四朝曾遇千龄会，七世相传一束书。物理从来多倚伏，人情莫遣得亲疏。功名自有英雄了，吾辈惟当忆遂初。

——《园庐》

祠禄恩宽亦例沾，屏居怀抱苦厌厌。戍边事往功名忤，迎客儿扶老病兼。遇兴榜舟无远近，破愁沽酒任酸甜。残年唯有读书癖，尽发家藏三万签。

——《次韵范参政书怀》

晚年的陆游归隐山阴老家，寄意诗文，与书为伴，写下这两首与自家藏书相关的诗作。

宋孝宗淳熙九年（1182），五十八岁的陆游以一篇《书巢记》，生动形象、幽默诙谐地描述了身陷书巢的执着与快乐，文曰：

陆子既老且病，犹不置读书，名其室曰书巢。客有问曰："鹊巢于木，巢之远人者。燕巢于梁，巢之袭人者。凤之巢，人瑞之。枭之巢,人覆之。雀不能巢,或夺燕巢,巢之暴者也。鸠不能巢,伺鹊育雏而去,则居其巢,巢之拙者也。上古有有巢氏,是为未有宫室之巢。尧民之病水者,上而为巢,是为避害之巢。前世大山穷谷中,有学道之士,栖木若巢,是为隐居之巢。近时饮家者流,或登木杪,酣醉叫呼,则又为狂士之巢。今子幸有屋以居,牖户墙垣,犹之比屋也,而谓之巢,何耶?"

陆子曰:"子之辞辩矣,顾未入吾室。吾室之内,或栖于椟,或陈于前,或枕藉于床,俯仰四顾,无非书者。吾饮食起居,疾痛呻吟,悲忧愤叹,未尝不与书俱。宾客不至,妻子不觌,而风雨雷雹之变,有不知也。间有意欲起,而乱书围之,如积槁枝,或至不得行,则辄自笑曰:此非吾所谓'巢'者耶?"乃引客就观之。客始不能入,既入又不能出,乃亦大笑曰:"信乎其似巢也。"

客去,陆子叹曰:"天下之事,闻者不如见者知之为详,见者不如居者知之为尽,吾侪未造夫道之堂奥,自藩篱之外而妄议之,可乎?"因书以自警。

这篇《书巢记》,可谓将陆游一生爱书成瘾、读书成癖的修为表现得淋漓尽致了。

靖康之耻,中原离乱,陆宰携家眷入汴河,渡淮河,转运河,一路提心吊胆、风餐露宿到了寿春,住了一段时间后,又水陆兼程,终于回到日思夜想的山阴旧庐。

山阴,与会稽相连,两县合璧,以府河为界,组成了绍兴。会稽因会稽山得名,山阴则在会稽山之北。水之北为阳,山之北为阴,山阴地处杭州湾钱塘江南岸,是古越国的都城、越王勾践"十年生聚,十年教训"的卧薪尝胆之地,也是兴学育人之地,独特的历史和优良的文化交相融合,形成了特殊的文化氛围。远在春秋时代,孔子就曾派子贡来山阴考察,子贡对这里的仁义教化、尊崇贤才颇多赞誉。东汉时期,王充"八岁出于书馆,书馆小僮百人以上",当地儿童日日竞读,成为乡风民俗。后王充为官,辞官后,回山阴设塾授徒,开书馆风气之先,又花了三十年完成煌煌大作、传世哲学经典《论衡》。宋朝时，山阴学风鼎盛，私塾、学塾、村塾、义学、冬学遍布城乡。范仲淹知越州时，创建了稽山书院，在他的带动下，山阴最多时有书院四十多所，各地士子云集。

　　山阴不仅文化灿烂、名人辈出，且富有山水之盛。八百里镜湖波光潋滟，三百里会稽山钟灵毓秀，是不可多得的灵秀之地。

　　陆游为官在外时，家乡的一山一水、一草一木，时常勾起他深情的眷恋。他笔下的会稽、山阴人文灿烂、风光无限；他诗中的镜湖碧波浩渺、生趣盎然：

　　　　稽山何巍巍，浙江水汤汤。千里亘大野，勾践之所荒。春雨桑柘绿，秋风粳稻香。村村作蟹椴，处处起鱼梁。陂放万头鸭，园覆千畦姜。春碓声如雷，私债逾官仓。禹庙争奉牲，兰亭共流觞。空巷看竞渡，倒社观戏场。项里杨梅熟，采摘日夜忙。翠篮满山路，不数荔枝筐。星驰入侯家，那惜黄金偿。湘湖莼菜出，卖者环三乡。何以共烹煮，鲈鱼三尺长。芳鲜初上市，羊酪何足当。镜湖滀众水，自汉无旱蝗。重楼与曲槛，潋滟浮湖光。舟行以当车，小伞遮新妆。浅坊小陌间，深夜理丝簧。我老述此诗，妄继古乐章。恨无季札听，大国风泱泱。

　　　　　　　　　　　　　　　　——《稽山行》

　　　　千金不须买画图，听我长歌歌镜湖。湖山奇丽说不尽，且复为子陈吾庐。柳姑庙前鱼作市，道士庄畔菱为租。一弯画桥出林薄，两岸红蓼连菰蒲。陂南陂北鸦阵黑，舍西舍东枫叶赤。正当九月十月时，放翁艇子无时出。船头一束书，船后一壶酒。新钓紫鳜鱼，旋洗白莲藕。从渠贵人食万钱，放翁痴腹常便便。暮归稚子迎我笑，遥指一抹西村烟。

　　　　　　　　　　　　　　　　——《思故山》

　　归乡后，陆宰先后因陋就简，建了颇具盛名的双清堂和千岩亭，细心整理祖上传承下来的各类书卷,自己也不断充实藏书的品类,书逾万卷。时传越州藏书有三大家,首为左丞陆氏(陆佃),次为尚书石氏(石公弼),三为进士诸葛氏(诸葛行)。到了陆宰这一代,石氏、诸葛氏藏书渐衰,独陆氏最盛。

绝了仕途之念的陆宰,把全部精力都放在藏书、读书、教子上,转眼到了建炎四年(1130)。

这天,陆宰刚摊开一卷书,三子陆游蹦蹦跳跳地进了屋,稚嫩的声音响起来:"爹爹,爹爹,门外来了个道人。"

陆宰向外望去,那道人已经站在门外,陆宰便兴冲冲地迎了出来。

道人看到陆宰,打揖道:"多日不见,陆公可好?贫道又来叨扰了!"

陆宰赶忙还礼,笑呵呵地应着:"惟悟道长,稀客,稀客啊。早上,你送我的那株仙客来忽然就开花了,想不到是你这个仙人到访了。"

陆宰把惟悟道长引入客厅,招呼陆游:"务观,快给客人倒杯茶吧。"

陆游轻轻端起茶壶,斟了半杯茶,圆溜溜的大眼睛好奇地看着惟悟道长。惟悟怜爱地抚着陆游的头,打趣说:"咱这乖巧的三公子,今年几岁了?"

"六岁了。"陆游爽快地回答着,说完就跑出了客厅。

说了几句闲话,惟悟呷了一口茶,压低了声音,对陆宰说:"陆公,有件大事,我特来告诉你。"

"什么大事能让道长这样郑重其事啊?"陆宰轻描淡写地应着。

"明州刚被胡人攻陷了。"

"什么?明州失陷了?"陆宰大惊失色,刚端起的茶杯险些脱手。

"皇上……皇上不是在……在明州吗?"

"陆公啊,吉人自有天相,皇上已经乘船出海了。明州失陷,山阴就危险了,这些胡人为非作歹,杀人如麻,陆公这一家老小,可要早做打算啊!"

"唉……"陆宰定了定神,长叹一声,说,"前些时候,我也想过去避避风头,我们陆氏家族已有很多人家去避难了。只是眼下这情形,狼烟四起,匪盗横行,真想不出哪里是个安稳的去处。"

"去东阳(今浙江金华)吧,贫道的同乡陈彦声,在东阳拉起了一支队伍。彦声为人正直、仗义,在东阳一带威望颇高,与贫道交情尚厚,我去和他知会一声,陆公这边也要及早动身……"

在被称为"群山之主,诸水之源"的东阳独秀峰下,有座安福寺,至今仍香火缭绕。建成于唐咸通八年(867)的安福寺,曾用名安文寺,在宋宣和二年(1120),一度毁于战乱,又在陈彦声等贤达的主持下得以重建。新建的禅院气势恢宏、法相庄严、碧瓦红墙、涂丹绘彩、雁塔参天、松苍竹翠。

背井离乡的陆宰一家在这里度过了三年多(建炎四年七月二十六日起,至绍兴三年二月初八日还山阴)的避居时光。陆宰曾在《题安文山居诗》中写道:"谁道山居恶,山居兴味长。水声喧枕席,山色染衣裳。日馈溪鱼小,时挑野菜香。昨闻新酿熟,还许老夫尝。"来时,陆游六岁,陈彦声把他送入磐安学堂,开始了启蒙教育,到回山阴时,他已经九岁了。当时,一大批在战火中磨炼成长的抗金将领,如吴玠、吴璘、韩世忠、岳飞等,以及各地抗金的民间武装,先后大败金兵。陆宰和陈彦声商量,决定带着家人回山阴。

陈彦声对陆宰说:"陆公,我师也。所学甚多,没齿不忘。我心望公长住,是我生之幸。"

陆宰心系故土,决意回乡,作诗留赠:"前身疑是此山僧,猿鹤相逢亦有情。珍重岭头风与月,百年常记老夫名。"

惜别之时,陆宰给东阳贤士、举义豪杰陈彦声和送行的僧众深深地鞠了一躬。几十口人的大家族,为避战火硝烟、兵燹匪患,叨扰了他们三年。他真不知道该怎样述说心中的感念和谢意。

陆宰招呼陆游来到身边,说:"孩子,我们要回老家了,给大家磕个头,代父亲谢谢这些恩人。"

陆游看看父亲,又看看送行的人们,爽朗地说:"父亲,这头就别磕了,我给大家作首诗吧。"

大家都被机灵的小陆游逗乐了。陈彦声抚着陆游的头,爱惜地说:

"今天就作首诗送给大家吧,我还没见识过你的诗呢。"

陆游沉吟一下,缓缓地吟咏起来:"避乱到安福,与僧相往还。溪头分别去,黄莺正绵蛮。"

一听这诗和寺院有关,僧人们都高兴起来,七嘴八舌地叫着好,说:"给这诗起个名吧,我们写到禅院的空壁上。"

陆游说:"就叫《别安福寺僧》吧。"

相传,这首诗是陆游的处女作。宋史中的《陆游传》说陆游"十二能诗文",其实,早慧的陆游应该已写过很多习作了,只是直到十二岁,陆游的诗文渐有气象,大家才见识到他"小李白"的才情。

颠沛流离的童年生活是苦难,也是财富。它让陆游早早地懂得了没有国就没有家的道理,知道患难中友情的可贵。多年后,陈彦声去世,陆游怀着感恩的心写了《陈君墓志铭》,称颂他在陆家避乱于东阳时给予的悉心关照:"建炎四年,先君会稽公奉祠洞霄。属中原大乱,兵燹南及吴楚,谋避之远游。……彦声(陈宗誉字)越百里来迎,旗帜精明,士伍不哗。既至,屋庐器用无一不具者,家人如归焉。居三年乃归,彦声复出境饯别,泣下沾襟。"

归乡的路并不平坦。晚冬的风撕扯着僵硬的枝条,啪啪作响,成群的乌鸦在半空里游荡,搜寻着未及掩埋的尸骸。金人铁蹄蹂躏下的江南满目疮痍,陆家的犊车在战火的余烬里颠簸着。尽管陆游还是个孩子,但对敌人的仇恨已默默地刻进他的骨子里,同时刻进去的还有"爱国"两个字!

绍兴十三年(1143),朝廷在临安建中兴秘府,高宗下诏,求天下遗书以充之。"靖康之耻"时,金人掠走了大量宋室藏书,致使新立的南宋内府藏书虚亏,无奈之下想出这个法子。陆宰尽献家藏一万三千余卷图书,名著一时。南宋朝廷专门组织了一个班子来整理其所献之书,其长子陆淞也参加了这项工作,仅校勘者就有一百余人,用了近两年时间才整理完毕。陆宰的献书成为南宋初定时国家藏书的主干,北宋承平时期所编写的国家藏书目录《崇文总目》,著录当时国家藏书三万余卷;南宋孝宗时，国家藏书也仅达到四万余卷。而陆宰一人的献书就达到国家藏书的四分之一，可见其藏书之富。

陆宰藏书，主要是为了保存书种。陆游在《跋京本家语》中记录了父亲陆宰收藏的《京本家语》的经历："予旧收此书，得自京师，中遭兵火之余，一日于故箧中偶寻得之，而虫龁鼠伤，殆无全幅。缀缉累日，仅能成帙。乃命工裁去四周所损者，别以纸装背之，遂成全书。呜呼！予老懒目昏，虽不复读，然嗜书之心，固未衰也。后世子孙知此书得存之如此，则其余诸书幸而存者，为予宝惜之……后五十有七年，复脱坏不可挟。子聿亟装缉之，持以相示。方先少保书此时，某年十四，今七十矣，不觉老泪之濡睫也。"在父辈的熏陶下，自称"书颠"的陆游，不负厚望地继承了父亲"藏书家"的美誉，只是他诗名太盛，暗淡了这一光环。

富贵尚思还此笏，衰残故合爱吾庐。
灯前目力依然在，且尽山房万卷书。

——《感昔》

《嘉泰会稽志》载，陆游游宦四川前后九年，东归时"出峡不载一物，尽买蜀书以归，其编益巨……"两宋时，人们总结说，人文之盛，莫盛于蜀，陆游"尽买蜀书"，应该是下血本了。后来，他迁官福建和江西，福建是南宋三大刻书地之一，江西也是宋时藏书家集中之地。爱书的陆游，也像在四川一样，购买了大批书籍带回山阴，同时搜集了不少书画碑帖，大大丰富了陆家的藏书。陆游喜藏书，更喜读书，不同时期、不同的境遇下，他为自己的居所起了很多有意蕴的堂号，比如心太平庵、龟堂、可斋、昨非轩、玉笈斋、渔隐堂、风月轩、老学庵、书巢、烟艇。

陆游《冬夜读书》诗曰：

平生喜藏书，拱璧未为宝。归来稽山下，烂漫恣探讨。六经万世眼，守此可以老。多闻竟何用，绮语期一扫。幽居出户稀，衰病拥炉早。青灯照黄卷,作意勿草草。

"青灯照黄卷""守此可以老",足见陆游对藏书的执着和痴迷。他的《渭南文集》里收录了大量的跋文,多数是为他的藏书而作。同时,作为诗作之丰几冠天下的高产诗人,陆游写下很多关于读书的诗,成为诗史上写读书诗最多的诗人,不妨摘录如下几首。

一
北窗暖焰满炉红,夜半涛翻古桧风。
老死爱书心不厌,来生恐堕蠹鱼中。
二
韦编屡绝铁砚穿,口诵手钞那计年。
不是爱书即欲死,任从人笑作书颠。
三
忆昨从戎出渭滨,秋风金鼓震咸秦。
鸢肩竟欠封侯相,三尺檠边老此身。

——《寒夜读书三首》

归老宁无五亩田,读书本意在元元。
灯前目力虽非昔,犹课蝇头二万言。

——《读书》

腐儒碌碌叹无奇,独喜遗编不我欺。白发无情侵老境,青灯有味似儿时。高梧策策传寒意,叠鼓冬冬迫睡期。秋夜渐长饥作祟,一杯山药进琼糜。

——《秋夜读书每以二鼓尽为节》

从师篇　名师授业　终身向学

宋高宗绍兴十二年（1142）

纸上得来终觉浅：一字之师

家本徙寿春，遭乱建炎初。南来避狂寇，乃复遇强胡。于时髦两髦，几不保头颅。乱定不敢归，三载东阳居。

——《杂兴》

从东阳回到山阴，陆游转年便入了乡校。父亲为他选中的先生都是方圆百里的饱学之士。此时的陆游已经是口能吟诗、笔能著文的神童了，在东阳的启蒙教育是一个因素，更重要的原因是他对读书十分热爱。

我生学语即耽书，万卷纵横眼欲枯。
莫道终身作鱼蠹，尔来书外有工夫。

——《解嘲》

陆宰自建炎初归隐山阴，提举洞霄，领取半俸，一家的温饱不成问题，便潜心藏书、课子。他常以父亲陆佃为榜样教育陆游。陆游的祖父陆佃"居贫苦学，夜无灯，映月光读书。蹑屩从师，不远千里。过金陵，受经于王安石"。或许是榜样的力量，或许是天性使然，陆游一生向学，这是他成为伟大的诗人和文学家、史学家的源泉和基础。

陆游事学,固然离不开老师的启蒙和引领,但更多的知识还是来源于他读到的书、遇到的人和他自己独到的思考。他读屈原、李白、杜甫、岑参、王维,多有自己的感悟。晚年,他回忆自己读《陶渊明集》时,曾说:"吾年十三四时,侍先少傅居城南小隐,偶见藤床上有渊明诗,因取读之,欣然会心。日且暮,家人呼食,读诗方乐,至夜卒不就食。今思之如数日前事也。"《冬夜读书示子聿》诗云:"古人学问无遗力,少壮工夫老始成。纸上得来终觉浅,绝知此事要躬行。"

读书不唯书,集百家之长,成一己之学,成为陆游一生的为学之道。

陆游的老师具名的很多,不具名的更多。例如,陆游视朱敦儒为师。朱敦儒写了一首《卜算子·古涧一枝梅》:"古涧一枝梅,免被园林锁。路远山深不怕寒,似共春相赶。 幽思有谁知,托契都难可。独自风流独自香,明月来寻我。"陆游也写了一首词,就是那首著名的《卜算子·咏梅》:"驿外断桥边,寂寞开无主。已是黄昏独自愁,更著风和雨。无意苦争春,一任群芳妒。零落成泥碾作尘,只有香如故。"世人评价这两首词,称其"风神相似"。

朱敦儒(1081—1159)是跨越两宋的著名词人,词风旷达、自成一家,自谓"仙人",世誉"词俊"。他和陆游一样,是一位一心复国的慷慨悲歌之士。他对南宋朝廷偏安一隅深感失望,朝廷屡召入仕都被他拒绝。他作《鹧鸪天·西都作》:

> 我是清都山水郎。天教分付与疏狂。曾批给雨支风券,累上留云借月章。 诗万首,酒千觞。几曾著眼看侯王。玉楼金阙慵归去,且插梅花醉洛阳。

这首词对陆游影响很大,每逢官场落魄,隐居山阴时,他总会以受知于朱敦儒为荣。

陆游的谦逊好学体现在方方面面。他在蜀地留下过一个有趣的"一字师"的故事,至今还为后人津津乐道。

相传,乾道八年(1172)初春,陆游卸任夔州通判,应诏前往抗金前线南郑。途经四川梁山(今重庆梁平)蟠龙山时,忽闻山顶鞭炮震耳,锣鼓喧天。循声而至,原来是当地官员和山民正在庆贺蟠龙桥落成。蟠龙桥像一条蛟龙飞跨山涧,陆游不禁连连称赞。当地官员得知来者是大诗人陆游,立刻捧出文房四宝,请他给蟠龙桥写一副对联。陆游略思片刻,运腕挥毫,在桥头石壁上写下了:"桥锁蟠龙,阴雨千缕翠;林栖鸣凤,晓日一片红。"之后他跨马下山,到县城住宿。

陆游走后,当地一对姓肖的父女走来观看。女儿肖英姑看完陆游的对联,若有所思地说:"此联不愧出自大诗人之手,只是有一字不太贴切,弱了气魄。"

原来,这肖英姑出身书香门第,早年丧母,后来家中又不幸失火,烧毁了偌大家业。父亲灰心丧气,带着女儿进了蟠龙山,父女俩在这如诗如画的山中以种地打柴为生。晚上父亲常常挑灯教女,英姑天资聪颖,学习勤奋,长大成人后,诗词歌赋、地理天文,无一不晓,无所不通,深得当地人敬佩。

英姑无意中的一句评论,不多时竟传到了陆游的耳朵里。他听后大为疑惑,不知哪一字弱了气魄。

次日,陆游独自一人来到蟠龙山,直奔肖氏父女所住的蟠龙洞,连唤数声,竟无人回应。他沉吟片刻,信步走进洞中,原来英姑父女并未在洞里。陆游四下环顾,见一块大石上放着笔墨纸砚,便铺纸提笔,写道:"为龙意蟠,洞府未然,不留空下,重见英山,求深何在,女才知返,姑怅去贤。"他署上姓名,然后回身走了。

陆游刚走不久,英姑父女打柴回来,知是陆游来过。父女俩看着陆游那文不成文、诗不是诗的文字,经一番琢磨,方破解出这是一首七言诗:"重返蟠龙为求贤,未见英姑意怅然。才女不知何处去,空留洞府在深山。"

陆游回到住所,当晚又是一夜没睡,仍未想出是哪个字不妥。第二天早晨,他早早地来到蟠龙洞。英姑父女听见招呼,忙将他请进洞中。稍事寒暄,陆游直言向英姑求教,请她指出对联中哪一字不妥。英姑含羞笑道："大人,奴家乃山野村女,本不敢妄评大人之作。承蒙大人不弃,光临寒舍,斗胆直言,不当之处,还望大人指教。"随后,她侃侃说道："大人上联'桥锁蟠龙,阴雨千缕翠'无懈可击,下联'林栖鸣凤,晓日一片红',若改为'一声红',岂不更妙?凤凰叫而旭日升,有声有色。不知大人以为如何?"陆游听罢,沉吟片刻后,连声赞道:"妙,妙,妙,好个'一声红'!真是一字师啊。"

少年堪做圣人徒:千载畏仰

  成童入乡校,诸老席函丈。堂堂韩有功,英概今可想。从父有彦远,早以直自养。始终临川学,力守非有党。纷纷名它师,有泚在其颡。二公生气存,千载可畏仰。
  ——《斋中杂兴十首以丈夫贵壮健惨戚非朱颜为韵》

山阴,文化的繁盛之地。

陆宰为陆游选择的第一位老师是衢州江山人毛德昭。

毛德昭一生苦学,谙熟经史,许多典籍都能背得滚瓜烂熟,中年不幸生病导致眼盲,端坐堂中,还能一口气默诵"六经"数千言。陆游曾在《老学庵笔记》里记录下他这位老师的趣事:

  毛德昭名文,江山人。苦学,至忘寝食,经史多成诵,喜大骂剧谈。绍兴初,招徕,直谏无所忌讳。德昭对客议时事,率不逊语,人莫敢与酬对,而德昭愈自若。晚来临安赴省试。时秦会之当国,数以言罪人,势焰可畏。有唐锡永夫者,遇德昭于朝天门茶肆中,素恶其狂,乃与坐,附耳语曰:"君素号敢言,不知秦太师如何?"德昭大骇,亟起掩耳,曰:"放气!放气!"遂疾走而去,追而不及。

这则趣事,表面上讲述的是毛德昭言有所忌,实际是在揭露秦桧当权时权势熏天、不可一世的恶劣行径。

相传,有一天,毛德昭挥舞着戒尺,问课堂上的学生:"是哪个大胆的,拆了白鹭的窝?"

原来,陆游念书的书院院子里有一棵大树,树荫遮了半个院子,毛德昭常带着学生们在树下乘凉、讨论。后来,有几只白鹭在树上筑了巢,叽叽喳喳地叫个不停,还拉了一院子鸟粪。陆游带头爬到树上,拆了这个不速之客的窝。没有了白鹭的打扰,毛德昭心里也高兴,但是十多岁的孩子,爬到那么高的树上拆鸟窝,不禁让他后怕。他第一个叫起了陆游,冷着脸问道:"是不是你上去拆的?"陆游扬着脸,不吭声。"把手伸出来!"陆游乖乖地伸出手,啪啪啪,戒尺打在手上,顿时就现出几条红印。惩戒完陆游,毛德昭又喊过来一个学生。陆游一看老师还要惩戒其他学生,就开了口:"先生,是我一个人拆的,不要连累大家了,要罚你就罚我吧。"

毛德昭一听,心下对这个敢作敢当的小孩子多了几分赞赏,思忖了片刻,说:"既是如此,那我作诗一首,要是你能将其中的诗句改动得体,我就免了他们这顿打。如果改不出,那就连你一起,各打二十戒尺。"

听说改诗就可以免于惩罚,陆游赶忙答应。毛德昭一边踱步一边吟道:"鹭鸟窥遥浪,寒风掠岸沙。渔人忽惊起,雪片逐风斜。"这首诗看似是毛德昭脱口而出的即兴之作,其实是他在前几日白鹭筑巢时就吟成的,推敲了几日,觉得无懈可击,才展示出来。

学生们反复掂量着这首诗,诗中的"雪片"比喻白鹭洁白的身躯,"逐风斜"是把白鹭风中翱翔的姿态惟妙惟肖地刻画出来了,诗的意境和文字都恰到好处,很难再做改动。即使是平日颇有些文采的几个同学,听完都已经做好受罚的准备了。

陆游不慌不忙地说:"先生的诗句已然极佳,可是学生觉得还可以改动三个字。"

毛德昭连忙问道:"哪三个字?说来听听。"

陆游答道:"'逐风斜'三个字用得好,可是学生以为若改为'落蒹葭'更为恰当,因为如此一来白鹭就有了去向,诗更有韵味了。"说完,陆游悄悄看了看先生,说道:"若我改得不妥,还请老师指点之后再打不迟。"许久,同学们不见先生有反应,以为先生动怒了,不料,"啪"的一声,毛德昭把戒尺打在了桌案上,对陆游说:"改得好,'落蒹葭'果然胜过'逐风斜'。"

从此,毛德昭格外喜欢这个颖慧而又有见地的学生。

少年时的求学时光给陆游留下了美好的记忆:

> 士生学六经,是为圣人徒。处当师颜原,出当致唐虞。斯文阵堂堂,临敌独援桴。异端满天下,一扫可使无。乃知立事功,先要定规模。彼虽力移山,安能夺匹夫。
>
> ——《斋中杂兴》

稍长,陆宰又把自己的好友——大名鼎鼎的乡贤韩有功和自己的族亲——学力深厚的陆彦远引为陆游的老师。

绍兴多水,多水就多桥,有座八字桥,贯通着绍兴的水系,被称为"中国乃至世界上最早的城市立交桥"。宋时,浙东运河开始漕运,流经古城的漕河上不仅有八字桥,附近还有广宁桥、东双桥等河梁。韩有功就住在这一带。韩有功是南宋士子领袖,经常与诸生在暑夜相约,于桥上纳凉纵谈。他的学生在其故后作诗云:"河梁风月故时秋,不见先生曳杖游。万叠远青愁封起,一川涨绿泪争流。"陆游也在诗中表达过对这位老师的敬仰和追忆:"堂堂韩有功,英概今可想。"

陆彦远则是陆氏宗族里继陆佃之后又一位出色的"荆公学派"践行者。"荆公学派"亦称"荆公新学",是以王安石为代表的诸多儒士所创立的学派。王安石以"天命不足畏、祖宗不足法、人言不足恤"的政治气魄进行变法,但还是需要在儒家经书中寻找支撑其熙宁变法的思想理论依据,于是编著了一部《三经新义》,于熙宁八年(1075)颁布于学校,成为法定教材。尽管后世对此书褒贬不一,但当时影响深远。陆彦远把自己的所学教授给陆游,对陆游全面掌握经学知识有着很大的帮助,陆游在诗中说:

> 吾幼从父师,所患经不明。何尝效侯喜,欲取能诗声。亦岂刘
> 隋州,五字矜长城。秋雨短檠夜,掉头费经营。区区宇宙间,舍重取
> 所轻。此身傥未死,仁义尚力行。
> ——《读苏叔党汝州北山杂诗次其韵》

绍兴十年(1140),十六岁的陆游,意气风发地到临安参加科考,去时踌躇满志,归时满腹惆怅。本以为一身锦绣将化作金榜上的大名,却还是高估了自己。天下士子,饱学者无数,很显然,这时的陆游还没有达到足够的高度。归来后,他愈加发奋。这一年,他又遇到了一位老师——鲍季和。

> 常忆初年十七时,朝朝乌帽出从师。
> 忽逢寒食停供课,正写矾书作赝碑。
> ——《绍兴辛酉予年十七矣距今已六十年追感旧事作》

相传,有一年寒食节前一天,陆游一身长袍,戴着乌帽,挎着书囊,早早地赶到鲍季和的学馆。

鲍季和说:"明天就是寒食节了,我要回乡祭扫,给你们也放两天假,都去先人的墓上祭奠一下,再给你们布置个作业,每人临写一篇碑帖。"

两天后,大家把临写的碑帖恭恭敬敬地交给先生。鲍季和一张一张地翻看、点评,翻到陆游这张,却是一张白纸,只在上方写着"陆游"两个字。鲍季和抄起戒尺,点着陆游,说:"你过来。"陆游走上讲台,站在先生身边。鲍季和指着陆游的作业,说:"这就是你临写的碑帖吗?难道你临的是武则天的'无字碑'吗?"陆游假装委屈地说:"先生,我临了满满的一张啊,不信你看。"说着,他取了一张浸了墨的纸敷在"临帖"上,工整的字迹慢慢呈现出来。鲍季和一下子明白了,原来陆游是用矾水临的帖,看上去是一张白纸,敷上墨,字就显现出来了。鲍季和生气地说:

"想不到你还敢戏弄先生,今天非要教训你不可。"陆游见先生动怒,忙解释说:"先生莫生学生的气,现在金人侵略我们大宋,边境上战事不断,说不定哪天我们也要上前线保卫国家,要是送密信,这个矾水就派上用场了。"鲍季和听着,心想:这孩子果然是个好苗子,将来必是国之干才啊!然而,当着众多学生的面,自己不好夸奖他,于是脸一沉,说:"念你事出有因,就不惩戒你了,罚你把这矾水帖用墨笔再抄写十遍。"躲过了戒尺,陆游暗自庆幸。临帖,对陆游来说简直就是对他的奖励了。

一年后,陆游遇到了一位对他的一生影响巨大的恩师,那就是《宋史》中有传的曾几。

忆在茶山听说诗:师从曾几

忆在茶山听说诗,亲从夜半得玄机。常忧老死无人付,不料穷荒见此奇。律令合时方帖妥,工夫深处却平夷。人间可恨知多少,不及同君叩老师。

——《追怀曾文清公呈赵教授赵近尝示诗》

曾几(1084—1166),字吉甫,自号茶山居士,谥号文清,南宋诗人,有《茶山集》八卷等传世。

陆游十八岁时,陆宰带着陆游来到陆家的祖宅——陆游的祖父陆佃晚年读书、安养的云门草堂。此时,一位贵客突然造访,此人便是陆宰仰慕的大诗人曾几。刚刚被罢黜的他来山阴看望自己的兄长,得知陆宰在云门草堂,便来探望。陆宰喜出望外,由于爱国的情怀、相同的境遇和对奸党的憎恶,两人有聊不完的话题。不知不觉,一个时辰过去了,曾几正欲起身告别,陆游从云门寺归来。陆宰忙招呼陆游:"儿子,快快见过曾几曾大人。""曾几"两个字令陆游一怔,他惊喜地看向曾几,问:"莫不是茶山先生?"曾几打量着陆游,笑吟吟地点点头,说:"正是老朽。"陆游撩起袍服,跪在地上,抱拳当胸,说:"先生在上,请收我为徒吧。"说完,就磕起头来。曾几忙起身搀起陆游,说:"孩子,我可是听过你的才名呢,怎敢当你的老师啊!"陆游说:"老师是在羞臊我呢,我那些涂鸦之作,和先生的诗比起来判若云泥,怕是连诗都不算。"说着,他诵起曾几的诗来:

  一夕骄阳转作霖,梦回凉冷润衣襟。不愁屋漏床床湿,且喜溪流岸岸深。千里稻花应秀色,五更桐叶最佳音。无田似我犹欣舞,何况田间望岁心。

——曾几《苏秀道中》

曾几见陆游流利地背诵自己的诗,顿时喜欢上了陆游。

陆宰见状,也连忙说:"贤兄,因缘际会,必是天意,就收下这个学生吧!"

曾几心下高兴,便同意了。

自此,年届六旬的曾几成了陆游的老师,他的正直、博学、才情深深地影响着陆游。这对忘年的师生,像一轮皎洁的月亮带着一颗闪亮的星星,在诗的天空里遨游。多年后,曾几常住山阴,陆游也时常在云门草堂居住,还写了一首《留题云门草堂》:

  小住初为旬月期,二年留滞未应非。寻碑野寺云生屦,送客溪桥雪满衣。亲涤砚池余墨渍,卧看炉面散烟霏。他年游宦应无此,早买渔蓑未老归。

一次,陆游离开云门草堂,曾几还写了一首《题陆务观草堂》,以示对这位得意门生的不舍与思念:

  草堂人去客来游,竹笕泉鸣山更幽。
  向使经营无陆子,残僧古寺不宜秋。

曾几是江西诗派继"一祖三宗"后的代表人物之一,他的诗清新流畅、活泼灵动、朴素恬淡、言之有物。他作过《三衢道中》："梅子黄时日日晴，小溪泛尽却山行。绿阴不减来时路，添得黄鹂四五声。"他作过《发宜兴》："老境垂垂六十年，又将家上铁头船。客留阳羡只三月，归去玉溪无一钱。观水观山都废食，听风听雨不妨眠。从今布袜青鞋梦，不到张公即善权。"他作过《寓居吴中》："相对真成泣楚囚，遂无末策到神州。但知绕树如飞鹊，不解营巢似拙鸠。江北江南犹断绝，秋风秋雨敢淹留？低回又作荆州梦，落日孤云始欲愁。"他作过《校书戏成》："旧时天禄校书郎，习气薰人老未忘。可笑当窗楮生面，却成宫额半涂黄。"这些诗皆以高远的意境和浅淡的字句为诗家推崇、为读者喜爱。

和曾几学诗数年，师生间的感情与日俱增。作为晚辈的陆游时时惦念着老师。曾几有《雪中陆务观数来问讯，用其韵奉赠》诗云："江湖迥不见飞禽，陆子殷勤有使临。问我居家谁暖眼，为言忧国只寒心。官军渡口战复战，贼垒淮壖深又深。坐看天威扫除了，一壶相贺小丛林（'小丛林'为陆游庵号）。"一场雪，不仅引来陆游数次询问，也引发了曾几无限的感慨。这是一首借对陆游看望的感谢，表达心中忧国忧民情怀的诗。首联"江湖迥不见飞禽，陆子殷勤有使临"描绘了江湖辽阔、飞禽难觅的景象，同时引出了陆游对老师的关怀和慰问。颔联"问我家居谁暖眼，为言忧国只寒心"则通过回答学生的问候，表达了曾几对国家命运的忧虑和寒心，体现了曾几的家国情怀。颈联"官军渡口战复战，贼垒淮壖深又深"进一步描绘了战乱的惨烈和贼寇的猖獗，表现了曾几的关切和担忧。尾联"坐看天威扫除了，一壶相贺小丛林"则表达了曾几对扫荡敌寇，最终取得胜利的期盼，也展现了曾几在乱世中坚守正义、为国家的前途命运担忧的情怀。整首诗情感真挚，语言质朴，表达了曾几对国家命运的深刻关注和忧患意识。

曾几的家国情怀无时无刻不在潜移默化地影响着陆游，陆游在不断学习中形成了自己的人生观和世界观。十八岁时认识曾几，是陆游走上文学道路和政治生涯的真正开篇。

陆游的《剑南诗稿》中收录的第一篇诗作就是写给曾几的：

儿时闻公名,谓在千载前。稍长诵公文,杂之韩杜编。夜辄梦见公,皎若月在天。起坐三叹息,欲见亡繇缘。忽闻高轩过,欢喜忘食眠。袖书拜辕下,此意私自怜。道若九达衢,小智妄凿穿。所愿瞻德容,顽固或少痊。公不谓狂疏,屈体与周旋。骑气动原隰,霜日明山川。鲍系不得从,瞻望抱悁悁。画石或十日,刻楮有三年。贱贫未即死,闻道期华颠。他时得公心,敢不知所传。

——陆游《别曾学士》

绍兴二十五年(1155)十月,奸相秦桧亡故,归隐的曾几得到朝廷的宣召,次年以左朝请大夫的身份知台州,赴临安陛辞。陆游相送,作诗以记:

二月侍燕觞,红杏寒未坼。四月送入都,杏子已可摘。流年不贷人,俯仰遂成昔。事贤要及时,感此我心恻。欲书加餐字,寄之西飞翮。念公为民起,我得怨乖隔?摇摇跂前旌,去去望车轭。亭皋郁将暮,落日澹陂泽。敢忘国士风,涕泣效臧获。敬输千一虑,或取二三策。公归对延英,清问方侧席。民瘼公所知,愿言写肝膈。向来酷吏横,至今有遗螫。织罗士破胆,白著民碎魄。诏书已屡下,宿蠹或未革。期公作医和,汤剂穷络脉。士生恨不用,得位忍辞责。并乞谢诸贤,努力光竹帛。

——陆游《送曾学士赴行在》

三年后,在曾几的相助下,三十四岁的陆游出任福建宁德县(今宁德市)主簿,正式进入仕途。

淳熙五年(1178),陆游自成都奉召东归,离开了为官九年的四川。此时曾几已去世十二年了,陆游在他人处见到恩师曾几的诗稿,眼含热泪,写下了一首《书李商叟秀才所藏曾文清诗卷后》:"陇蜀归来两鬓丝,茶山已作隔生期。西风落叶秋萧瑟,泪洒行间读旧诗。"

恩师辞世后,在蜀九年间,陆游一直想着要给恩师扫墓,直到淳熙五年(1178),这愿望才得以实现。陆游在曾几的长子曾逢的引领下,来到山阴的凤凰山祭拜。曾几的墓志铭,也是陆游在此时写的。陆游的《曾文清公墓志铭》写道:

公贯通六经,尤长于《易》《论语》。夙兴,正衣冠,读《论语》一篇,迨老不废。孝悌忠信,刚毅质直,笃于为义,勇于疾恶,是是非非,终身不假人以色词。少师捐馆舍,公才十余岁,已能执丧如礼,终丧不肉食。及遭内艰,则既祥犹蔬食,凡十有四年,至得疾颠眴乃已。每生日,拜家庙,未尝不流涕也。平生取与,一断以义。三仕岭外,家无南物,或求沉水香者,虽权贵人不与。守台州,以属县并海,产蚶菜,比去官,终不食。

初佐应天时,元祐谏臣刘安世亡恙,党禁方厉,仕者不敢闯其门,公独日从之游,论经义及天下事,皆不期而合。避乱寓南岳,从故给事中胡安国推明子思、孟子不传之绝学。后数年,时相倡程氏学,凡名其学者,不历岁取通显,后学至或矫托干进。公源委实自程氏,顾深闭远引,务自晦匿。及时相去位,为程氏学者益少,而公独以诚敬倡导学者。吴越之间,翕然师尊,然后士皆以公笃学力行,不哗世取宠为法。公治经学道之余,发于文章,雅正纯粹,而诗尤工。以杜甫、黄庭坚为宗,推而上之,由黄初建安,以极于《离骚》、雅、颂、虞、夏之际。初与端明殿学士徐俯、中书舍人韩驹、吕本中游。诸公继没,公岿然独存。道学既为儒者宗,而诗益高,遂擅天下。有文集三十卷,《易释象》五卷,他论著未诠次者尚数十卷。某从公十余年,公称其文辞有古作者余风,及疾革之日,犹作书遗某,若永诀者,投笔而逝。故公之子以铭属某。会某客巴蜀,久乃归,铭之岁,实淳熙五年,去公之殁十二年矣。铭曰:

圣人既没,道裂千岁。士诵遗经,用鲜弗戾。孰如文清,得于绝传。耄期躬行,知我者天。秉礼蹈义,笃敬以终。病不惰偷,大学之功。仕岂不逢,施则未究。刻铭于丘,维以诏后。

陆游晚年,在为《曾文清公奏议稿》作跋文时,还心心念念地想着自己的老师,跋曰:"绍兴末,贼亮入塞,时茶山先生居会稽禹迹精舍,某自敕局罢归,略无三日不进见,见必闻忧国之言。先生时年过七十,聚族百口,未尝以为忧,忧国而已。后四十七年,先生曾孙黯以当日疏稿示某。于今某年过八十,忝近列,又方王师讨残虏时,乃不能以尘露求补山海,真先生之罪人也。开禧二年岁在丙寅五月乙巳,门生山阴陆某谨书。"

一个名满天下的八十二岁老人,仍不忘以曾几"门生"自谓,以"谨书"呈言,这份师生情谊实在是令人感动!

功名篇　三试考场　御赐出身

宋高宗绍兴二十三年（1153）

我年十六游名场：初试锋芒

绍兴二年（1132），"建炎南渡"终于画上了句号。为鼓励坚持抗金的军民，也为挽回一点因仓皇南逃而失去的颜面，宋高宗赵构带着南宋小朝廷，离开绍兴，短暂驻跸建康，之后便回到风光秀丽、物阜民丰的临安，把临安作为新的行在，直到绍兴八年（1138），他下诏将临安正式定为行都。

杭州，是古越国的都城，也是后来吴越国的王都，经过吴越国王钱镠的悉心建设，被苏轼赞为"东南第一州"。当初，赵匡胤建立大宋，南征北战，统一了北方。此时的吴越国王为钱镠之孙钱弘俶，他遵循祖父钱镠的家训，为了保护老百姓，避免生灵涂炭，做了一个堪称伟大的决定——"纳土归宋"。他带领全族三千余人赶赴开封，面见宋太祖，放弃吴越国王位，尊赵氏为帝，将所部十三州、一军、八十六县悉数献给宋朝，促成中华统一。

富饶美丽的江南河山，避免了一次血雨腥风的蹂躏。钱弘俶的委曲求全之举，让赵匡胤轻而易举地实现了南方的统一，钱氏家族得以保全宗脉，江南百姓也得以免遭战争之害。宋人编写的《百家姓》第一句是"赵钱孙李"，由于赵氏为帝，所以将"赵"姓排在第一位，第二个就是

"钱"姓,"孙"姓列于第三位,则是因为钱弘俶的夫人叫孙太真。这种安排绝不仅是为了读来顺口,而是大宋朝给予钱家的最高礼遇。

建炎三年(1129)闰八月,立国不久的南宋小朝廷首次南迁,即到了杭州。为感念吴越国王钱弘俶"纳土归宋"的历史贡献,宋高宗将其故里"临安"改作杭州的府名,升州为府。巧的是,这"临安"二字,颇有"临时安所"之意,让后人误解了近九百年。

金人北归,中原大地继张邦昌的大顺后,又出现了一个金人的傀儡政权——大齐,史称伪齐。此后近十年里,南宋与金人的战争,实际上是南宋与金国在中原的代理人伪齐的战争。

建炎二年(1128),金人兵临城下,北宋的济南知府刘豫设计斩杀了一心抗金的济南守将关胜,投靠金人,成为金人足下一条摇尾乞怜的走狗。金天会八年(1130)七月,金太宗册立刘豫为大齐皇帝,建都大名府(今河北大名)。九月,刘豫在大名府正式受金册命称帝;十一月,改元为阜昌元年;金天会九年(1131)四月,迁都汴京。刘豫的伪齐傀儡政权建立后,秉承金朝旨意,在政治上残暴压迫各种抗金势力,在经济上横征暴敛,在军事上助金攻打南宋,成为代金图宋的急先锋和马前卒。

金天会十三年(1135),继位不久的金主完颜亶,受金朝完颜宗弼等主战派的左右,也想以一场军事上的胜利为自己立威。他派遣完颜宗弼提兵到黎阳,名义上是做伪齐的后援,实际上是想坐山观虎斗,坐收渔人之利。金国此次挥师南下,冲锋陷阵的,实际上是伪齐的人马。绍兴五年(1135)正月和绍兴六年(1136)九月,为在新君面前有所表现,刘豫先后两次起兵进攻南宋,以号称七十万之众,分三路南犯。刘豫之子刘麟统军,由寿春进犯合肥;孔彦舟统军,自光州攻六安;刘豫之侄刘倪统军,由涡口犯定远,趋宣化。结果,孔彦舟兵败安丰;刘倪兵败定远;刘麟兵败庐州。三路兵马被岳飞等宋军各部打得溃不成军。一心为主子效命的刘豫仍不死心,千方百计劝说金国攻打南宋。

此时,岳飞的一个反间计点燃了伪齐崩塌的导火索。

宋齐交战时,岳飞的部属抓获了一名金军密探,岳飞决定借这个密探实施反间计。他命人把密探带上大堂,亲自进行审讯。他没有对其用刑,而是假装认错了人。密探带来后,岳飞一见面就问:"你不就是我军派到刘豫那里去的张斌吗?让你约定刘豫用计诱捉金兀术(宋人以此称呼完颜宗弼),你怎么迟迟不见回来?我后来又派人到刘豫那里探问情况,刘豫已经答应以和兀术共同进犯长江为诱饵,在清河将其活捉。你竟然一去没有消息,到现在却被人抓了回来,是何居心?还不快快从实招来!"金朝密探被岳飞吓得哆哆嗦嗦,顺势假称自己就是张斌。岳飞于是写了一封信,信中约定与刘豫共谋活捉完颜宗弼,用蜡把信封好,交给密探,还千叮咛万嘱咐,让他路上小心,一定要把信件安全送到刘豫手中。金朝密探表示要戴罪立功,绝不辜负岳元帅的宽容。

密探回到金营,将岳飞写的信交给完颜宗弼。见信后,本来就和刘豫有嫌隙的完颜宗弼顿时火冒三丈,马上赶到金主完颜亶那儿,狠狠地告了一状。出师不利、损兵折将的刘豫很快被金熙宗完颜亶削去皇位,废为蜀王,迁到上京临潢府(今内蒙古巴林左旗),成了一只丧家之犬,最后客死异乡。存在了八年的伪齐政权,在一片狼藉中烟消云散。

一年后的绍兴八年(1138),主和派的头子、复归相位的秦桧终于有了露脸的机会。在秦桧与金国主和派的默契中,首个绍兴和议签订完成。在两国交战中没有屈服的南宋,在和议中屈服了。南宋以皇帝正在为宋徽宗守丧为借口,由秦桧等宰执代他向金使行跪拜礼,接受了金朝的诏书与议和条件:其一,南宋对金纳贡称臣,每年向金纳贡币银二十五万两、绢二十五万匹;其二,金将原来由伪齐管辖的陕西、河南归还南宋,以改道后的黄河划分两国边界;其三,金归还宋徽宗的棺木及钦宗、高宗生母韦氏与宗室等。

屈辱的和议换来了短暂的和平。

绍兴十年(1140),意气风发的陆游辞别了父母,和陈公实及族兄伯山、仲高,亲友孙综、高子长、王崌、司马伋、叶黯等人来到临安,参加人生路上的第一次科举考试。这年,陆游刚刚十六岁。

我年十六游名场,灵芝借榻栖僧廊。钟声才定履声集,弟子堂

上分两厢。灯笼一样薄蜡纸,莹如云母含清光。还家欲学竟未暇,岁月已似奔车忙。

——《灯笼》

科举制度是封建社会国家取士的重要手段,发端于隋,完善于唐。隋炀帝杨广和之后的武则天,都为建立和完善科举制度做过巨大贡献。宋朝在立国之初就继承了这一制度。宋初,科举考试每年举行一次,到英宗治平三年(1066)改为每三年举行一次。科举制度取代了僵化的门阀制度,为平民阶层的士人打开了入仕的通道。通过科举,博得功名,进入仕途,是天下读书人至高无上的荣耀和追求。和平民子弟不同,宋朝的荫补制度为官宦子弟入仕开启了方便之门。陆家几代为官,陆游十二岁荫补登仕郎,成了九品虚衔的文散官,虽不需履职,也没有俸禄,却可以走一条科考的捷径——锁厅试。锁厅,顾名思义,就是锁上官厅,参加考试,相比千军万马过独木桥的全民科考,锁厅试条件要宽松很多。

"山外青山楼外楼,西湖歌舞几时休。暖风熏得游人醉,直把杭州作汴州!"(林升《题临安邸》)得天独厚的山水之盛,加之行都的建设力度,使此时的临安成为独步天下的名城。

这是陆游第二次来临安,第一次是随家南归的十几年前,那时这里还叫杭州,并没有给陆游留下什么印象。

陆游一行借住在西湖边的灵芝寺。灵芝寺原为吴越国王的临湖别墅,后来园中生长出珍贵的灵芝,这临湖别墅便舍园为寺,成为灵芝寺。再后来,吴越国王纳土归宋,灵芝寺也拥有了御赐的匾额"灵芝崇福律寺"。准备应试之余,陆游跟着兄长们结识了很多赶考的士子,大家常常结伴出行。西湖烟柳、孤山雨雾、岩壑松竹、长街浅巷、万家灯火,一幅幅瑰丽的画面摄入好奇的青眸,因金人南侵而郁结的愁闷也得到一时的纾解,备考的日子很快过去,应试之日终于到了。

考试的经义论题为《王者不治夷狄》。

苏轼不是写过一篇《王者不治夷狄论》吗?陆游清晰地记着那篇文章:"论曰:夷狄不可以中国之治治也。譬若禽兽然,求其大治,必至于大乱。先王知其然,是故以不治治之。治之以不治者,乃所以深治之也……"苏轼的意思是说:"蛮荒之地的人是不可以用中原的治理方法来治理的,他们就像没有被驯化的野兽,如果寻求这种大规模的治理,必定会引起这个地方的大乱。先前的君王们知道这个道理,所以采用了不去主动治理的治理办法,能够实现有效治理。而用这种不主动治理的方法,才是深化治理的策略。"

当初读这篇文章时,陆游尚小,并没有领悟其中的要义,只认为前辈的论述值得学习。现在的陆游已经有自己独立的思考了。他想,这种观点放在特定的和平环境下或可,但现在的问题是你不治他,他反倒来治你,你的文明并不能阻止他的野蛮,王者治理天下,偏偏不治夷狄,这样真的可以吗?难道只能宽容、漠视、回避,却不去研究怎么治理他们吗?他不知道考官为何要出这样一个令人费解的题目,更无心揣摩以秦桧为首的主和派的真正用意,于是强国、治夷、恢复、抗金成了陆游文章的主调。

姑且将陆游落榜的原因归结为年少轻狂、思想浅疏、文笔稚嫩吧,事实上,背离了主和派的政治意愿,再出众的才华也不会被认可。况且,此时陆游的兴趣多在诗上,对六经之学并没有下多少功夫。三十五岁那年,他在《答刘主簿书》中说:"某才质愚下,又儿童之岁,遭罹多故,奔走避兵,得近文字最晚。年几二十,始发奋欲为古学……"

科考的失落一闪而过,小试牛刀,见见世面就足够了。收拾好行囊,陆游与灵芝寺的僧人道别,告诉他们:"三年后我们还会见面的,再来时我一定考个好成绩,让大家高兴高兴。"

父子气焰可熏天:再试临安

宋金间首次绍兴和议后,金人北返。宋军自淮河一线北上,准备接收和议中金国答应归还给南宋的城池和土地。绍兴九年(1139)正月,宋朝以韩肖胄为奉表报谢使,以王伦为奉护梓宫、迎请皇太后、交割地界使,北上开封。王伦与完颜宗弼交割了地界,南宋名义上收回了东、西、南三京与河南、陕西的土地。王伦得到完颜宗弼要谋害完颜昌、撕毁和议的情报,派人回朝报告,建议派张俊、韩世忠、岳飞与吴玠分别固守东京、南京、西京与长安,以免中原得而复失,命张浚再开督府,"尽护诸将,以备不虞",然而,这样关乎社稷安危的重要情报和建言,却被高宗当成了耳旁风。

此时,一场血雨腥风的政治斗争在金廷上演,主战的完颜宗弼在金熙宗完颜亶的支持下发动政变,杀死了对宋主和的完颜宗磐和完颜昌。金国撕毁和约,完颜宗弼再次分兵三路向宋军进攻,在一月之间就夺回了刚刚交割给南宋的河南、陕西。

一场以岳飞、韩世忠、张俊、吴璘、刘锜、杨沂中、王德为主力的国家保卫战打响了。诸路宋军在各个战场有效地遏制了金军,捷报频传。岳飞的"岳家军"不但抵御了金军的进攻,还一路斩关夺隘,连克金军占领的数州。

郾城之战,完颜宗弼亲率"铁浮图""拐子马"等一万五千余铁骑直扑郾城,企图一举消灭岳家军的指挥中枢。岳飞令其子岳云率领八千余背嵬军和游奕军骑兵迎战,采取"或角其前,或掎其侧"的战术对付"拐子马";又选派精壮步卒手持麻扎刀、提刀、大斧之类的兵器,专劈"铁浮图"的马足,使"铁浮图"失去威力。"岳家军"将士与金军浴血奋战,大败金军。

郾城之战后,金人不甘失败,完颜宗弼又率十万步兵和三万骑兵攻颍昌。王贵、岳云分率精骑与金军战于颍昌城西。岳云以八百背嵬骑兵做正面攻击,步兵分左、右两翼,以抗金军骑兵。

颍昌之战,岳家军"无一人肯回顾",杀得"人为血人,马为血马",大败金军,斩金军五千余人,俘获包括完颜宗弼的女婿夏金吾在内的将官七十余人,士卒两千余人,逼迫完颜宗弼退至开封。

得胜的"岳家军"士气大振,全线进击,直抵朱仙镇,剑指开封。留给完颜宗弼的最后一条生路,就是放弃开封,渡河北遁。绝望中,金军无奈地发出一声哀叹:"撼山易,撼岳家军难!"

然而此时,令人费解的事发生了。在前线将士节节胜利的战局之下,经不住奸相秦桧等人的鼓噪,宋高宗打起了退堂鼓,先是数次委婉地令岳飞停止进军,后是十二道金牌,强令岳飞班师。其时,数万岳家军分布在河南中西部和陕西、两河的局部地区,战线拉长,兵力分散,而张俊、韩世忠和刘锜等部已经奉命后撤,再孤军深入,后果难料。岳飞痛心地拒绝了两河遗民要他继续北伐的请求,奉诏"班师"。眼睁睁看着最有希望的一次"北伐"半途而废,岳飞不禁感到绝望。岳家军南撤,返回鄂州(今湖北武汉)后,曾经攻取的河南州县很快被金军重新占领了。

高宗急于向金人乞和,是由于他骨子里灌满了对金人的恐惧,不相信自己能够战胜金人,怕招致金人更大的反噬。他怕岳飞真的"直捣黄龙府",徽宗是死了,钦宗却还活着,钦宗回来,他这个皇帝还做不做?他怕武将坐大,"苗刘之变"令他心有余悸,现在岳家军、韩家军、吴家军、张家军、刘家军……没有一个姓"赵","外贼易挡,家贼难防"啊!

完颜宗弼借宋军南撤之机,整顿兵马,继续南犯。绍兴十一年(1141),完颜宗弼亲率十万大军直入淮西,企图以战迫和。南宋派张俊、杨沂中、刘锜率军迎敌,并命岳飞领兵东援。柘皋(今安徽巢湖东北)战斗胶着之时,探马来报,岳飞正率部赶来。闻讯的金兵斗志一下子减了一半,被杨沂中、刘锜与张俊的部将王德击溃。这一战让完颜宗弼彻底断了对南宋动武的念头,开始在两军对垒的前线虚张声势,诱南宋就范。

议和之初,完颜宗弼通过秦桧,向高宗提出一个本与议和没有关联的条件:欲议和,必先杀岳飞。这样的条件有一点血性和理智的国君都不会答应。然而,第二次绍兴和议后,绍兴十一年十二月二十九日(1142年1月27日)除夕,岳飞被他所效忠的皇帝赵构以"莫须有"的罪名赐死在风波亭,死时年仅三十九岁。

岳飞是中华民族的英雄,更是陆游心目中的英雄。岳飞精忠报国的故事深深地感染、熏陶着少年的陆游,让他立志做一个像岳飞那样文武双全、顶天立地、光耀千秋的英雄。陆游为岳飞的遭遇愤愤不平:

山河自古有乖分,京洛腥膻实未闻。剧盗曾从宗父命,遗民犹望岳家军。上天悔祸终平虏,公道何人肯散群?白首自知疏报国,尚凭精意祝炉熏。

——《书愤》

直到多年后,陆游还在为岳飞痛失恢复中原的机会而叹息:

堂堂韩岳两骁将,驾驭可使复中原。
庙谋尚出王导下,顾用金陵为北门!

——《感事》

绍兴十一年(1141)十一月,宋金间第二个绍兴和议达成:

其一,宋向金称臣,"世世子孙,谨守臣节",金册封宋康王赵构为皇帝;

其二,划定疆界,东以淮河中流为界,西以大散关(陕西宝鸡西南)为界,以南属宋,以北属金。宋割唐、邓二州及商、秦二州之大半予金;

其三,宋每年向金纳贡银、绢各二十五万两、匹,自绍兴十二年开始,每年春季搬送至泗州交纳。

绍兴十二年(1142)三月,金遣左宣徽使刘筈至宋,对宋高宗行册封礼。宋高宗向金一再请求后,金送归其母韦后及宋徽宗赵佶的灵柩。

绍兴和议确定了宋金之间政治上的不平等关系,结束了长达十余年的战争状态,宋金形成了南北对峙的局面。

绍兴和议后,宋、金之间维持了二十年的和平,直到宋绍兴三十一年、金正隆六年(1161),金海陵王完颜亮撕毁和约伐宋。

绍兴和议使宋朝永久失去了山西和关中的马场,岳家军中的万骑马军在南宋一朝成为绝唱。宋朝直至覆灭,都只能靠步兵和可以忽略不计的骑兵与北方游牧民族的精骑对阵。这份和议,为南宋后来隆兴北伐与开禧北伐的失败埋下了伏笔。

绍兴十三年(1143),十九岁的陆游再试临安。

皇舆久驻武林宫,汴洛当时未易同。广陌有风尘不起,长河无冻水常通。楼台飞舞祥烟外,鼓笛喧呼明月中。六十年间几来往,都人谁解记衰翁。

自注:绍兴癸亥,予年十九,以试南省来临安,今六十年矣。

——《武林》

这一次,陆游不再似三年前那般青涩,而是踌躇满志,信心满怀。这种自信来源于他对经义之学的研习,也来自他的老师曾几。尽管此时陆游还没到他后来所说的"年几二十,始发奋欲为古学"的时候,但已有足够的自信到考场上一展身手了。

陆游的老师曾几不但是有名的诗人,还是一位渊博的学者,著有《易释象》《论语义》等多卷专著,并继承了胡安国的春秋学。宋代学者在春秋学方面成就卓越,陆游的祖父陆佃、父亲陆宰都有春秋学著作。《春秋》主张"尊王攘夷",在宋金对抗的时候,这样的主张有特殊的意义。胡安国的《春秋传》作于南宋初年,鲜明地阐述了"尊王攘夷"的理论。胡安国是陆游不曾谋面的偶像,逝于绍兴八年(1138),那时陆游才十四岁。虽没机会见到自己的偶像,拜师曾几也算弥补了这个遗憾。

曾几是一位有名的爱国者、主战派,自然是秦桧打击的对象。当初,曾几的哥哥曾开官居礼部侍郎。一天,秦桧宣讲与金国议和的策略,说得正起劲,曾开问秦桧:"宋朝和金国是怎样的一种关系?"秦桧说:"和高丽与本朝的关系一样。"高丽是宋朝的附属国,曾开气愤地诘问秦桧:"主上以圣德登大位,臣民之所推戴,列圣之所听闻。公当强兵富国,尊主庇民,奈何自卑辱至此!非开所敢闻也。"说完,他怫然离去。

经过这一次争执,曾开的礼部侍郎被罢免了,连带曾几两浙西路提点刑狱公事的官也被罢免了。主张对敌投降的秦桧,是不会容忍他们居于庙堂之上的,也正因如此,曾几在陆游的心目中,更加像山一样巍峨、坚实、高大。

陆游在他的《老学庵笔记》中记下了多则关于秦桧、秦熺父子的劣迹。到七十七岁高龄时，他依然压抑不住对秦桧的憎恶：

太平翁翁十九年，父子气焰可熏天。
不如茅舍醉村酒，日与邻翁相枕眠。

——《追感往事》

十九岁这一次应试时，看着眼前的试题，陆游一腔的爱国热血又沸腾了，一篇力透纸背的激扬文字很快就完成了。和上次一样，陆游名落孙山，同时收获了一个让他难以翻身的四字评语："喜论恢复。"

或许是早就预料到这次应试的结局，陆游并没有像其他落榜士子那样垂头丧气、郁郁寡欢，反倒因大声地喊出了要说的话，心情格外爽朗。陆游的从舅唐仲俊家居临安，也是个当官的，这一年的春节，陆游是在临安过的。正月十五，得到喘息的朝廷在临安办了个盛大的灯会，唐仲俊带着亲眷观灯。南宋的灯节，从正月十四开始，至十六收灯，十里长街，流光溢彩。当时的盛况，吴自牧在《梦粱录》里是这样描述的："深坊小巷，绣额珠帘，巧制新装，竞夸华丽。公子王孙，五陵年少，更以纱笼喝道，将带佳人美女，遍地游赏。人都道玉漏频催，金鸡屡唱，兴犹未已。甚至饮酒醺醺，倩人扶着，堕翠遗簪，难以枚举。"

从临安归来，陆游开始发奋钻研经史之学，对为官、治学、做人都有了自己的思考和判断。

几年后，族兄仲高（陆升之）迁官临安，陆游以一首《送仲高兄宫学秩满赴行在》相赠："兄去游东阁，才堪直北扉。莫忧持橐晚，姑记乞身归。道义无今古，功名有是非。临分出苦语，不敢计从违。"这是《剑南诗稿》收录的第二首诗，也是留存不多的陆游年轻时所作的诗作之一。"东阁"指的是秦桧的相府，"北扉"说的是学士院。诗中隐晦地劝诫仲高，好好为官，好好做人，不要让功利迷惑了心智、丧失了道义。

陆游之所以将这样一首诗赠予仲高，皆因仲高有着一个令人无法原谅的劣迹。陆宰有个好友李光,人称李庄简公,字泰发,是越州上虞人,南渡后任参知政事,力主抗金,与李纲、赵鼎、胡铨一道被后人尊称为"南宋四大名臣"。仲高是李光的侄女婿,又是李光的女婿陆权之的亲哥哥,与李光的次子李孟坚同在临安府任职。当时的两浙转运使兼临安知府曹泳是秦桧的死党。李孟坚和仲高既是亲戚,又是无话不谈的密友,一次闲叙,说到父亲李光正在撰写国史,据实记录,并对当朝的权贵们予以真实的评价,方便后世还原历史的真相。说者无心,听者有意,仲高将此事密报给曹泳,曹泳又检举给朝廷。绍兴十一年(1141),李光因此事被贬到滕州安置,而仲高则因"大义灭亲",被秦桧拔擢为诸王宫教授,成为宫内重臣。这首诗就是在仲高诸王宫教授任满时所作。

仲高长陆游九岁,和他的兄长陆静之一样,是陆游祖父陆佃的长兄陆佖的孙子,诗文俱佳,闻名遐迩,时有"二陆"之誉。他既是陆游的族兄,也是其师长,陆游从小就和他在一起,感情深厚自不必说。陆游"以幼犯长",言至于此,也算是发自肺腑了。

天下英雄惟使君:无冕之王

绍兴二十三年(1153),为慈父陆宰守孝三年后,陆游又一次来到临安,走进了锁厅试的考场。

家族的传统、亲人的寄望、生活的重压、报国的理想、满腔的热血,都不允许陆游自甘沉沦,埋名村野,碌碌一生。此时,二十九岁的陆游已经是三个孩子的父亲了。

这一年,锁厅试的主考官是两浙转运使陈之茂。为国取士,历来是国之要务,主考官的遴选也需多方面的考量。

陈之茂,字阜卿,为官有守,为人正直,绍兴二年(1132),被取为进士,因廷对时忤权相秦桧被黜。同榜状元张九成向皇帝进言:"臣之学不如之茂,臣不当得之。之茂能言人之所不敢言,之茂宜奖不宜黜。"皇帝悚然曰:"忠言也!"于是赐陈之茂同进士出身,放官休宁尉。之后,陈之茂一路升迁，深得皇帝的信任。

开考前，陈之茂被秦桧请到了相府。

一向威严的秦相，一身便服，端坐在太师椅上，轻呷了一口茶，笑吟吟地看着陈之茂，说："阜卿啊，本朝中兴，任重道远，正是国家用人之际，这次科考你的责任重大啊。"

陈之茂慌忙起身，拱手说："谢皇上和丞相的信任，下官必当悉心履职，不问亲疏，秉公而断，不致英才落第，不使庸才上榜，上报天恩，下服士子。"

秦桧会心一笑，说："如此甚好，皇上放心，我这个为相的也放心了。阜卿清正，尤具慧眼，相信这届科考必是圆满的一届。"

这时，一个舞象之年的男子走进客厅。秦桧不紧不慢地招呼："秦埙啊，快快见过陈之茂大人！"

秦埙双手抱拳，深鞠一躬，对陈之茂说："晚辈秦埙，给大人问安了。"

陈之茂马上起身相扶，客气地说："真是一表人才啊，莫不是秦熺秦大人的公子？"

"阜卿猜对了，正是我那不成器的孙子。"秦桧打了个哈哈，便进入正题，"他这次也要参加考试，还夸下海口，非要考个状元给我看看，真是不知道天高地厚啊！"

陈之茂打量着秦埙，说："后生可畏啊，敢夸下海口，想必其才学是傲视天下的，下官必会多加留意。"

"为天下取士，关乎社稷，阜卿应以天下为重，万不可因老夫的原因而放宽尺度啊！"秦桧颇有几分语重心长地说。

陈之茂起身，行了一礼，说："丞相的教诲下官谨记在心，绝不辜负朝廷的信任！"

出了相府，陈之茂越想越气，心想：秦埙要真有那等才学，还怕我埋没了不成？没有那等才学，还要硬给他放到第一的位置吗？真是不知廉耻。他又想，权相毕竟是权相，只手遮天，睚眦必报，这一点，二十年前自己就领教过了。只盼秦埙的文章真的无懈可击、独占鳌头，能顺理成章地取为第一。

考试一结束，陈之茂便把所有考卷连夜粗看一遍，发现了一份思想成熟、思路清晰、思辨缜密、文笔极佳、书法优美的答卷,尤其是文章中表现出了复国抗金的意志,令他爱不释手。这份答卷就是陆游的。陈之茂找来秦埙的文章反复阅看,比较之下,实在相形见绌,再阅其他答卷,优于秦埙的也不在少数。激动之下,他毫不迟疑地把陆游取为第一名,把秦埙排在第二,心想:把秦埙取为第二已经是破例了,也算是对秦桧有一个交代吧!

考试的结果触怒了秦桧,他吹毛求疵地挑拣陈之茂的毛病,下令追查考官的责任。同时,陆游的名字也牢牢地刻进他的大脑。一天夜里,几位挚友避开秦桧耳目,暗访陈之茂,告诉他秦桧下令要严惩他。陈之茂说道:"我是为国选材,他是毁人误国。其灭我、罪我,任由他去。哪有只可言和,不可言战之理?士可杀不可辱!"

次年,陆游参加礼部的会试。主考官和参详官等,皆由秦桧提名,高宗照准。主考官御史中丞魏师逊、监察御史董德元等人都是秦桧的亲信。董德元从誊录所取号,得知是秦埙之卷,喜不自胜,自言自语:"吾曹可以富贵矣!"遂定秦埙为第一。参详官、吏部郎中、权太常寺卿沈虚中没等揭榜,便派小吏夜里逾墙,向秦埙之父秦熺偷报消息,真是为攀附秦桧,不择手段。为了不让陆游的光芒超过秦埙,他们遵从秦桧的意思,以"喜论恢复""鼓动抗金"为说辞,宣布陆游的考卷无效,取消殿试资格,彻底把陆游踢出了榜单。

这次科考,秦桧唯亲是举、毫无顾忌,直搞得天昏地暗、乌烟瘴气、天怒人怨。他的侄子秦焞、秦焴,亲属周寅、沈兴杰皆被取为进士并跻身前十名。

殿试前,秦桧一党暗自欢喜:秦埙初试考第二,会试第一,而初试第一的陆游又被逐出榜单,秦埙当状元已经是板上钉钉的了。万万没想到,宋高宗打出了一张"黄雀在后"的"王炸",把状元给了张孝祥。高宗意在敲打秦桧:状元是天子门生,岂容尔等染指?尽管榜眼曹冠、探花秦埙都是秦家的人,但是这个状元的归属,似一只鼓槌,重重地敲在秦桧一党的脑袋上,让他们清醒,不能恃宠而骄、胡作非为。

这一榜一共取了四百多名进士,包括范成大、杨万里和后来在采石矶大败金人的虞允文等。而陆游不但失去了晋身状元的机会,最终连个进士也没考到。

陆游三次赴试,秦桧的影响如影随形。从隋朝创立科考制度,至北宋五百多年间,从未有过黜免第一名之事,陆游竟成为史无前例的第一人,这引发了朝野震动,有文献载:"天下为之切齿。"对陆游本人来说,这无疑是一个晴天霹雳。而立之年,所有的努力都化为泡影,秦桧像一座黑压压的大山,堵在他前行的路上。陆游茫然无措、五内俱焚,痛苦不堪,无可言状。

梦游般的归程走走停停,陆游不知道怎样向满怀期待的家人、师尊、亲友、同窗、乡邻交代。回到山阴,被黜的消息早已传到家乡,没有冷眼,没有责怪,大家像迎接状元那样迎接他们心目中的无冕之王、心目中的英雄、心目中的骄傲。陆游释然了,他淡然地隐忍在乡间,作诗、练字、教子、种地、打鱼、出游……他相信天下不会永远都笼罩在乌云之下。

多年后,想起这段往事,陆游百感交集,既为自己的遭遇不平,也为连累了陈之茂而痛心,他写下一个类似诗序的长长的诗题——《陈阜卿先生为两浙转运司考试官,时秦丞相孙以右文殿修撰来就试,直欲首送,阜卿得予文卷,擢置第一,秦氏大怒,予明年既显黜,先生亦几蹈危机。偶秦公薨,遂已。予晚岁料理故书,得先生手帖,追感平昔,作长句以识其事,不知衰涕之集也》:

  冀北当年浩莫分,斯人一顾每空群。国家科第与风汉,天下英雄惟使君。后进何人知大老?横流无地寄斯文。自怜衰钝辜真赏,犹窃虚名海内闻。

杀身从死岂所难:知遇之恩

绍兴三十二年六月(1162年7月),五十六岁、在位三十五年、身体依然健壮的宋高宗赵构禅位给太子赵昚(1127—1194)。赵昚,字元永,宋朝第十一位皇帝、南宋第二位皇帝,在位二十七年(1162—1189),史称宋孝宗。

新皇帝赵昚尊宋高宗为太上皇,上尊号"光尧寿圣太上皇帝"。"光尧"无非颂扬其禅让之德,比尧传位给舜还要伟大光辉。禅位大典上,宋高宗也有些激动,说着说着,竟说漏了嘴:"朕在位失德甚多,更赖卿等掩覆。"

赵构唯一的儿子赵敷三岁就死了,之后,失去了生育能力的他再没有生养一儿半女。皇帝无嗣,是江山之忧,无奈之下,绍兴二年(1132),由绍兴回到临安后,赵构派管理宫廷宗族事务的赵令畴负责访求宗室子弟,从太祖子孙比自己低一辈的"伯"字辈中,挑选出十名七岁以下的儿童,做养子之选。经过一番审查,最后仅剩下两人供高宗定夺。这两人一胖一瘦,胖的叫赵伯浩,瘦的叫赵伯琮。高宗粗略地看了一下,决定留胖去瘦,准备赐伯琮银三百两,遣送回家,随后高宗主意又变,说自己没有仔细地看,要重新审察一下。于是让二人叉手并立,细细观察。正在这时,忽有一只猫从两人脚下经过,赵伯琮不动,赵伯浩一脚把猫踢开。高宗见状,皱着眉头说:"此猫偶然经过这里,为何无故踢它?这个小孩如此轻狂,将来怎能担当社稷重任!"于是他最终决定留下赵伯琮,改名赵瑗,将他养育在宫中。这个赵瑗就是宋孝宗赵昚。建炎元年(1127),赵昚生于秀州青杉闸(今属浙江嘉兴),其生父赵子偁是宋太祖赵匡胤的六世孙、秦王赵德芳的后代。宋朝的皇帝,自宋太宗赵光义后,一直在赵光义这一脉传承。"靖康之变"后,太宗一脉的皇族尽被掳走,虽然支系中可选的人仍然很多,但综合背后的势力、金人的反应、民间的舆论等因素,高宗决定选个太祖系的后人继承皇位。

赵瑗长大后,"进止皆有常度""骑射翰墨皆绝人",声誉日隆,加上为人性格温和,心胸开阔,左右之人"未尝见有喜愠之色"。他平日恭敬持重,处事谨慎,至"骑乘未尝妄视";生活俭朴,"每以经史自适",戒绝声色玩好,获得朝野上下的交口称赞。他虽然被高宗抚养已久,但一直没有皇子的名分,更未被立为储君。一则高宗总期望自己有朝一日能再生个儿子,不肯立他人之子;二则秦桧从中百般阻挠;三则从金朝归来的韦太后一直态度暧昧,加上皇后吴氏抚养了另一个太祖后裔赵伯玖,后改名赵璩,也可作为立储之选。秦桧死后,立储的呼声再次高涨,高宗为考察赵瑗与赵璩的优劣,手书二本《兰亭集序》,分赐赵瑗与赵璩,让他们各临摹五百本。赵瑗听从老师史浩的建议,写了七百本,而赵璩不知何故却没有动笔。为进一步测试他们的品行,高宗又想出一个高招,在宫中选了二十名正值韶华、端庄俏丽、貌美如花的宫女,分别赏赐给他俩,特令史浩明示赵瑗和赵璩,不可轻薄这些宫女,要待以庶母之礼。没过多久,高宗将宫女召回,宫女如实回复高宗,并做了体检,十个赐给赵瑗的宫女均受到尊重和礼遇,而十个赐给赵璩的宫女却无一幸免,都成了赵璩的风流故事。绍兴三十年(1160),高宗正式宣布立赵瑗为皇子,改名赵玮,晋封建王。

之后,经过"采石大捷",完颜亮被杀,总算可以喘口气了,亲征建康的高宗回銮临安,在身心疲惫中,为皇子起了个新名字——赵昚,之后正式禅位。

此时,山阴陆游家的老宅中,妻子王氏正在准备简单的行李,陆游要带他们去临安住上一段时间。他被调到京城任敕令所删定官快两年了,一直想让家眷来临安看看,领略一下都城的繁华,但是时局和工作不允许他分心。现在好了,他已去职,可算有了闲暇。

时间过得真快,从福州调往京城快两年了。两年间,他以八品微官,"泪溅龙床"恳请高宗亲征。两年间,他在给同知枢密院的黄祖舜的贺启中说:"夷狄鸱张,肆猖狂不逊之语;边障狼顾,怀震扰弗宁之心。东有淮江之冲,西有楚蜀之塞。降附踵至,人心虽归而强弱尚殊;踊跃请行,士气虽扬而胜负未决。坚壁保境,则曷慰后来之望;辟国复土,则又有兵连之虞。窃惟明公,素已处此。某顷联官属,获侍燕居,每妄发其戆愚,辄误蒙于许可。虽辍食窃忧于谋夏,而荷戈莫效于防秋。敢誓糜捐,以待驱策。"他坚决地表示了愿为国捐躯的决心。两年间,他眼含热望为亲征的皇帝送行。两年间,他既是朝廷政治风云的见证者,又是积极抗金的参与者,他让主战派赏识,也被主和派忌惮,政治的残酷令他始料未及,人事的复杂让他顾此失彼。他心事重重地回到山阴,又喜不自胜地见到了老师曾几。晚年的曾几在山阴安家定居。一个是致仕隐居的老人,一个是壮志难酬的小官,师徒俩遥望临安、胸怀天下、心系苍生,无限的愁楚郁结在心头,久久不散。

陆游带着家眷来到临安,看着无忧无虑的孩子们,吟咏了一首七言诗《喜小儿辈到行在》:

阿纲学书蚓满幅,阿绘学语莺啭木。截竹作马走不休,小车驾羊声陆续。书窗涴壁谁忍嗔,啼呼也复可怜人。却思胡马饮江水,敢道春风无战尘。传闻贼弃两京走,列城争为朝廷守。从今父子见太平,花前饮水勿饮酒。

孩子们带给他的欢乐是短暂的,心中的愁绪则像个不离不弃的影子缠着他。陆游病倒了,一病就是十多天。好友周必大(1126—1204,字子充,南宋政治家、文学家)前来探望,为他写了一首《陆务观病弥旬仆不知也佳篇谢邻里次韵自解》:

闭户十日雨,陆居如坐舫。吾身固已困,未省子疾状。昨朝拜床前,不敢只自怆。萧然维摩几,高谢桓荣帐。是身本何有,更虑不已恙。全人胆肩肩,大瘿谁瓮盎。掷杯蛇自去,静耳蚁为谅。乃知阅肘后,未免信纸上。大哉横气机,寄此语清壮。我虽问疾晚,可以无怅怳。

周必大比陆游小一岁,纵横捭阖、能力超群,又谙熟为官之道,是官场上的不倒翁,官至吏部尚书、枢密使、左丞相,封许国公、益国公。他是与陆游亲密一生的好友,不但欣赏陆游的才华,也认同陆游的人品和能力。陆游一生遇到过很多贵人,周必大是他们中重要的一位。

周必大早陆游六年逝世,陆游为其写了一篇措辞亲切、娓娓道来的《祭周益公文》:

某绍兴庚辰，始至行在。见公于途，欣然倾盖。得居连墙，日接嘉话。每一相从，脱帽褫带，从容笑语，输写肝肺。邻家借酒，小圃锄菜。荧荧青灯，瘦影相对。西湖吊古，并辔共载。赋诗属文，颇极奇怪。淡交如水，久而不坏。各谓知心，绝出流辈。别二十年，公位鼎鼐。我方西游，荷戈穷塞。归得台郎，旋又坐废。公亦策免，久处于外。见不可期，使我形瘵。斯文日卑，公则嵩岱。士昏于智，公则蓍蔡。公老不衰，雷霆百代。每得手书，字细如芥。痴儿呆女，问及琐碎。孰为一病，良医莫差。赴告鼎来，震动海内。奔赴不遑，涕泗澎湃。岂无蒓鲫，致此薄酹。辞则匪工，聊寄悲慨。

　　孝宗继位后，周必大时刻想着陆游。他想让陆游尽早走到更高的平台上一展抱负。一天，爱好文学的孝宗与周必大闲谈，说："当今的诗人，谁能比得上唐代的李白啊？"周必大说："唯有陆游。二十年前，大家就称他为'小李白'了。"孝宗点点头。

　　不久，经周必大的安排，通过陆游的顶头上司——权知枢密事史浩和同知枢密院事黄祖舜两人的推荐，孝宗决定单独召见陆游。一个八品的基层官员，能得到皇帝的召见，已经是莫大的殊荣。陆游在这次召见中，对孝宗皇帝提出的很多问题都能胸有成竹、对答如流。召见后，孝宗称赞陆游"议论中肯，有主见"，下诏赐进士出身。与陆游一同受赐的还有以强记出名的尹穑。进士出身是读书人的巨大荣誉，也是官场晋身的重要条件。陆游三试科举，皆以失败告终。十年前，他已对"进士"一词心灰意懒，做梦也想不到孝宗皇帝会亲手将这顶桂冠戴回他的头上。心酸的往事一桩桩浮上心头，令他泪浸双眸。思来想去，陆游又激情满满，想要再下科场，凭自己的本事赢得这个迟到的头衔。

　　于是，他连上两道札子坚辞：

一

　　准尚书省札子，奉圣旨，赐进士出身者。孤远小臣，比蒙召对，从容移刻,褒称训谕,至于再三。仰惟天地父母之恩,固当誓死图报。惟是科名之赐,近岁以来,少有此比,不试而与,尤为异恩,揣分量材,实难忝冒。欲望敷奏,特赐追寝,以安冗散之分。

二

近蒙恩赐进士出身,尝具状乞行追寝。以谓科名之赐,近岁以来,少有此比,不试而与,尤为异恩,揣分量材,实难忝冒。今月六日,准尚书省札子,奉圣旨,不许辞免。蝼蚁至微,曲烦申谕;雷霆在上,其敢饰辞。然义有未安,若不自列,强颜冒宠,获罪愈大。盖特赐科名,虽有故事,必得非常之人,乃副非常之举,甚非所以重儒科、杜幸门也。重念某一介疏贱,行能无取,比蒙召对,面加训奖,退而感激,至于涕泗。今者但使获安冗散之分,以效尺寸之劳,则于上报主恩,不敢惮死。

可惜,圣命难违,陆游最终还是接受了这份殊荣,并由衷地上了一道《谢赐出身启》,以示对孝宗知遇之恩的感谢,启曰:

明廷锡对,晨趋甲帐之严;亲札疏恩,暮拜丙科之宠。感深涕陨,愧极汗流。窃以国家取士之方,固非一路;学者进身之始,又恶多歧。故祖宗非私于俊造之科,而公卿罕出于选举之外。至膺特诏,尤号异人。颂诗足以配弦歌,则梅尧臣出于皇祐;文章足以垂竹帛,则王安国起于熙宁。或友朋借誉而不以为私,或兄弟当途而莫之或议。厥由至当,故可无惭。如某者,才朴拙而无奇,学迂疏而寡要,自悲薄命,久摈名场,敢谓一朝,遂叨赐第。门外之袍立鹄,恍记少时;诏中之字如鸦,犹疑梦事。兹盖伏遇某官股肱王室,领袖儒林,以谓设一目之罗,盖非得雀之道;至于售千金之骨,抑明市骏之心。宁借妄庸以风四方,不忍拘挛而废一士。某敢不讨寻旧学,企慕前修。儒者之弊,劳而无功,誓少求于实效;圣君所行,即是故事,将时得于遗材。敢仰贺公道之兴,非独叙私情之谢。

爱情篇　菊枕留香　清词含怨

宋高宗绍兴二十五年(1155)

灯暗无人说断肠:锦书难托

科考的阴霾还未散去,春天悄悄地来了。

古朴的街巷隐匿在婆娑的树影里,镜湖的水浪荡着画舫和小船,在鸥鸟的追逐中泛起一朵朵白色的水花,层峦叠翠的会稽山花香扑面,百鸟争鸣,一切都沉醉在春天的诗情画意中……陆游走出封闭的云门草堂,踏着脚下的青石板路,走过熟悉的台门和宅院,走过一座座石桥和木道,走过闹市的喧嚣和深巷的静谧,走过晨曦的舒朗和晚霞的绚烂,就这样踽踽独行,在与春天的对话中排解着心中的块垒。

这天,他来到禹迹寺,在寺里进了几炷香,与寺僧们聊了一会儿,拜别了住持,从南门出了寺院,走到不远处的沈园。

山阴的园林之盛名著江南,陆游是这些园林的常客,唯独这个沈园没有来过。沈园,是山阴沈姓富豪的私家花园,人们称它为沈氏园,私家园林本不纳游客,但朝廷有一个亲民的规定:私家园林每年三月初一至四月十八,都要对游客开放(《东京梦华录》载)。陆游走进沈园,走过葫芦池上的拱桥,穿过井亭、花圃、荷池,徜徉在花间树下、水榭轩廊,寻了一个安静的亭子坐下。微风徐来,清波弄柳,翠叶婆娑,花香四溢,美丽的园景让他动了诗情,他想记录下春游沈园的观感,也想借这首诗,给心中的郁结画个句号。

一个仆童来到亭子,惊动了沉思中的诗人。

仆童打开食盒,把几样菜肴摆在石桌上,又摆上碟、盏和一双竹箸,轻声道:"相公,您慢用,是我家主人给您送的。"说着,他回头望向不远处的半壁亭。陆游抬起头,透过一排修竹,亭中的男子正看向这边,二目相对,那男子会意地朝陆游点点头。那不是表亲赵士程吗?没等陆游起身,一个女子踯躅而来。不用走近,陆游一眼就认出了她。唐琬!快十年了,愧疚、自责、思念、无奈的痛楚,陆游不敢回想、不敢提及……想不到今天会在春天的沈园与她不期而遇,是偶遇,还是天意?

唐琬还是那个美丽、聪慧、灵秀、深情的唐琬吗?直领对襟的沉香色衫子把她的身材装扮得格外端庄、成熟。一方云白色的披帛罩在她肩上,在胸前打了个松散的梅花结,一头秀发绾着盘髻,髻上插着一对金钗。陆游一眼就认出了这对金钗,这是当年母亲作为订婚信物给她的,想不到还插在她的头上,想必在分别的这些年,它一直都是她不曾割舍的心爱之物吧!

陆游站起来,望着唐琬,多想叫一声她的名字,却嗫嚅着说不出话来。

"务观,你瘦了。"唐琬看了一眼陆游,对视的刹那,将目光移到石桌上,"照顾好自己,科考的事过去就过去了,相信自己!士程让我给你问好,我走了。"唐琬有意避开陆游的目光,似在自言自语,说完,倒了一盏酒,又把捧来的一壶酒轻轻地放在石桌上。陆游的目光落在唐琬的脸上,唐琬强忍着的泪噙在眼眶里。

唐琬走了,像一朵无法留住的云,消散在陆游模糊的视线里。

陆游多想拉住她,对她说一声攒了十年、叠加了一万次的"对不起",但是他已经没有那样的权力和勇气了,她早已是赵士程的夫人了……

陆游端起酒盏,两行咸涩的泪水融进酒里,一饮而尽。他恍惚着要来笔墨,在一方素壁上,题写下那阕凄楚、悲凉的《钗头凤》:

红酥手,黄縢酒,满城春色宫墙柳。东风恶,欢情薄。一怀愁绪,几年离索。错、错、错! 春如旧,人空瘦,泪痕红浥鲛绡透。桃花落,闲池阁。山盟虽在,锦书难托。莫、莫、莫!

一壶黄縢酒,把陆游带回到与唐琬情投意合的时光……

芳心不管鸳鸯妒:金钗定情

绍兴十四年(1144),二十岁的陆游与十七岁的唐琬成婚。

唐琬,是郑州通判唐闳之女。她的名字在宋人文献中并无记载,"琬"是后人口口相传的说法,姑且从之。相传,她字蕙仙,是山阴当地小有名气的才女。

初秋的山阴,天高气爽,丹桂飘香,这场仪式隆重的婚事让半个山阴城都跟着热闹起来。陆、唐两家都是显赫的士族,加上陆宰和唐闳此时都致仕了,没了官场的顾忌,这婚礼自然要办得圆满、风光一些。陆宰请来专为王公贵族和官宦人家做媒的"紫背子",走了一番谈婚论嫁的程序,下了聘礼。定了大婚的日子,两家便开始忙碌起来。

迎亲的日子临近了,陆家派了四个仆人到唐家去"催妆",送去了四季冠帔和四时的花粉香缀等物,唐家也请了四个"牵娘"到陆家来"铺房",用唐家准备的帐幔、被褥、绢花之类,把新房装饰得花团锦簇,一派喜气。

到迎亲那天,礼帽高戴、十字披花的陆游,骑着红绸冠顶的高头大马,后面跟着飘彩的花轿,一路吹吹打打来到唐家。一串鞭炮响过,唐家的门前铺了一地花絮,娘家那些难缠的后生开始"阻轿",赏了喜钱才算放行。

陆游由唐家的喜娘引着,来到唐琬的闺房外,一番"栏门""叫门"的礼仪后,陆游终于进了闺房。锦褟上的新娘子一身红裙,端坐着,头上罩着绣花的红绸盖头。唐闳嘱咐着唐琬,说着说着,两行热泪就流了出来。

唐琬向父亲行了礼,由两个送亲丫鬟搀着,上了花轿。花轿抬起来,左颠右摇,就是不往前走,惹得送亲的、围观的一阵笑声。轿夫迈着舞蹈一样的十字步,走半步,退一步,喘着粗气,落了轿,夸张地擦着汗,嚷嚷着:"唐家的'千金'真是实实在在的'千金',这花轿怕是抬不动了!"喜娘笑骂着:"你们这些个小鬼佬,莫不是昨夜里去哪个勾栏院消遣了,今儿个连花轿也抬不动了,快快把你们吃奶的劲儿都给老娘使出来,把我们姑娘稳稳当当地送到陆家,唐老爷少不了你们的'起檐子'钱!"说着,吩咐人赏了每人一个大喜包儿。轿夫的头儿喊着:"齐不齐?"轿夫们应着:"齐啦哎!"

骑马的陆游,坐轿的唐琬,一个满腹诗书、风流倜傥的青年才俊,一个知书达理、蕙质兰心的窈窕淑女,在众人的簇拥之下,吹吹打打,来到陆家。

唐琬在喜娘的引导下,下了花轿,踏着毡席,跨过马鞍,坐过了"虚帐",婚礼就开始了。陆宰和唐氏端坐在新人面前,接受着敬拜礼。

华灯初上,酒宴结束,客人相继拜别。陆游被喜娘和嫂子们送入新房。

喜娘将竹篮里的红枣、花生、桂圆、莲子、板栗、大米、小米抛撒到床上、被褥上、珠帐上,嘴里轻声地念叨着:"撒大米,生大喜。撒小米,生小喜。一把栗子一把米,早生贵子早得济。一把花生一把莲,有男有女生得全。"直羞得唐琬满面通红,好在有盖头盖着。

喜娘又在陆游和唐琬头上各取一绺头发,绾在一起,装到一个精制的小箧里,把小箧放到他俩牵着的手上,说:"从现在起,你们就是结发夫妻了。"然后,喜娘端来一个托盘,盘中是两只红线相连的酒卺,陆游与唐琬各自端起一只卺,交换着喝干了卺中之酒,喜娘说:"夫妻共饮合卺酒,合二为一共白首。"说着,喜娘把这两瓣的卺合上,放到床下。

嫂子们铺好了"合欢被",看着挨坐在床头的陆游和唐琬,嬉笑着退出新房,把门轻轻地合上……

婚后,陆游和唐琬沉醉在新婚的幸福里。

镜湖泛舟、鹅池运笔、会稽山采花、云门寺听禅、兰亭曲水流觞、东湖观碧潭岩影……夫妻二人红袖添香、举案齐眉,西窗剪烛、东园折桂,如胶似漆、形影不离,贪婪地享受着恩爱的时光。多年后,这些难忘的情景仍沉淀在陆游的心海里,凝于笔端:

少狂欺酒气吐虹,一笑未了千觞空。凉堂下帘人似玉,月色泠泠透湘竹。三更画船穿藕花,花为四壁船为家。不须更踏花底藕,但嗅花香已无酒。花深不见画船行,天风空吹白纻声。双桨归来弄湖水,往往湖边人已起。即今憔悴不堪论,赖有何郎共此尊。红绿疏疏君勿叹,汉嘉去岁无荷看。

——《同何元立赏荷花追怀镜湖旧游》

一天,唐琬把采来的野菊花晒干,做了一对鸳鸯戏水的锦面菊花枕,拿给正在书房里看书的陆游,说:"务观,你闻闻,香不香?"

陆游凑过鼻子,一袭菊香吸入鼻腔,不假思索地说:"是野菊花!"

"嗯,就是我们在会稽山采的野菊花。"唐琬得意地笑着,眨眨眼,说,"大诗人,作首《菊枕诗》吧,我动手,你动口,这个菊花枕就有生命了。"

"好啊,菊花同梅花有相似的寓意,不与百花争宠,不畏瑟瑟秋霜。不过这菊枕诗还是要将诗眼落在'枕'字上,要写出霜重色愈浓的意境……"

陆游凝眉苦思的时候,唐琬已研好了一砚墨,铺就了宣纸。陆游走到书案前,运笔挥毫,一首《菊枕诗》在墨香中绽放……

可惜的是,八十五卷的《剑南诗稿》并没有收录陆游年轻时这首《菊枕诗》,晚年的陆游屡屡提及这首《菊枕诗》,显然他并没有遗忘。不肯收入此诗,是由于辜负了当初的海誓山盟?是唐琬的早逝让他无法释怀?还是有不堪面对的难言之隐? 总之,陆游有意地遗漏了这首诗作,后世也遗憾地不能领略到它的姿容。

淳熙十四年(1187),已然六十三岁的陆游,再次采菊缝枕,不禁想起与唐琬一起采菊做枕囊的往事,在怅然的心境下写下两首绝句:

一

采得黄花作枕囊,曲屏深幌闷幽香。
唤回四十三年梦,灯暗无人说断肠。

二

少日曾题菊枕诗,蠹编残稿锁蛛丝。
人间万事消磨尽,只有清香似旧时。

——《余年二十时,尝作菊枕诗,颇传于人,今秋偶复采菊,凄然有感二首》

很快,一年过去了,忍无可忍的婆母唐氏终于爆发。

一天清晨,没等到陆游和唐琬前来请安,唐氏怒气冲冲地推开唐琬居室的门,见唐琬正在梳妆,阴着脸说:"陆游呢?"

唐琬见婆婆进来,忙站起身,支支吾吾地答道:"务观……务观……早上有事出去了。"

"什么?早上出去了?我看是昨天早上就出去了吧!实指望你能收收他的性子,让他把功夫用到学业上,你可倒好,自从嫁过来,不是和他游山玩水,就是打情骂俏,我看他早晚要毁在你的手上。"唐氏越说越气,吼着唐琬:"你给我跪下!"

唐琬扑通一声跪在地上,辩解着:"婆母,我没有和他打情骂俏,那是在和他论诗作赋。他是您的儿子,也是我的丈夫,我怎会让他荒废了学业,误了一生的功名!"说着,她委屈地哭出声来。

唐氏叫来陆游,让他跪在祖宗祠堂前,严厉地说:"为了你的前程,今天你给我把唐琬休了!"说着,一张纸拍到桌上。

陆游一脸迷茫,带着哭腔问:"蕙仙犯了什么错?为什么要休她?"

"为什么?亏你念了那么多书,今天我就告诉你为什么!"唐氏说着,随手摊开一卷书,递给仆人,吩咐道,"大点儿声,念给他听听。"

仆人接过来,念道:"七出,一出:不顺父母;二出:无子;三出:淫佚;四出:嫉妒;五出:恶疾,六出:多言;七出:窃盗。"

这"七出"也称"七去",是中国封建社会七种休妻的理由,是男权社会强加给女性的不平等条款。

唐氏看着一脸茫然的陆游,提高了声音:"她整日缠着你,沉湎闺房,荒废学业,这不是淫佚?过门一载,尚无身孕,这不是无子?还用我多说吗?你现在只有两条路可走,要么顺亲休妻,要么逆亲殉情。"

接着,唐氏指着陪跪在陆游身旁、早已泣不成声的唐琬说道:"你若真的还爱着陆游,还有一点自责之心、自知之明,就不要让他背上不孝的恶名,逼得我陆家骨肉分离。"

唐氏说完,怒气冲冲地转身走了。

唐琬羞惭得晕了过去,倒在地上,陆游也痛苦得捶胸顿足。

无奈之下,陆游尊了母命,走了个休妻的形式,在郊外寻了一处住所,悄悄地把唐琬安置在那里,只盼着母亲消了气,再求人相劝,把唐琬接回来。一边是封建礼教下"金口玉言"的母亲,一边是情比金坚的爱妻,陆游痛苦地挣扎着、忍受着,默默地期待着峰回路转、冰雪消融的那一天。

然而,铁了心要做个恶婆婆的唐氏,没有给陆游留下反悔的机会。精明的她很快就发现了唐琬的藏身之处,带着家人,逼着陆游将唐琬送回了唐家,两人抱头痛哭,含泪诀别。

回到娘家的唐琬看着华发成霜的父亲,心如刀绞,她或许数次想结束自己的生命,以控诉婆婆的无情、丈夫的懦弱和世俗的悲凉,但看到父亲孤独的身影,听到父亲亲切的呼唤,又一次次打消了轻生的念头。她要活下来,不能把父亲一个人孤零零地扔在世间。

唐氏怕陆游和唐琬藕断丝连,迅速为陆游定下一门亲事。大红的喜帖送到唐闳的府上,唐闳撕了喜帖,气得说不出话来。唐琬拾起地上撕碎了的喜帖,轻轻地捋好,说:"父亲,事已至此,也算断了个干净。他能娶,我也能嫁,父亲犯不着为这事生气了。"唐闳抬起头,惊讶地望着唐琬,欣慰地说:"你长大了!"

几天后,居于山阴的宋室皇族——宋太宗的玄孙赵仲湜请来媒人,为赵家的公子赵士程上门提亲……

一个家庭破裂了,两个家庭诞生了,但那样刻骨铭心的真爱永远不会再有了,它已融入血液,填满血管,直至干涸。

陆游写在沈园素壁上的那首《钗头凤》传遍了山阴,有人临摹书法,有人研习词句,有人穿凿附会,却没有人能读懂它。唐琬带着贴身丫鬟来到沈园,站在素壁前,熟悉的字迹摄入她如水的双眸里。她的心音为词中的字句打着节奏,一字一字,在心房里回荡:

红酥手,黄滕酒。满城春色宫墙柳。东风恶,欢情薄。一怀愁绪,几年离索。错、错、错！ 春如旧,人空瘦。泪痕红邑鲛绡透。桃花落,闲池阁。山盟虽在,锦书难托。莫、莫、莫！

两行凄楚的泪流了出来,唐琬读懂了陆游,也读懂了自己,读懂了他们之间割舍不断的爱恋与牵挂。一口鲜血喷溅而出,素壁上开出点点殷红的花朵……唐琬喝了口水,稳了稳心神,缓缓地吟诵出一首词,吩咐丫鬟拿来笔墨,题写在旁边。

一年后的阑珊之夜,二十八岁的唐琬枕着新采的菊花,离开了这个世界。

唐琬所作之词,唯有头两句流传下来,这两句是"世情薄,人情恶"。后人根据这两句痛苦的词句,敷衍出一首词:

世情薄,人情恶。雨送黄昏花易落。晓风干,泪痕残。欲笺心事,独语斜阑。难、难、难！ 人成各,今非昨。病魂常似秋千索。角声寒,夜阑珊。怕人寻问,咽泪装欢。瞒、瞒、瞒！

曾是惊鸿照影来:痛彻心扉

人已散,曲未终,对唐琬的思恋一直伴着陆游走到人生的终点,之后,他们的故事像不尽的春水,一直流到今天。

绍熙三年(1192),晚风轻飏,月挂西厢。山阴的三山别业,六十八岁的陆游借着月光练了几趟剑,觉得身体轻快了不少,转身瞥见篱下的几丛菊花,竟不知何时开了。陆游蹲在篱边,轻抚着篱下的菊花,心里不禁生了几分酸楚,忽想起李白的《秋风词》:

一

秋风清,秋月明,落叶聚还散,寒鸦栖复惊。相思相见知何日?此时此夜难为情!

二

入我相思门,知我相思苦,长相思兮长相忆,短相思兮无穷极,早知如此绊人心,何如当初莫相识。

吟罢,无限的惆怅中,恍恍惚惚间,唐琬咯咯地笑着走来,一只篮子装满了菊花,清脆的声音响在耳畔:务观,看看,我采了这么多菊花了,晒干了,够做一对菊花枕了……

几天后,陆游来到沈园,沈园新的主人已将当年自己题于素壁上的《钗头凤》刻石在壁。陆游心下感慨,归来,写下《禹迹寺南,有沈氏小园。四十年前,尝题小词一阕壁间。偶复一到,而园已三易主,读之怅然》:

枫叶初丹槲叶黄,河阳愁鬓怯新霜。林亭感旧空回首,泉路凭谁说断肠?坏壁醉题尘漠漠,断云幽梦事茫茫。年来妄念消除尽,回向禅龛一炷香。

沈园三易其主,主人换了又换,唯有风景依然。依然的风景里,却再也见不到心爱之人!"坏壁醉题尘漠漠,断云幽梦事茫茫",蒙尘的题壁和陆游的心境一样苍凉,曾经美好的记忆云朵般消散了。他恨自己认识了唐琬,迎娶了唐琬,更恨自己写下的这阕《钗头凤》。若非它,唐琬怎会伤情离世？他怨恨自己的母亲,但他只能把这种怨恨埋在心底,他用诗来向唐琬哭诉,也用诗来表达自己心中的愤懑。《夏夜舟中闻水鸟声甚哀若曰姑恶感而作诗》云：

> 女生藏深闺,未有窥墙藩。上车移所天,父母为它门。妾身虽甚愚,亦知君姑尊。下床头鸡鸣,梳髻著襦裙。堂上奉洒扫,厨中具盘飧。青青摘葵苋,恨不美熊蹯。姑色少不怡,衣袂湿泪痕。所冀妾生男,庶几姑弄孙。此意竟蹉跎,薄命来谗言。放弃不敢怨,所悲孤大恩。古路傍陂泽,微雨鬼火昏。君听姑恶声,无乃遣妇魂。

封建礼教不允许陆游表露这样的情感,更不允许他进行反抗,他没有勇气成为对抗封建势力的斗士,也没有勇气捍卫与唐琬的爱情,最后,被牺牲的注定是爱情。陆游借姑恶鸟的叫声发出对刻薄的母亲、对黑暗的封建势力的声讨和质问,但是转过头来,却发现自己早已经成了封建礼教的践行者和守护人。千百年来,几人能跳出这样的藩篱？他所有的忧伤和思恋都显得多余,但人们大多还是愿意选择原谅他,因为他对唐琬的爱和思念是真的！

> 湖桥东西斜月明,高城漏鼓传三更。钓船夜过掠沙际,蒲苇萧萧姑恶声。湖桥南北烟雨昏,两岸人家早闭门。不知姑恶何所恨,时时一声能断魂。天地大矣汝至微,沧波本自无危机。秋菰有米亦可饱,哀哀如此将安归。
>
> ——《夜闻姑恶》

庆元五年(1199),陆游已经七十五岁了。他第三次来到沈园,来到这个能够寄托对唐琬哀思的地方。看着城上落日的款款余晖,听着哀怨的声声画角,他伤心地站在罗汉桥上,寻找着唐琬倒映在水中的倩影……

一

城上斜阳画角哀,沈园非复旧池台。
伤心桥下春波绿,曾是惊鸿照影来。

二

梦断香销四十年,沈园柳老不吹绵。
此身行作稽山土,犹吊遗踪一泫然。

——《沈园二首》

沈园,曾经的怅惘,在心里一天天发酵,变为不忍触摸的痛。"剪不断,理还乱"的纠结,"才下眉头,却上心头"的愁苦,生长着、交织着、漫溢着。陆游小心翼翼地张望,问询、回想,徘徊在沈园门外,尽管身在咫尺,每一次去都会相隔多年。无数次,梦里的他跑去了沈园;无数次,真实的沈园跑进他的梦里。八十一岁那年,他将梦里的沈园写进诗里:

一

路近城南已怕行,沈家园里更伤情。
香穿客袖梅花在,绿蘸寺桥春水生。

二

城南小陌又逢春,只见梅花不见人。
玉骨久沉泉下土,墨痕犹锁壁间尘。

——《岁暮夜梦游沈氏园两绝》

嘉定二年(1209),陆游第四次来到沈园,也是最后一次。此时,他已八十五岁,几乎看淡了一切,释然了一切,无法看淡、无法释然的只剩下唐琬!园中的水杉,已经长到看不见树梢,竹林里到处都是新生的笋芽,桃花初绽,碧柳垂绦,又是满城春色时。

他想了个《春游》的诗题,想把沈园的美景好好地描摹一番,哪知吟出两句就又想到了唐琬:

沈家园里花如锦,半是当年识放翁。
也信美人终作土,不堪幽梦太匆匆!

今天的沈园,是绍兴唯一保留完整的宋代园林,形成了"三园十景"的布局,十景中的"断云悲歌""诗境爱意""春波惊鸿""残壁遗恨""孤鹤哀鸣"都是依陆游和唐琬的爱情故事量身定制的。每天,大批游人来这里游览和凭吊,寄托对美好爱情的憧憬,宣泄对封建礼教的愤慨。

陆游和唐琬,一部爱情悲剧上演了近千年,任世人咀嚼、评说。

母不宜妻斯出耳,人伦恨事无过此。孝子长怀琴瑟悲,离妻不抱蘼芜死。肠断春游沈氏园,一回登眺一凄然。绿波难驻惊鸿影,坏壁空留古麝烟。四十年中心骨痛,白头苦作鸳鸯梦。故剑犹思镜里鸾,新坟已葬钗头凤。暮年清泪向谁收,香炷蒲团缕缕愁。无多亭榭频更主,半死梧桐尚感秋。广汉姜郎宁悔错,琵琶莫唱风波恶。红酥垂手酒犹温,柳絮过墙情已薄。国耻填胸恨未平,忧时恋主可怜生。诗人岂似朱翁子,孝子忠臣定有情。

——清代文学家蒋士铨《沈氏园吊放翁》

一枕凄凉眠不得:邂逅红颜

乾道八年(1172),陆游卸任夔州通判,赴任四川宣抚司参议官。

从军的梦想终于实现了,陆游把家眷安置到夫人王氏的老家蜀州(今四川崇州),处理好夔州任上的善后工作,便迫不及待地上路了,经万州、岳池、广安……去往四川宣抚司的衙署所在地南郑(今陕西汉中)。历尽蜀道之难,跋山涉水,晓行夜宿,倒是人逢喜事精神爽,道路越走越亮堂,于是有了这一阕《汉宫春·初自南郑来成都作》:

羽箭雕弓,忆呼鹰古垒,截虎平川。吹笳暮归野帐,雪压青毡。淋漓醉墨,看龙蛇飞落蛮笺。人误许、诗情将略,一时才气超然。　　何事又作南来,看重阳药市,元夕灯山。花时万人乐处,欹帽垂鞭。闻歌感旧,尚时时、流涕尊前。君记取、封侯事在,功名不信由天。

这一天,过了岳池,就到了广安,傍晚,陆游住在筹笔驿里。

这个筹笔驿,可是个有来头的地方。它是金牛古道上的一个重要驿站,因诸葛亮北伐曹魏时,曾在这里撰拟《后出师表》而得名。驿站的墙壁上留有许多文人墨客题写的诗文。陆游满怀兴致地欣赏着。

抛掷南阳为主忧,北征东讨尽良筹。时来天地皆同力,运去英雄不自由。千里山河轻孺子,两朝冠剑恨谯周。唯余岩下多情水,犹解年年傍驿流。

这是唐代诗人罗隐题写的。

猿鸟犹疑畏简书,风云常为护储胥。徒令上将挥神笔,终见降王走传车。管乐有才原不忝,关张无命欲何如。他年锦里经祠庙,梁父吟成恨有余。

这是唐代诗人李商隐题写的。
……

这些名家的诗句,对于饱读诗书的陆游来说并不陌生,但见到他们题诗的真迹却是难得。陆游一句一句地吟诵,一字一字地揣摩,竟看得出神。

"陆大人!"陪同陆游赏诗的驿长轻声地招呼。

陆游转过脸,对驿长点点头。

"您可是个大诗人,我们这小小的驿站要是错过了您的墨宝,我这个驿长怕是要干到头了。"驿长说着,深深地给陆游鞠了一躬。

陆游会心地一笑,说:"筹笔驿不大,但名声我可是很早就听说了,如此说来,陆某就恭敬不如从命,且做狗尾续貂吧。"

驿长一挥手,早有准备的驿卒便端来了笔墨。

陆游挥笔,题了一首七绝《筹笔驿》:

运筹陈迹故依然,想见旌旗驻道边。
一等人间管城子,不堪谯叟作降笺。

四句诗,陆游用了两个典故,一个是"管城子",另一个是"谯叟作降"。

"管城子"出自韩愈的《毛颖传》,说的是毛笔被封在管城,人们以此雅称毛笔为"管城子",与"石虚中""即墨侯"为砚台的雅称一样。黄庭坚的诗中有"管城子无食肉相,孔方兄有绝交书"之句。

"谯叟作降"说的是三国时蜀国大儒谯周说服刘禅投降魏国的事。尽管谯周的行为是根据形势的决断,但陆游还是不能原谅他的劝君投降之举。

驿长谢过了陆游,继续陪同赏诗。陆游停下脚步,仔细地吟起壁上一首没有落款的题诗:

玉阶蟋蟀闹清夜,金井梧桐辞故枝。
一枕凄凉眠不得,挑灯起作感秋诗。

吟罢,陆游说:"此诗似有易安居士的笔法呢。是何人所作?"

不等驿长说话,一旁一个姓杨的驿卒急忙说:"陆大人,这是小女的戏作,不必当真,让大人见笑了。"

"哦,原来是令爱的手笔,看你的年龄,令爱当在桃李之年吧。"

"再有两个月小女就二十了。"驿卒答道。

"这么小的女子,能有如此的才学,真是难能可贵,不知人在何处,是否方便让老夫见识见识?"陆游言语间既有几分好奇,又有几分爱惜。

驿卒忙回道:"巧了,两日前小女来探望我,现就住在驿站。"

当晚,驿卒的女儿杨氏就来见陆游了。

杨氏是个爽朗的女子,又有才华,陆游与她无拘无束地聊着,一直聊到月上中天。博学又温和的陆游让杨氏仰慕不已,聪明又好学的杨氏令陆游心生爱慕,两人有说不完的话题、聊不尽的心得。两颗孤寂的心在偶遇中撞出了火花,陆游第一次有了纳妾的想法。宋代是个男人可以随意纳妾的朝代,只要有足够的资本,尽可多多益善。别说王公贵族、官宦豪绅,就是平民也可以妻妾成群,似乎家里没有几房妾室,都没脸到街面转悠。之后,驿长出面做媒,这门亲事就这样定下了。

此时,陆游的夫人王氏带着五个儿子也在蜀州。王氏祖居四川,出身官宦之家,自绍兴十七年(1147)嫁给陆游,默默地扮演着相夫教子的角色,二十五年没回娘家。这次陆游到四川任职,贤惠的王氏在亲友的帮助下,把蜀州的新家打理得井井有条,每天送孩子们去学堂读书,操持家务,过着平静的日子。得知陆游要纳妾,王氏心中百般不快,却不好阻止,这与贤惠与否无关,是所有精神正常的女性都会有的感受。王氏强颜欢笑,为陆游纳妾之事张罗,不日,杨氏就进门了。不难想见,新婚宴尔的陆游对杨氏自然是嘘寒问暖、宠爱有加的,而备受冷落的王氏则醋意大发,各种特制的小鞋准备了一大堆,隔三岔五就给杨氏穿穿,弄得杨氏苦不堪言。就这样过了半年,王氏终于给心灰意冷的杨氏下了逐客令。

一个唐琬,一个杨氏,陆游一生里爱着的两个薄命的女人,一个被母亲不容,一个又将被王氏驱赶。

杨氏要走了,书案上,她给陆游留下一封染着泪痕的浣花笺,上面写着一阕《生查子·只知眉上愁》:

只知眉上愁,不识愁来路。窗外有芭蕉,阵阵黄昏雨。　　晓起理残妆,整顿教愁去。不合画春山,依旧留愁住。

一个"愁"字令陆游心如刀绞,这次他终于鼓起勇气,站了出来。一番苦口婆心的劝导后,王氏不得不接纳下杨氏,只是心里的隔膜始终是难以化解的。

陆游一生写过那么多的诗,但只在王氏七十一岁去世后,才写了一首表达对其哀思的诗:

朝雨暮雨梅子黄,东家西家鬻兰香。白头老鳏哭空堂,不独悼死亦自伤。齿如败屐鬓如霜,计此光景宁久长。扶杖欲起辄仆床,去死近如不隔墙。世间万事俱茫茫,惟有进德当自强。往从二士饿首阳,千载骨朽犹芬芳。

——《自伤》

陆游的一生留下那么多的文字,只有九十九个字的《令人王氏圹记》是专为王氏写的,或是大爱惜声,文字中只有开篇的"呜呼!"两个字似有些情感的表露:

呜呼!令人王氏之墓。中大夫山阴陆某妻蜀郡王氏,享年七十有一,封令人,以宋庆元丁巳岁五月甲戌卒。七月己酉葬,祔君舅少傅、君姑鲁国夫人墓之南冈。有子子虞,乌程丞。子龙,武康尉。子修、子坦、子布、子聿。孙元礼、元敏、元简、元用、元雅。曾孙阿喜,幼未名。

淳熙十三年(1186),陆游六十二岁,杨氏为陆游生下一个女儿。老来得女,陆游亲不够,爱不完。他对杨氏说:"就叫她'女女'吧。"

不幸的是,可爱的女女刚满周岁就夭折了,满怀悲伤的陆游为女女举行了葬礼,又作了一篇墓铭:

淳熙丙午秋七月,予来牧新定。八月丁酉,得一女,名闰娘,又更名定娘。予以其在诸儿中最稚,爱怜之,谓之女女而不名。姿状瑰异凝重,不妄啼笑,与常儿绝异。明年七月,生两齿矣。得疾,以八月丙子卒,蕲于城东北澄溪院。九月壬寅,即葬北冈上。其始卒也,予痛甚,洒泪棺衾间,曰"以是送吾女",闻者皆恸哭。女女所生母杨氏,蜀郡华阳人。

铭曰:荒山穷谷,霜露方坠,被荆榛兮。呜呼吾女,孤冢岿然,四无邻兮。生未出房奥,死弃于此,吾其不仁兮。

——《山阴陆氏女女墓铭》

有学者考证认为,陆游在蜀地纳驿卒女为妾的过程,仅仅是个传奇故事罢了。但陆游纳蜀郡杨氏为妾,生下第六子陆子布、第七子陆子聿和女儿女女,是确有其事的。

入仕篇　仕途辗转　风雨临安

宋高宗绍兴二十八年(1158)

白鹤峰前试吏时：通判宁德

绍兴二十五年(1155)十月二十二日，相国十九年的秦桧，终于在他的太师府咽下了最后一口气。

去世的前一天，高宗前来探病，此时的秦桧已经气若游丝。他努力地张张嘴，却再也发不出声音，艰难地看了一眼秦熺，又看了一眼高宗，嘴唇微动了一下。他是在请求高宗让他的儿子接替他的相位，继续维持秦氏一党专权擅政的局面。可惜，大限将至的他已经无法左右高宗的决断了。高宗假装不懂秦桧的意思，一会儿关切地向太医询问病情，一会儿细心地指导用药，秦熺见状急得如同热锅上的蚂蚁，终于按捺不住，自告奋勇地向高宗表白："皇上，父相病入膏肓，怕是再难为陛下分忧，国事纷繁，为天下黎民计也不可懈怠。臣斗胆奏请代居相位，以为陛下驱驰。"赵构心中一阵冷笑，说"此事卿不当与"，客气地告诉秦熺，他不必多言，自己自有安排。

高宗轻轻地拉了拉秦桧的手，神情哀婉，一众秦氏家人和多年豢养的走狗们也跟着唏嘘了一阵。又说了几句安慰的话后，高宗迈着"沉重"的步子起驾回宫了。

坐在銮舆里，高宗摸出藏在靴中的匕首，狠狠地插在舆壁上，长吁了一口气,暗自安慰自己,提心吊胆的日子总算过去了!当初,他只想利用秦桧,收取武将的兵权,让天下的军队都姓赵;只想让他主持对金的和议,使自己能偏安一隅,做个太平皇帝;只想让他扛着"中兴"旗号,替自己做点天下归心的事,以彪炳史册,却没料到,金人"无故不可罢相"的指示给秦桧上了一道护身符,有恃无恐的秦桧对赵鼎、李光、胡铨、张浚、王庶、张戒、曾开等无数正直的朝臣痛下杀手,打破了和、战两派制衡的朝局,导致满朝上下的显官要职皆出秦门……真是"庆父不死,鲁难未已"。

《宋史·秦桧传》曰:

> 桧两据相位者,凡十九年,劫制君父,包藏祸心,倡和误国,忘仇斁伦。一时忠臣良将,诛锄略尽。其顽钝无耻者,率为桧用,争以诬陷善类为功。其矫诬也,无罪可状,不过曰谤讪,曰指斥,曰怨望,曰立党沽名,甚则曰有无君心。凡论人章疏,皆桧自操以授言者,识之者曰:"此老秦笔也。"察事之卒,布满京城,小涉讥议,即捕治,中以深文。又阴结内侍及医师王继先,伺上动静。郡国事惟申省,无一至上前者。桧死,帝方与人言之。

秦熺见高宗没有表态,以为是在等待正式的奏请,便让其子秦埙与林一飞、郑枏夜见台谏徐喜、张扶,商量上呈荐自己为相的奏请。

高宗回宫后,连夜命权直学士院沈虚中草拟秦桧父子的致仕诏书。没等秦熺一伙的奏书上呈,"丙申,诏桧加封建康郡王,熺进少师,皆致仕,埙、堪并提举江州太平兴国宫"。诏书下达了,病榻上的秦桧听罢,一命呜呼,结束了罪恶的一生。

"皆致仕",意味着秦桧一族苦心经营的权势帝国就此结束了。

高宗一朝,秦桧权势熏天,劣迹斑斑,最终也只是出色地演绎了一个跳梁小丑的角色。

开禧二年(1206),宋宁宗下诏,追夺秦桧王爵,改谥"缪丑",并下诏追究其误国之罪。

嘉定元年（1208），史弥远掌权，积极奉行降金乞和政策，恢复了秦桧的申王爵位及忠献谥号。

宝祐二年（1254），宋理宗赵昀又召太常厘正秦桧谥号，最终定谥"缪狠"，比"缪丑"更加升格了一级，秦桧最终被《宋史》打入《奸臣传》。

秦桧死后，宋高宗表现出高超的政治智慧，他一边拔下秦党的大旗，一边继续留用秦党的官员，并时不时地为秦桧辩白，言秦桧所为"皆出朕意"，以安秦党之心，使朝政没有发生动荡。之后，被秦桧打压的主战派陆续回归政坛，陆游也迎来了入仕的曙光。

山阴南面的云门寺是陆游经常光顾的地方。这天，陆游应邀来到云门寺。两天前，陆游收到老师曾几的来信，知道老师已调任台州。曾几还告诉他朝堂的风向变了，已向主管官员任用的辛次膺推荐了他。辛次膺（1092—1170），政和二年（1121）登进士第，晚年官至同知枢密院事、参知政事等，和曾几一样，是一位刚正不阿、敢于直言的守正之臣，史有"渡江以后，直言之臣称次膺为首""每章疏一出，天下韪之"之评。此人曾被秦桧所忌恨，去职归乡，奉祠十八年，秦桧死后，应召回朝，试给事中。

老师升迁，自己出仕有望，可谓双喜临门，令陆游心情大好。

此时的陆游文采飞扬，诗名远播，在住持的邀请下为云门寺写了一篇华彩斐然的《云门寿圣院记》：

云门寺自晋唐以来名天下，父老言昔盛时，缭山并溪，楼塔重复，依岩跨壑，金碧飞踊，居之者忘老，寓之者忘归，游观者累日乃遍，往往迷不得出，虽寺中人或旬月不相觌也。入寺，稍西石壁峰为看经院，又西为药师院，又西缭而北为上方。已而少衰，于是看经别为寺曰显圣，药师别为寺曰雍熙，最后上方亦别曰寿圣，而古云门寺更曰淳化。一山凡四寺，寿圣最小，不得与三寺班，然山尤胜绝。游山者自淳化，历显圣、雍熙，酌炼丹泉，窥笔仓，追想葛稚川、王子敬之遗风，行听滩声，而坐荫木影，徘徊好泉亭上，山水之乐，屡饫极矣。而亭之旁,始得支径,逶迤如线,修竹老木,怪藤丑石,交覆而角立,破崖绝涧,奔泉迅流,喊呀而喷薄,方暑,凛然以寒,正昼仰视,不见日景。如此行百余步,始至寿圣,靳然孤绝。老僧四五人,引水种蔬,见客不知拱揖,客无所主而去,僧亦竟不知辞谢。好奇者或更以此喜之。今年,予来南,而四五人者相与送予至新溪,且曰:"吾寺旧无记,愿得君之文,磨刻崖石。"予异其朴野而能知此也,遂与为记。然忆为儿时往来山中,今三十年,屋益古,竹树益苍老,而物色益幽奇,予亦有白发久矣,顾未知予之文辞亦能少加老否?寺得额以治平某年某月,后九十余年,绍兴丁丑岁十一月十七日,吴郡陆某记。

云门寺归来,意气风发的陆游仿效韩愈三上丞相书、杜甫献三大礼赋之举,撰写了人生中第一份自荐书。

古代怀才不遇的文人,多有以干谒诗、干谒文求取官禄的经历,就好比今天的学子准备面试应答,先要夸赞要入职的公司如龙在天,令人向往,再展示自己的才学和抱负,貌似欲言又止,实则锋芒毕现。只是古代文人笔力劲健,多写得唯美、含蓄,夸人与自夸都不惹人讨厌。比如孟浩然的《望洞庭湖赠张丞相》:"八月湖水平,涵虚混太清。气蒸云梦泽,波撼岳阳城。欲济无舟楫,端居耻圣明。坐观垂钓者,徒有羡鱼情。"这是他写给张九龄的,"坐观垂钓者,徒有羡鱼情",其意是说:执政的张大人啊,您能出来主持国政,我是十分钦佩的,不过我是在野之身,不能追随左右,替你效力,只能徒然表示钦羡之情罢了。这首干谒诗不但让张九龄对孟浩然产生了好感,也成为诗中的名篇。

再如大名鼎鼎的李白,写过一篇《与韩荆州书》:

白闻天下谈士相聚而言曰:"生不用封万户侯,但愿一识韩荆州。"何令人之景慕,一至于此耶!岂不以有周公之风,躬吐握之事,使海内豪俊,奔走而归之,一登龙门,则声价十倍!所以龙蟠凤逸之士,皆欲收名定价于君侯。愿君侯不以富贵而骄之、寒贱而忽之,则三千之中有毛遂,使白得脱颖而出,即其人焉。

　　白,陇西布衣,流落楚汉。十五好剑术,遍干诸侯。三十成文章,历抵卿相。虽长不满七尺,而心雄万夫。王公大人,许与气义。此畴曩心迹,安敢不尽于君侯为?

文章开篇,李白借天下士子的一句"生不用封万户侯,但愿一识韩荆州"来赞美韩朝宗谦恭下士、识拔人才的美德,直接将韩朝宗夸得北都找不到了,接着就毛遂自荐,介绍自己的经历、才能和气节,介绍自己"虽长不满七尺,而心雄万夫"的气概和"日试万言,倚马可待"的自负,以及自己不卑不亢平交王侯的性格。李白的干谒文没有起到多大作用,却因文章写得气势雄壮,成为一篇广为传颂的佳作。

相比李白的《与韩荆州书》,陆游的这篇《上辛给事书》是以论理见长,行文端正、文字俊朗、感情饱满,少有虚浮之言,文曰:

　　君子之有文也,如日月之明、金石之声、江海之涛澜、虎豹之炳蔚,必有是实,乃有是文。夫心之所养,发而为言,言之所发,比而成文。人之邪正,至观其文,则尽矣决矣,不可复隐矣。爝火不能为日月之明,瓦釜不能为金石之声,潢污不能为江海之涛澜,犬羊不能为虎豹之炳蔚,而或谓庸人能以浮文眩世,乌有此理也哉!使诚有之,则所可眩者,亦庸人耳。某闻前辈以文知人,非必巨篇大笔,苦心致力之词也。残章断稿,愤讥戏笑,所以娱忧而舒悲者,皆足知之。甚至于邮传之题咏、亲戚之书牍、军旅官府仓卒之间符檄书判,类皆可以洞见其人之心术才能,与夫平生穷达寿夭。前知逆决,毫芒不失,如对棋枰而指白黑,如观人面而见其目衡鼻纵,不待思虑搜索而后得也。何其妙哉!故善观晁错者,不必待东市之诛,然后知其刻深之杀身;善观平津侯者,不必待淮南之谋,然后知其阿谀之易与。方发策决科时,其平生事业,已可望而知之矣。贤者之所养,动天地,开金石,其胸中之妙,充实洋溢,而后发见于外,气全力余,中正闳博,是岂可容一毫之伪于其间哉!

某束发好文,才短识近,不足以望作者之藩篱,然知文之不容伪也,故务重其身而养其气。贫贱流落,何所不有,而自信愈笃,自守愈坚,每以其全自养,以其余见之于文。文愈自喜,愈不合于世。夫欲以此求合于世,某则愚矣。而世遂谓某终无所合,某亦不敢谓其言为智也。

恭惟阁下以皋陶之谟,周公之诰,《清庙》《生民》之诗,启迪人主而师表学者,虽乡殊壤绝,百世之下,犹将想望而师尊焉。某近在属部,而不能承下风、望余光,则是自绝于贤人君子之域矣。虽然,非敢以文之工拙为言也。某心之为邪为正,庶几阁下一读其文而尽得之。唐人有曰:"士之致远,先器识而后文艺。"是不得为知文者。天下岂有器识卑陋,而文词超然者哉?狂率冒犯,死有余罪。

绍兴二十八年(1158)冬,三十四岁的陆游出任福州宁德县主簿。

这个九品的小官对于陆游来说实在来得太晚,也等了太久了。

陆游评价:"主簿在县官中,卑于令丞,而冷于尉,非甚有才,则其举事为尤难。"(《诸暨县主簿厅记》)宋朝的著名科学家沈括,曾以父荫出任过沭阳县主簿,他抱怨说,主簿这差事,名义上是县令的佐官,其实接近于吏人,"仕之最贱且劳,无若为主簿,沂、海、淮、沭,地环数百里,苟兽蹄鸟迹之所及,主簿之职皆在焉",使得他"不得复若平时之高视阔步,择可为而后为,固宜少善其职矣"。足见主簿这个小官是个劳心劳力的苦差。

山阴距宁德千里之遥,陆游带着仆人,从山阴出发,一路跋山涉水、历尽艰辛,经温州、瑞安、平阳、福鼎、霞浦,终于到达宁德。回望来路,心有余悸。在《宁德县重修城隍庙记》中,陆游笔下的宁德,荆棘漫漫、险象环生:

宁德为邑,带山负海。双岩白鹤之岭,其高摩天,其险立壁,负者股栗,乘者心掉。飞鸾关井之水,涛澜汹涌,蛟鳄出没,登舟者涕泣与父母妻子别,已济者同舟更相贺。又有气雾之毒,蛙黾蛇蚕守宫之蠹,邮亭逆旅,往往大署墙壁,以道出宁德为戒。

"以道出宁德为戒",可见当时的宁德出行之艰难、地理之险恶。陆游在宁德任主簿期间,或因公务繁忙冷落了诗情,留给宁德的诗句实在是不多。一首《出县》,一首《还县》,都是在福州写的:

匆匆簿领不堪论,出宿聊宽久客魂。稻垄牛行泥活活,野塘桥坏雨昏昏。槿篱护药才通径,竹笕分泉自遍村。归计未成留亦好,愁肠不用绕吴门。

——《出县》

霁色清和日已长,纶巾萧散意差强。飞飞鸥鹭陂塘绿,郁郁桑麻风露香。南陌东村初过社,轻装小队似还乡。哦诗忘却登车去,枉是人言作吏忙。

——《还县》

陆游在宁德任上时,一次去福州,经过罗源走马岭时,突然发现路旁一块长满杂草的岩石上,隐隐约约地露出"树石"两个草书大字,字体奇古可爱,一下子就把他给吸引住了。陆游马上叫随从上前剔除杂草,经过细心拂拭,逐字辨认,才渐渐显现出"才翁所赏树石"六个草书大字的摩崖石刻。原来这是北宋诗人、草书名家苏舜元题刻的。陆游如获至宝,越看越爱,久久不愿离去。回到宁德,他随即向县令谈起自己此行的重要发现,建议拨款加筑围栏,修整环境。从此,走马岭上苏才翁的书法珍品,渐为世人所重视,并得以永久保存下来。

陆游虽然在宁德主簿的任上只待了不到一年,却显露出务实的作风和爱民的情怀,颇得同僚的认可和民众的称颂。《宁德县志》称其"行善政,纾民病""百姓爱戴",他还得到了福建路提点刑狱樊茂实"有声于时,不求闻达"的评价。一天,樊茂实通知陆游说:"我准备向上级保奏并推荐你,你定个时间来福州找我领取奏状,领了奏状就亲自把它投递到临安的吏部衙门,还可以顺道回家乡山阴看看。"事后,过了好久,陆游始终未去樊茂实处领取奏状。有一次,陆游病体初愈,为了散心,从宁德去福州南台江赏游,还写了一首《度浮桥至南台》:

客中多病废登临,闻说南台试一寻。九轨徐行怒涛上,千艘横系大江心。寺楼钟鼓催昏晓,墟落云烟自古今。白发未除豪气在,醉吹横笛坐榕阴。

游完南台江,他顺便到樊茂实的衙署来拜望,还是一句不提奏状的事,倒是樊茂实记起了这桩未了的公务,便当面催问他:"为什么迟迟不来我这里领取奏状?"陆游回答说:"如果学生我领了奏状,怎么能算是不求闻达呢?那样一来,岂不是辜负了大人您的一番美意?"一句话把樊茂实弄得哭笑不得。本来是一桩美事,愣是让陆游的"小面子"耽搁下来。

陆游在《老学庵笔记》里记录下这个在宁德的小插曲:"予少时为福州宁德县主簿,提刑樊茂实以职状举予曰:'有声于时,不求闻达。'后数月,再见之,忽问曰:'何不来取奏状?'予笑答之,曰:'恐不称举词,故不敢。'茂实亦笑,顾书吏促发奏,然予竟不投也。"

不久,陆游调任福州决曹,当然也是樊茂实提携的结果。由穷乡僻壤的宁德,调到人地两旺的福州,对于厌倦了繁文缛节的陆游来说毕竟是一件开心的事。

同年,辛次膺除福建路安抚使兼知福州,成了陆游的顶头上司。虽然两人身份悬殊,陆游还是心怀感恩之情,上了一份骈俪规范、辞藻华美、用典恰切、情感真挚的贺启:

恭审光奉制书,就升巨镇。用人惟己,上方询事而考言;知我其天,公岂枉寻而直尺。世不容而何病,道有命而后行。虽殿藩犹屈于经纶,然亲擢益知于眷注。搢绅颂叹,道路欢欣。伏闻先王相我后人,上天为生贤佐,若时大任之降,将启非常之元。故必雍容回翔，以养其康济之才；排摈斥疏，以积夫迍邅之望。遗之险艰以励其志，待之耆老以全其能。周公居东，归相成王之善治；谢傅高卧，晚为江表之宗臣。勋名卒至于伟然，物理殆非于偶尔。恭惟某官气守刚大，性资方严。其在朝廷，有金玉王度之益；其位岳牧，有股肱帝室之劳。指朋党于蔽蒙胶漆之时，发奸蠹于潜伏机牙之始，庭叱义府，面折公孙，可否一语而不移，利害十年而后验。人服其识，家诵其言。皓首来朝，方共推于宿望；丹心自信，宁少贬于诸公。洗鄙夫患失之风，增善类敢言之气，俯仰无愧，进退两高。不可诬者忠邪之情，不可掩者是非之实，出守未几，见思已深。惟是谋帅之难，孰先旧德之举。然而方政机之虚席，宜召节之在途，开慰斯民，始自今日。某迂愚不肖，穷薄多奇，虽道德初心之已非，犹节义大闲之可勉。侧闻休命，深激懦衷，辄忘奏记之狂，盖出执鞭之慕。仰祈闳量，曲贷严诛。

——《贺辛给事启》

宁德，是陆游初入仕途之处，天气炎热、水土不服和琐碎的工作都令陆游苦不堪言，他在《雨晴游洞宫山天庆观坐间复雨》中写道：

近水松篁锁翠微，洞天宫殿对清晖。快晴似为醉酿计，急雨还妨燕子飞。道士昼闲丹灶冷，山童晓出药苗肥。拂床不用勤留客，我困文书自怕归。

诗人流连在山水之间，因终日困于文案，竟然到了"我困文书自怕归"的程度。但是，宁德也给他留下很多美好的回忆。晚年的陆游还念念不忘同在宁德为官的同僚——县尉朱孝闻（字景参），写下一首《予初仕为宁德县主簿，而朱孝闻景参作尉，情好甚笃，后十余年景参下世，今又几四十年，忽梦见之若平生，觉而感叹不已》，诗中写道：

白鹤峰前试吏时，尉曹诗酒乐新知。

伤心忽入西窗梦,同在浦村折荔枝。

当初,赴任福州时,朱景参来看望陆游,同游北岭,亭中小坐,喝着甜糯的小槽红酒,品着汁浓味美的"妃子笑",两位知交一饮千杯,互道衷肠。

陆游说:"我感觉自己老了,不如归隐山林,每天高卧在家里的千岩亭上,看看五湖的风景。"

朱景参说:"陆兄志在千里,可不敢称老!"

陆游说:"景参有帷幄之才,必有一番作为,到时候可不能忘了我们今天在蛮江边的畅饮啊!"

送走了朱景参,陆游写下了那阕著名的《青玉案·与朱景参会北岭》:

西风挟雨声翻浪。恰洗尽、黄茅瘴。老惯人间齐得丧。千岩高卧,五湖归棹,替却凌烟像。　　故人小驻平戎帐,白羽腰间气何壮。我老渔樵君将相。小槽红酒,晚香丹荔,记取蛮江上。

青衫初入九重城:大义微言

绍兴三十年(1160)正月,一纸调令自临安而来,调任陆游为敕令所删定官。由地方调到中央,这是一个普通的地方官吏做梦都不敢想的事。陆游收拾好行囊,吟唱着"昔日龌龊不足夸,今朝放荡思无涯。春风得意马蹄疾,一日看尽长安花",水陆兼程,马不停蹄地赶往临安。

福州、温州、括苍、东阳……陆游一路千觞频醉、诗兴大发,留下一首首脍炙人口的诗篇。

羁游那复恨,奇观有南溟。浪蹴半空白,天浮无尽青。吐吞交日月,㵎洞战雷霆。醉后吹横笛,鱼龙亦出听。

——《海中醉题时雷雨初霁天水相接也》

尊酒如江绿,春愁抵草长。但令闲一日,便拟醉千场。柳弱风禁絮,花残雨渍香。客游还役役,心赏竟茫茫。

——《自来福州,诗酒殆废,北归始稍稍复饮,至永嘉括苍,无日不醉,诗亦屡作,此事不可不记也》

风欹乌帽送轻寒,雨点春衫作碎斑。
小吏知人当著句,先安笔砚对溪山。

——《东阳道中》

宋置敕令所,是发布皇帝诏谕,颁布国家法令、法律的机构。敕令所删定官是敕令所提举的下属官员,负责敕令的编纂、修正、删定等工作,不是位高权重的位置,却处于国家的政治中枢,既能第一时间悉知国家的动议,又能接触京城的官员,是仕途晋升的重要桥梁。

陆游这次奉调入京,赖左丞相汤思退推荐。绍兴二十九年(1159),汤思退由右相晋为左相,陆游曾进《贺汤丞相启》表示祝贺。

汤思退(1117—1164),字进之,因政治上依附秦桧而青云直上,首签书枢密院事,权兼参知政事。秦桧病重时,召董德元和汤思退至榻前,嘱以后事,各赠黄金千两。汤思退坚辞未受,高宗闻之,把他排除在秦桧朋党之外,仍宠信有加,终升其为左仆射。

贺启中,陆游用诸多古人的典故,婉转地提醒汤思退做个正直、睿智的丞相,任用贤能、忠勇之士,不使金人有可乘之机:"晋文侧席于子玉,回纥下拜于汾阳。王商以忠謇立朝,则单于不敢仰视;平津以婟娽充位,则淮南谓若发蒙。自昔论世之盛衰,莫如置相之当否。譬犹震风凌雨之动地,夏屋愈安;鸿流巨浸之稽天,方舟独济。"最后,陆游向其表明自己愿为国家效命之意:"某猥以孤远,辱在记怜。如其少逭衣食之忧,犹能颂中兴之盛德;必也遂老江湖之外,亦自号太平之幸民。穷达皆出于恩私,生死不忘于报称。"

到任之时,陆游依惯例给汤思退进了一份《除删定官谢丞相启》:

> 收置钧陶,固已逾于素望;责功铅椠,仍俾效其寸长。神观顿还,尘埃一洗,欲叙丹衷之感,不知危涕之横。伏念某独学寡闻,倦游不遂。澜翻记诵,愧口耳之徒劳;跌宕文辞,顾雕虫而自笑。低回久矣,感叹凄然。使有一人之见知,亦胜终身之不遇。然而禀资至薄,与世寡谐,在乡闾则里胥亭长之所叱诃,仕州县则书佐铃下之所蹈藉,声名湮晦,衣食空无,方所向而辄穷,已分甘于永弃。侵寻末路,邂逅殊私,招之于众人鄙远之余,挈之于半世浮沉之后,既赏音于一旦,又诵句于诸公。岂料前史之美谈,乃获此身之亲见。兹盖伏遇某官斯民先觉,吾道宗师。大学诚明,上下同流于天地;至仁溥博,远近一视于华夷。和气行礼乐之间,治道出政刑之外,惟公故无所不取,惟大故无所不容,讫令顽钝之资,亦预甄收之数。重念某家世儒学,非有旂常钟鼎之勋;交友渔樵,又无金张许史之助。特缘薄技,获齿诸生,形顾影以知归,口语心而誓报。死而后已,天实临之。

此文中心思想就是对汤思退颂其德、感其恩,顺便表表忠心和决心。不论其意,单是陆游的文采就足令汤丞相爱不释手。

后来,力主"宋金议和"的汤思退,极力排挤力主抗金的右相张浚,朝中不满之声四起。绍兴三十年(1160),金人毁约弃盟,决意侵宋。同年十二月,汤思退为侍中御史陈俊卿所弹劾,罢去相位。隆兴元年(1163)七月,准备与金议和的孝宗再任汤思退为相,并兼任枢密院事,右仆射张浚被罢官。汤思退为急于促成金、宋停战,密令王之望、龙大渊拆除军备,以向金人示好。十月间,金国发兵南侵,宋军毫无准备,节节退败,楚、濠、滁等州相继陷落。汤思退被罢官,贬至永州。隆兴二年(1164)十一月,太学生张观等七十二人联名上书,以"奸邪误国"的罪名,请斩汤思退、王之望、尹穑等人。汤思退被谪回老家处州(今浙江丽水),在途中忧悸而死,成为历史上最具争议的宰相之一。

陆游在敕令所的职位实同刀笔小吏,国之大事无权参与,署内利害归于上司,法令不会朝令夕改,也不会频繁颁布,分配到自己头上的文案事务,则是手到擒来,下笔即成。上班不忙,下班就有精力。陆游豁达、正直、睿智,彬彬有礼,为人仗义,又有一个好酒量、好口才,颇具人缘。官场往来,平日交流,他不久便与闻人滋、周必大、曾季狸、郑樵、林栗、刘仪凤等杰出之士成了好朋友。一有闲暇,大家就聚在一起饮酒赋诗、交流见闻、畅论古今、纵横朝野。就是在这时,陆游与周必大惺惺相惜、彼此欣赏,建立了深厚的友谊。

初入临安的这段美好的记忆被他写入《诉衷情·青衫初入九重城》里:

> 青衫初入九重城,结友尽豪英。蜡封夜半传檄,驰骑谕幽并。　　时易失,志难成,鬓丝生。平章风月,弹压江山,别是功名。

绍兴三十二年(1162),冬,朝廷召集侍从、台谏等官员赴朝堂,陈述弊政和因应对策。诏书下达,陆游把久郁在心的想法写成《条对状》,列举出七条,阐述自己的看法和建议,大意是:一、自今非宗室外家,虽实有勋劳,毋得辄加王爵;二、请朝廷勿遣小臣干办于外,造作威福,矜诧事权;三、近有以太尉领阁门事者,淩乱名器,应加订正;四、凡监司不足当委寄者,应别与差遣,选有才智学术之士代之,始可条具部内知州治行,既一清监之选,又审郡守之政;五、请除凌迟之刑;六、请令宦侍权罢养子,以免童幼横罹刀锯;七、请禁民间邪教,阴消异时窃发之患。

此时,陆游已经由删定官调任大理司直兼宗正簿,升为正八品的官员。大理寺是国家的最高审判机关,主要负责案件的审理和判定,司直的工作就是对大理寺已经审定的案件进行复议。宗正寺是管理皇族宗亲事务的一个机构。大理司直和宗正簿都是比较清闲的职位,陆游的主要工作是为皇家编纂"玉牒",即以编年的方式,记录皇帝的总系和历数,相当于给皇帝编"家谱",属于史官,虽无实权,却有了更多接近政府要员的机会。更重要的是,他终于有了晋见皇帝的机会。

大理司直的职位,让陆游有机会接触到形形色色的终审案件,其中有不少被判处"凌迟"的。所谓的"凌迟"是一种极其残酷的刑罚,实行之初,就有人意识到它过于残酷,主张废弃,却未果,直至后晋时才被废止。北宋开国之初力纠五代弊政,禁止凌迟之刑,但到了神宗熙宁、元丰年间,"凌迟"又被列为死刑之一。

一件件被处"凌迟"的案件,触动着陆游的神经,他忽然想到了施全,这个刺杀秦桧的勇士。

陆游曾将施全的事迹记录在《老学庵笔记》里:"秦会之(秦桧,字会之)当国,有殿前司军人施全者,伺其入朝,持斩马刀邀于望仙桥下,斫之。断轿子一柱而不能伤。诛死。其后秦每出,辄以亲兵五十人持梃卫之。初,斩全于市,观者甚众。中有一人朗言曰:此不了事汉,不斩何为?闻者皆笑。"

那个高声骂施全的人一语双关,"此不了事汉,不斩何为"意思是:"你这个干不成事的家伙,不杀了你留着干啥!"假骂施全,实骂秦桧,就像施全受审时所说:"举天下都要去杀番人,你独不肯杀番人,我便要杀你!"

施全最后被"凌迟"处死,死后三年,秦桧也因这次受到的惊吓,在六十六岁就结束了生命。

即便是那些罪恶滔天的人,受此酷刑,陆游也觉得过于残忍,而施全这样的人遭受如此酷刑,更是令人心寒、胆寒。陆游利用这次上《条对状》的机会,言辞慨切地建议朝廷废除"凌迟"之刑:

伏睹律文,罪虽甚重,不过处斩。盖以身首异处,自是极刑,惩恶之方,何以加此。五季多故,以常法为不足,于是始于法外特置凌迟一条。肌肉已尽,而气息未绝;肝心联络,而视听犹存。感伤至和,亏损仁政,实非圣世所宜遵也。议者习熟见闻,以为当然,乃谓如支解人者,非凌迟无以报之。臣谓不然,若支解人者必报以凌迟,则盗贼盖有灭人之族者矣,盖有发人之丘墓者矣,则亦将灭其族发其丘墓以报之乎?国家之法,奈何必欲称盗贼之残忍哉。若谓斩首不足禁奸,则臣亦有以折之。昔三代以来用肉刑,而隋唐之法杖背,当时必亦谓非肉刑杖背不足禁奸矣。及汉文帝、唐太宗一日除之，而犯法者乃益稀少，几致刑措。仁之为效，如此其昭昭也。欲望圣慈特命有司除凌迟之刑，以明陛下至仁之心，以增国家太平之福，臣不胜至愿。

陆游的建议未被朝廷采纳，但给后来朝廷滥用"凌迟"之刑敲响了警钟。

泪溅龙床请北征：铁血丹心

草径江村人迹绝，白头病卧一书生。窗间月出见梅影，枕上酒醒闻雁声。寂寞已甘千古笑，驰驱犹望两河平。后生谁记当年事，泪溅龙床请北征。

——《十一月十五日夜半偶作》

绍兴三十一年（1161）五月二十一日，宋高宗赵构五十五岁生日，举国子民的万寿节。

临安城里张灯结彩、人声鼎沸，酒肆里觥筹交错，茶楼中谈笑风生，长街短巷、勾栏瓦当到处都是欢乐的人群。

临安城西南，凤凰山下的德寿宫集英殿，花灯高挂、锦绣飘扬，正在举行一场盛大的庆寿宴。宰相与王公贵胄及外国使节坐于殿上，群僚和外使随员坐于殿外两廊。每位的面前都摆满了环饼、油饼、枣塔、果子等各色点心和荔枝、杨梅等新鲜水果，教坊艺人的开场歌舞之后，国宴在乐人的"百鸟朝凤"中正式开始。随着山珍海味一道一道上来，一盏盏酒干了又斟，一场场精彩的鼓乐、舞蹈、百戏相继登场。

歌舞散去，臣子们晋颂贺词，这个称"寿同天永、德与日新、典册扬徽、华夷赖庆"；那个道"福寿无疆、恩泽遍地、国富民强、万世流芳"，吉祥的颂词伴着抑扬顿挫的南腔北调在大殿里回荡。

今年的万寿节，金国派出的贺生辰使是高景山和王全。绍兴和议以来，两国逢重要的节日，都要互派使臣祝贺，这已成为惯例。

此时，国宴刚刚结束，高宗由几位重臣陪着，来到偏殿，算是正式会见两位金朝使臣。

作为"上国"的使臣，高景山并没有把高宗放在眼里。绍兴和议以来，金国已经习惯了以"上国"的身份自居，高宗也习惯了在金人面前称自己的国家为"弊邑"，称自己为"臣构"。

高景山冷着脸，不紧不慢地说："和议以来，金、宋向以淮水为界，但是私渡者甚多，难以禁绝，多次引起纠纷。近年，偷渡和袭扰金境的事件屡屡发生，真是不胜其烦。我大金皇帝主张以长江、汉水为界，重新划定边界。其间土地荒瘠，人口不多，对宋国来说也没有多大意义，区域内的百姓尽可归宋，我们金国只是要点土地罢了，这样一来，就可以一劳永逸地解决问题。金国多费点儿精力，宋国也就少操点儿心，岂不是两全其美！"

高宗听罢，半晌说不出话来，待回过神儿，已是怒火中烧，强压着火气说："和议以来，我朝克己守约，银未少过一两，绢未少过一匹，按时送与金国，两国盟好近二十年，难道要毁盟不成？"

金使来者不善，高宗早有预料，但他宁愿相信这不是真的。半年前，金国委派施宜生为贺正旦使来朝，高宗派吏部尚书张焘为馆伴负责接待。施宜生是北宋政和四年（1114）的太学生，在北宋为官，南渡以后，参加过范汝为的起义军队。范汝为失败，他逃到北方，在刘豫的傀儡政权做官。刘豫被废，他直接为金人服务。从做官到起义，从起义到投敌，施宜生有一段不简单的经历，但是并没有完全丧失良心。张焘资望很高，得到施宜生的重视，相处极为款洽。张焘看到机会来了，慢慢地打动施宜生的乡土之思，探听北方的动静。施宜生见同来的副使耶律翼不在，对着张焘说道："目前的北风猛啊！"他顺手拿起窗间的一支笔，喊着："笔来！笔来！"

张焘把这些事如实奏报，尽管高宗将信将疑，还是做了应对金人南侵的准备，这也为之后的对金战争赢得了一些主动。

高景山挺了挺胸脯，以不容置疑的口吻说："我主完颜亮将在八月间到南京，希望南宋派一位大臣和一位皇帝的亲族来具体商议此事。"他口中的南京，就是北宋曾经的都城汴梁，金国为了完成侵宋的计划，早将都城由上京迁到了抵近中原的燕京，并将汴梁设为南京，以为进兵之地。

见高宗冷冷地看着他，高景山阴阳怪气地说："还要知会你们南朝一声，夏秋间，我主还要到泗州、寿州、陈州、蔡州、唐州、邓州这些地方打打猎、散散心。"言语中已明显地带着威胁的意味。

听他说到"打猎"，高宗忽想到"北狩"中的哥哥宋钦宗赵桓。两国真要开战，必会殃及皇兄的安危。他小心地试探高景山说："皇兄赵桓尚在金国，不知现在境况如何？"

没等高景山说话，金国的副使王全不耐烦地说："没必要再瞒你了，赵桓已死，以后别惦记了。"

听到赵桓的死讯，高宗顿时失声痛哭，匆匆结束了会见，在宫人的护送下回到后宫。

绍兴三十一年（1161）九月，金主完颜亮亲率号称百万的大军，分三路向南宋发起了攻击。为了这次侵宋，完颜亮预谋了十年。他在僭位之初，就梦想着挥军南下的那一天。他曾写下《题临安山水》这首诗："万里车书一混同，江南岂有别疆封？提兵百万西湖上，立马吴山第一峰！"诗中表明了他攻取南宋、统一天下的决心。

完颜亮（1122—1161），字元功，本名迪古乃，金朝第四位皇帝，金太祖之孙，完颜宗幹次子，自幼聪敏好学，汉文化功底甚深。他雅歌儒服，能诗善文，又志大才高，能言善辩，喜怒不形于色。金熙宗完颜亶深忌其才，恐为后患，未敢大用。

金天眷三年（1140），完颜亮十九岁时，以宗室子的身份拜奉国上将军，赴完颜宗弼（兀术）军前任使，南征北战，屡立战功，迁骠骑上将军，后加龙虎卫上将军，为金朝中京留守，迁光禄大夫。

金皇统九年（1149）十二月，时年二十八岁的完颜亮，携众党羽潜至金熙宗寝殿,将金熙宗刺杀。为剪除金熙宗的势力,完颜亮矫诏召众大臣入宫,扑杀曹国王完颜宗敏、左丞相完颜宗贤等,之后被拥立为皇帝,改皇统九年为天德元年。站稳了脚跟后,完颜亮将集权扩军、锐意革新、励精图治做到了淋漓尽致,也把唯我独尊、嗜血成性、荒淫残暴做到了无以复加。

完颜亮自许人生三志:其一,国家大事,皆自我出;其二,率师伐国,执其君长而问罪于前;其三,无论亲疏,尽得天下绝色而妻之。概括来就是三个词:集权、好战、贪色。

为完成第一项志愿,他先后对宗室近两百人进行大屠杀,包括他的嫡母徒单氏。

为完成第三个志愿,他在宗族亲戚中恣为奸乱,不惜杀其父、弑其夫,而将妇姑姊妹尽收为嫔御,三纲人伦全然不顾,虽桀纣炀帝犹不及也。

此时,他开始疯狂地向第二个志愿发起冲击。

之前,完颜亮曾厚颜无耻地对自己的宠臣张仲轲说:"我想南下攻打宋朝,一是为了南朝美丽的河山,二是为了得到美丽的刘贵妃!"

刘贵妃是宋高宗赵构的妃子,是一位典型的江南女子,清秀婉约、千娇百媚、才华横溢,琴棋书画无所不佳,深得高宗宠爱。完颜亮的宠臣梁珫作为金使来朝时,得见真容,当场被迷得神魂颠倒,回国后言于完颜亮。完颜亮不信天下还有他没见识过的美人儿,就问梁珫:"比我临幸过的那些美人儿如何?"梁珫回答说:"万不及一!"从此,完颜亮就得了"意淫病",发誓今生必得刘贵妃而归。

战争准备迫在眉睫,南宋的文武大臣,连同侍从御史举行了一次旨在统一意志的大会,丞相陈康伯传达了高宗的意图:"今日更不问和与守,直问战当如何。"

南宋的国家机器突然开足了马力,前方后方都动了起来。根据对阵的态势,朝廷以吴璘为四川制置使,以成闵为荆襄制置使,扼守西线,以水师大将李宝为沿海制置使,率战船120艘由海道北进,袭击金国水军。

到主要防御区淮南、江东、浙西一带,却有些无将可用了。绍兴和议已经二十年了,军队分散在各地,没有经过实战历练,若非统帅型的人才,难以掌控这么大的战局。当年的宿将,老的老了,死的死了,在防备武将坐大的潜意识下,宋朝多年来疏于对将才的发掘和培养。最得高宗信任的武将杨存中威望有限,满朝文武中找不到众望所归的人选。议来议去,大家不约而同地想到了一元老将——刘锜!绍兴十年(1140),刘锜曾以四万兵力在顺昌大破兀术的十万金军,在军中的威望很高。就此,六十四岁的老将刘锜再度出山,作为淮南、江南、浙西制置使,担负江淮地区抗击金军主力的重任,同时节制诸路军马,成为抗金前线的总指挥。

绍兴三十一年(1161)九月间,完颜亮的大军自北方南下了。他一边分遣军队,进攻川陕和荆襄两路,一边自己率军队直逼淮水清河口。刘锜的军队则沿着运河北上,准备在淮阴迎击敌人,然而,他的副将王权却在皖北的合肥溃退了。王权先退到昭关,又从昭关退到和州,刘锜在淮阴的大军,由此陷入敌人的包围,被迫向扬州撤退。

十月,完颜亮进驻合肥。开战不到一个月,长江以北的淮河领土全部沦陷,数十万金军迅速南进,饮马长江,窥视临安。

前线的战事并没有影响朝廷的正常工作,"轮对"如期进行。"轮对"是皇帝听取各级官员对朝政的看法和行政建议的一种制度,这次"轮对"轮到了陆游。于是,一件震动朝野的事情发生了:陆游在高宗面前慷慨陈词,请他坚定抗金的信心和舍身报国的决心。他恳请高宗御驾亲征,向金人表明与其血战到底的意志,激励前方将士和全国人民的斗志。说到动情处,陆游竟匍匐在地,涕泗横流,眼泪都溅到了高宗的龙椅上。晚年的陆游,将此事总结为"泪溅龙床请北征"。

高宗面无表情地看着陆游,心中五味杂陈,说了几句其心可嘉、其情可表的话,对于是否御驾亲征并没有表态。

两国战争的烟云迅速飘散到全国各地和中原的敌占区,中原遗民和南宋的民间武装纷纷挥戈参战,成为抗金战争的有生力量。一个响亮的名字出现了,那就是南宋著名的爱国将领、文学家、词人辛弃疾。

辛弃疾(1140—1207)小陆游十五岁,字幼安,号稼轩,生于济南历城,父亲辛文郁是北宋朝的进士辛赞之子。辛弃疾出生时,山东已是金人的天下。辛文郁希望自己的儿子能成为霍去病那样抗击敌人的英雄,给他取名辛弃疾,一个"去病",一个"弃疾",其意不言自明。辛弃疾七岁那年,父亲辛文郁带领族人偷偷练兵,期待有朝一日能把金人赶出家园,不料一次训练时,被金兵发现,身中金兵的毒箭,不几天就亡故了,辛弃疾的母亲承受不了这样的打击,一个月后也忧郁而死。辛弃疾由祖父辛赞抚养,成为"文能提笔安天下,武可上马定乾坤"的旷世之才。

辛赞在靖康之变后,因"累于族众"未随宋室南渡,遂仕于金朝。尽管如此,辛赞却一直希望有机会能够拿起武器和金人决一死战。他常常带着辛弃疾"登高望远,指画山河",同时,辛弃疾也"两随计吏抵燕山,谛观形势"。目睹宋人在金人统治下所受的屈辱与痛苦,国仇家恨,让辛弃疾早早立下了恢复中原、报仇雪耻的志向,养成了燕赵奇士的侠义之气。

完颜亮起兵攻宋时,二十二岁的辛弃疾在金国的后方"鸠众二千",扯起抗金的大旗。之后参加了由耿京领导的一支声势浩大的起义军,担任掌书记,负责起草书檄文告,参务军机。为取得南宋朝廷的支持,与南宋军队配合作战,辛弃疾力劝耿京"决策南向",接受南宋朝廷的领导。绍兴三十二年(1162)正月,耿京命辛弃疾和贾瑞等人奉表南归,宋高宗在建康接见了他们,任命耿京为天平军节度使,辛弃疾为右承务郎、天平军掌书记,并让他们回山东向耿京传达南宋朝廷的旨意。但就在辛弃疾与朝廷接洽成功,准备返回军中的时候,义军内部却发生了重大变故。叛徒张安国、邵进等谋害耿京,带领一部分人投降了金朝。辛弃疾等人行至海州(今江苏东海附近),闻信,即约海州统制王世隆等五十人驰赴金营,其时张安国正与金将酣饮,辛弃疾等人出其不意袭进金营,抓获张安国,在五万金兵中带着张安国摆脱追敌,疾驰而归,把他押到临安交朝廷惩办,张安国被斩首示众。辛弃疾这一机智勇敢的行动,在南宋朝野引起极大的震动,辛弃疾后来回忆这段少年时的壮举,感慨道:"壮岁旌旗拥万夫,锦襜突骑渡江初。燕兵夜娖银胡䩮,汉箭朝飞金仆姑。"

与此同时,海州的魏胜、大名的王友直等相继起兵,与山东的耿京遥相呼应,令南犯的金军首尾难顾、焦头烂额、疲于应对。

王权军队的溃退,一度动摇了高宗的抗敌决心,他派杨存中去和陈康伯商议,准备航海。陈康伯把杨存中留下,吩咐他把袍带解去,宽心饮酒。高宗得到这个消息,感到了一些安慰。第二天上朝时,陈康伯对高宗说:"听说有人主张退到绍兴,再退去福州,是不是这样?"高宗面有愧色,不置可否。陈康伯再三劝告高宗,要他坚定信心,从容镇定。不久,高宗的手谕来到陈康伯面前,大体是说如若敌人还不退兵,可立即解散朝廷,各投生路。陈康伯气得把高宗的手谕烧掉,再次面见高宗,推心置腹地说:"天下人皆可言败,独圣上不可!我辈或免一死,圣上绝难一活,百官一散,皇上立孤,再败于金,完颜亮嗜杀成性、残暴乖戾,其惨或甚'靖康'十倍!"待到高宗的情绪逐步稳定下来,陈康伯请求宋高宗下诏亲征,正式对金宣战。在天下臣民的热盼中,高宗终于决定亲征。陈康伯激动地代拟了一份慷慨激昂的亲征诏书:

> 朕履运中微,遭家多难。八陵废祀,可胜抔土之悲;二帝蒙尘,莫赎终天之痛。皇族尚沦于沙漠,神京犹陷于草莱,衔恨何穷,待时而动。未免屈身而事小,庶期通好以弭兵。属强敌之无厌,曾信盟之弗顾,怙其篡夺之恶,济以贪残之凶,流毒遍于华夷,视民几于草芥。赤地千里,谓暴虐为无伤;苍天九重,以高明为可侮。辄因贺使,公肆嫚言,指求将相之臣,坐索汉、淮之壤。……皆朕威不足以震叠,德不足以绥怀,负尔万邦,于兹三纪,抚心自悼,流涕无从。方将躬缟素以启行,率貔貅而薄伐,取细柳劳军之制,考澶渊却敌之规。诏旨未颁,欢声四起。岁星临于吴分,冀成淝水之勋;斗士倍于晋师,当决韩原之胜。尚赖股肱爪牙之士,文武大小之臣,勠力一心,捐躯报国,共雪侵凌之耻,各肩恢复之图。播告迩遐,明知朕意。

陆游去前线参战的请求没有被批准。作为御驾的送行人员,他见证了高宗亲征出城的场景。

> 仁和馆外列鹓行,忆送龙舟幸建康。
> 舍北老人同甲子,相逢挥泪说高皇。
>
> ——《庚申元日口号》

多年后,陆游还常常因高宗亲征的壮举感到振奋,对这次战争取得最后的胜利倍感欣慰,甚至因此不吝对高宗的称颂:

> 高帝中兴万物春,青衫曾忝缀廷绅。仕为将相却常事,年及耄期能几人。早幸执殳观北伐,晚叨秉笔记东巡。归耕况复苍梧近,郁郁葱葱佳气新。
>
> ——《望永思陵(高宗墓)》

尽管高宗表示出作战的决心,但是高级将领之中怯战畏敌、贪生怕死者大有人在,宋军未能有效地遏制金军的进攻。王权一路从池州败退到采石矶(今安徽马鞍山),于十一月奉命调职,弃采石而走。继任的李显忠尚在途中,采石守军群龙无首、士气低落,防线形同虚设,致使建康的左翼完全暴露给了金军。完颜亮抓住这个机会,选采石矶为渡江登陆地,一时间,长江防线危在旦夕。

国家危亡之际,又一位给赵宋王朝续命的英雄横空出世了,他就是为后世所称颂的虞允文。

前线战事未明,知枢密院事叶义问委派虞允文带着几十车酒肉物品,前往采石一线犒劳将士。当时散布在采石前线的将士共不到两万人,虞允文到达采石,第一眼见到的便是三五星散、解甲卸鞍、横躺竖卧在道路两旁毫无斗志的兵卒。此情此景令虞允文痛心疾首,他将尚未逃离的统制张振、王琪、时俊等人召集起来,说:"初战失利,何足挂齿,允文奉命前线督军,必与将士同生共死,誓克金军于采石矶前!""犒军"与"督军"一字之差,往小说是擅领军权,往大说是矫诏妄为,都是掉头之罪。同行的属下战战兢兢地提醒虞允文,此事干系重大,自讨苦吃是小,存亡之际,这是要掉脑袋的,虞允文说:"吾位从臣,使虏济江则国危,吾亦安避?今日之事,有进无退,退而死,不若进而死!"

  虞允文命令收拢溃散的兵卒,重新编制军队,并进行了慷慨激昂的战斗动员,鼓励大家奋勇杀敌、以死报国。将士们群情激奋,纷纷表示"今即有主,请死战"。之后,虞允文亲临采石前线,沿江视察形势,对防务做了周密部署。他把步兵、骑兵分队布防,又把水军船只分为五队,一队居江中,两队停泊在东西两侧岸边,另两队掩匿山后,待机迎敌。十一月八日,势头正盛的完颜亮亲率十五万大军向采石扑来,连日的胜利早已冲昏了他的头脑,他不认为还有什么力量能够阻挡他南进的铁骑和坚船利舰!几百艘战船满载金兵向南岸驶来,很快到了岸边。正当金兵登陆之时,时俊带着宋军挥刀冲杀过来,猝不及防的金兵仓皇应战,滩涂上横尸无数。这时,宋军战船也冲向敌船,把金军船队冲得七零八落,船上的金兵纷纷落水,直接被宋军溺杀在水中。采石军民同仇敌忾、奋勇争先,沿岸民众也来参战助威、救护伤员、递送武器等作战物资,战斗打到天色渐暗,仍未结束。激战正酣之时,一支从光州(今河南潢川)撤下来的宋军到了采石。虞允文命其整理队伍,摇旗呐喊、擂鼓助威。漫山遍野都是飘动的旗帜,"疑兵之计"让完颜亮以为宋军大部队支援而来,于是鸣金收兵,指挥金兵仓皇退回北岸。史载,这一战金军死于江中的就有四千多人,极大地鼓舞了宋军的士气。

  次日,金军再次渡江进攻,虞允文早已做好部署,还在地势险要的杨林渡口布置了精锐水军。强弩劲射、火炮轰击,硫黄箭支引发敌船起火,老天帮忙大风助威,金军三百多艘战船尽被烧毁,江面上浓烟弥漫、火光冲天。船上的金兵欲飞无翅,欲逃无路,要么被大火烧死,要么被江水淹死。水性好的金兵刚游到江边,又被驾船追击的宋兵砍杀在水中,这一战宋军取得空前大胜。

  金兵损兵折将,败退江北。此时,真正的统兵主将李显忠也率兵到达采石。得知虞允文率军有效抵挡住十倍于己的金军,不但守住了采石防线,还取得了开战以来未有的大胜,李显忠悬着的心终于放了下来。如果金人突破了采石防线,江南就再无险可守。南宋的步兵对阵金人的铁骑,处于明显的劣势,到那时,金人深入南宋腹地,沿江而下,另外三路金军再伺机渡江,后果将不堪设想。百年后的蒙古大军,就是这样灭亡南宋的。

虞允文对李显忠说:"金军采石大败,但元气未伤,绝不会放弃进攻,定会转到扬州去渡江,镇江防守薄弱,情况很危险。您在这儿防守,我带兵前去增援。"李显忠采纳了虞允文的建议。此时,他眼中的虞允文已经不是一个参与军事的儒雅书生,而是一位智勇双全的将军。他把一支一万六千人的精锐拨给虞允文,让他前往镇江京口。

镇江一线由老将刘锜防守。此时,心力交瘁的刘锜已经病倒在榻上,每天只能喝点稀粥,维持着羸弱的生命。虞允文的到来给他打了一针强心剂,之后又有其他几路宋军来镇江会合,京口的宋军达到20万人,镇江防线遂成固若金汤之势。南宋军队主动出击,乘势渡过淮河,攻入中原,原任湖北均州知府的武钜率军攻克洛阳。捷报传来,举国欢腾,陆游赋诗抒怀:

白发将军亦壮哉,西京昨夜捷书来。胡儿敢作千年计,天意宁知一日回。列圣仁恩深雨露,中兴赦令疾风雷。悬知寒食朝陵使,驿路梨花处处开。

——《闻武均州报已复西京》

不出虞允文所料,在采石矶大败的完颜亮果然移师扬州,意图在此渡江,抢占对岸的镇江,再直取建康。焦头烂额之际,金国的后方形势突变,与完颜亮势若仇敌的堂弟完颜雍趁其南下,在东京辽阳登基称帝,

此时的完颜亮决定孤注一掷,快速渡江,解决南宋,再回头收拾完颜雍。刘锜统领的宋军正沿江严阵以待。人的名树的影,当年,刘锜率四万宋军将不可一世的完颜宗弼十万大军打得落花流水,尽管已经过去了二十年,金人一提到刘锜的名字依然头皮发麻。完颜亮军前点将,竟无人敢出战。无奈之下,气急败坏的完颜亮下了死令:"三日之内不能攻取京口,将随军将官尽行处斩。"完颜亮言出必行的性格和无数的先例,

令金营的将官不寒而栗。前有刘锜横刀,后有完颜亮举剑,后方又有了新主,权宜之下,兵马都统领耶律元宜、都总管徒单守素等与完颜亮近卫军将士共谋发动兵变。兵变中,一支箭射入完颜亮帐内,他以为是宋军来偷袭,拾箭一看,吃惊地说:"这不是我军的箭矢吗?"他刚要反抗,便被乱刃砍杀。兵变后,金军派出代表到宋军大营,表示要与宋议和。

议和后,金军北撤,这次由完颜亮无端发起的宋金战争画上了句号。

采石大捷使南宋绝处逢生。尽管存在一定的偶然性,但最终的结果和意义不亚于当年的赤壁之战。老将刘锜在生命垂危的时候,紧握着虞允文的手,老泪纵横,声音颤抖着说:"国家养兵三十年,今日之功乃成于一儒者。"

战后,老将军刘锜奉命回朝,提举万寿观,借住在建康的都亭驿。金朝议和使者来宋,汤思退命人清理驿馆等待金使,劝刘锜移居别院。到院后,刘锜发现院内粪壤堆积,无法下脚,忧愤交加,吐血数升而死。

陆游作《刘太尉挽歌辞二首》以示纪念:

一

羌胡忘覆育,师旅备非常。南服更旄节,中军铸印章。驰书谕燕赵,开府冠侯王。赫赫今何在,门庭冷似霜。

二

坚壁临江日,人疑制敌疏。安知百万虏,锐尽浃旬余。智出常情表,功如定计初。云何媚公者,不置箧中书?

完颜亮在前线丧命,宋高宗的御驾到了建康。此刻,全国军民的抗金斗志空前高涨,正是一鼓作气引军北上,在中原义军的配合下,光复中原、饮马黄河、北顾燕云的绝佳机会,但是一心苟安的高宗只是舒了一口长气,在主和与主战两派为此争执的时候,再一次妥协了,令兵驻淮河,维持此前的边界,回到临安。"三万里河东入海,五千仞岳上摩天。遗民泪尽胡尘里,南望王师又一年。"(陆游《秋夜将晓出篱门迎凉有感二首·其二》)。中原遗民望瞎了双眼,也没有盼来王师。

偏安一隅的南宋小朝廷,不但早已忘掉中原的失地和百姓,而且仍旧沿袭北宋末年以来荒淫腐朽的作风,大量掠夺百姓的财富供自己挥霍,穷奢极欲,登峰造极。

据《武林旧事》《宋史·高宗纪》等记载,绍兴二十一年(1151)十月,高宗"幸张俊第"。张俊为中兴四大将之一,虽然没打过几个像模像样的胜仗,但在迎合高宗、逢迎秦桧、投机取巧、中饱私囊方面却是个高手。

高宗御驾亲临,张俊向高宗进奉了商周彝器等古玩四十六件,吴道子等名家书画二十一轴,名贵缎帛、金玉珠宝更是不胜枚举,仅金器就有一千两,大小不一的珠子竟达近七万颗。与此同时,他还为高宗和秦桧一行精心准备了一场"供进御筵"。

不难想见,这对沉醉在享乐世界中的君臣,成日残酷地剥削百姓、维护自己的统治,哪还会有恢复中原、拯救苍生的志向?!

高宗一朝,在临安大造宫殿,单是御花园就有四十余所,又置御前甲库,搜集技艺精巧的工匠,制造各种奢侈品以供炫耀和享乐。各地各级官吏与宫中宦官为讨高宗的欢心,争相压制不同的声音,甚至写些谈古论今的诗文,都会动辄被冠以诽谤二字问罪。各种搜刮来的奇珍异宝、"刘贵妃"一类的美人儿被源源不断送到宫中,为有识者所深恶痛绝又无可奈何。

面对这样的现实,"泪溅龙床"的猛士陆游忍不住又说话了。这次,他不再硬邦邦地直抒己见,他知道自己的斤两还不到可以畅所欲言的时候,只能委婉地指出高宗的问题,劝他做个让后人称颂的好皇帝。思来想去,陆游草拟了一份上殿札子,先给自己找了个台阶,表示为人臣者,直言面圣,才是合格的臣子,接着又说高宗"身济大业,更事阅理多矣",给高宗戴了个高帽,之后才把自己要说的话说出来:"欲望陛下昭然无置疑于圣心,克己以来之,虚心以受之,不惮舍短而取长,以求千虑之一得,庶几下情得以毕达。"这既是对高宗的批评,又是规劝。这份《拟上殿札子》总算这样战战兢兢地写完了:

臣观《小毖》之诗，见成王孜孜求助，特在初载。意其临天下之久，阅义理之多，则当默识独断，虽无待于群臣可也。及考之书，然后知其不然。舜伐三苗，年九十有三，闻伯益一言，则退而敷文德、舞干羽，无一毫自用之意。武王受贡獒，年九十有一，召公作训，累数百言，武王纳之，不以为过。呜呼！为人臣而不以舜、武王望其君者，不恭其君也。

　　伏以陛下生知之圣，度越百王，稽古之学，博极坟典，历试诸难，身济大业，更事阅理多矣。自公卿大臣，皆陛下四十年教养所成，况于小儒贱士，见闻浅陋，曾何足以仰清光、备顾问哉？然其所陈，则未必无尺寸之长。何者？举吏部之籍，搢绅之士几人，其得见君父者几人，白首州县而不得一望阙门者多矣。则凡进见之人，固宜夙夜殚思竭诚，以幸千载之遇，虽其间有论事梗野不达大体者，究其设心，亦愿际会。犯威颜以徇俗，舍富贵以取名，臣窃谓无是理也。欲望陛下昭然无置疑于圣心，克己以来之，虚心以受之，不惮舍短而取长，以求千虑之一得，庶几下情得以毕达。群臣无伯益、召公之贤，陛下以舜、武王之心为心，则是圣德巍巍，过于舜、武王矣。如其屈万乘之尊，躬日昃之劳，顾于疏远之言，无大施用，姑以天地之度容之而已，是独言者一身之幸也。干冒天威，臣无任惶怖俟罪之至。

　　没等这份干冒天威的札子递上去，高宗便禅位给孝宗了。这份札子后来标题上加了个"拟"字，连同陆游的倔强，被他收入《渭南文集》中。

即日趋召登丹陛：君恩难报

　　高宗下诏传神器，嗣皇御殿犹挥涕。当时获缀鹓鹭行，百寮拜舞皆歔欷。小臣疏贱亦何取，即日趋召登丹陛。呜呼桥山岁晚松柏寒，杀身从死岂所难！

——陆游《三山杜门作歌》

亲征回朝后，高宗面对主战派的压力，又犯了疑心武将坐大的毛病。武将的功勋越大、名望越高、能力越强，他越忌惮。前线刚刚平稳下来，未行封赏，他就开始琢磨分权之计。他的第一项举措是任命自己的宠臣杨存中为江淮宣抚史。江淮宣抚使是江苏、安徽一带的最高军事统帅，担负着御守江淮、拱卫京畿的重任，非刘琦那样德高望重、能力超群，对金作战经验丰富的人难以胜任，而杨存中谨小慎微、攀附权贵，唯高宗之命是从，难以服众。任命书下达，群臣哗然，弹劾的奏章雪片般飞到宫中，陆游也加入弹劾者的行列，最终竟把高宗的任命给废掉了。高宗心灰意冷，找了个"倦勤"的借口，禅位给太子赵昚。

绍兴三十二年（1162）六月，赵昚即位，是为宋孝宗。

禅位大典之时，众臣难掩心中的喜悦，却依然表现出依依不舍的样子，唯独"嗣皇"赵昚真的舍不得父皇离任。当时，他被高宗召至皇宫，高宗宣布禅位决定，赵昚再三拒绝，企图退回东宫，经高宗一再劝说才肯接受皇位。他立于御座旁，久久不肯入座。禅位大典结束，正下着大雨，赵昚冒着滂沱大雨，扶着高宗的辇驾，亲送太上皇归德寿宫，辇中的赵构不禁流下欣慰的泪水。

即位之后，赵昚一有空就去德寿宫问安，还要求宰相带领文武百官，每月去向赵构朝拜两次，后来又改为五日一拜。此外，赵昚对于德寿宫的饮食起居、医疗卫生、出行仪仗等各方面都做了无微不至的安排，并诏令有司每月供给德寿宫缗钱十万，使赵构的晚年生活过得相当惬意。

淳熙十四年（1187），赵构以八十一岁高龄去世，年过六旬的赵昚悲痛不已，由于哀伤过度，连续两天不吃不喝。悲伤之余，他表示要为父皇服丧三年，以尽人子之礼。百官五次上表，请孝宗回殿听政，赵昚不为所动，坚持穿白布巾袍在内殿办公，他还举出古代帝王三年守孝而不废国事的例子，说等附祭太庙后再听从大臣的请求。然而附祭太庙后，赵昚仍然不听，坚持要服完三年丧礼。最后尚在守孝期内的赵昚，索性传位给太子赵惇，自己一门心思为养父守孝。

赵昚对宋高宗极尽孝道，受到天下臣民的一致赞誉，嗣号宋孝宗，确是实至名归。

遍观南宋历史,宋孝宗是难得的有为之君,在位期间严厉打击贪污腐败,大力整顿吏治,躬行节俭,反对奢侈。多次发布减税诏书,督促地方官员兴修水利,造福于民,使南宋逐步走出了内忧外患的困境,呈现出"乾淳之治"的升平景象。

即位之初,孝宗相继做了三件事情,表现出强烈的恢复故土的意愿。

其一,为岳飞平反昭雪,将岳飞的遗体迁葬于西湖栖霞岭,修造了肃穆的陵园,下诏追复岳飞原官,追赠谥号"武穆""忠武",又寻访岳飞的子孙。其后,岳飞之子岳雷、岳霖、岳震、岳霆及岳云的儿子岳甫、岳申均被朝廷录用为官。

平反岳飞的同时,孝宗剥夺了秦桧的王爵封号,秦桧的余党被逐出临安。

为顾及高宗的面子,洗刷其在岳飞问题上的污点,孝宗在岳飞平反的诏书中说:"飞虽坐事以殁,而太上皇帝念之不忘。今可仰承圣意……"他很委婉地暗示岳飞是被冤的,还提到赵构对岳飞十分想念,而他自己是按照太上皇的意思为岳飞平反的。

其二,起用主战的张浚为枢密使、都督江淮东西路军马。张浚(1097—1164),宋徽宗政和八年(1118)进士,苗刘之变时有勤王之功,除知枢密院事,屡遭秦桧一党的打击,戎马一生,身经百战,仕途起起落落,毁誉参半。誉之者赞其"身兼文武之全才",恰如诸葛再世;毁之者言其"托名恢复,大言误国,忌贤害能,志大才疏,无功可言而罪不胜书",是南宋颇具争议的人物。

其三,改元隆兴,表明心志。

孝宗励志图强之际,在周必大、史浩等人的推荐下,陆游走进了孝宗的视野。孝宗先赐陆游进士出身,后委以枢密院编修官兼编类圣政所检讨官。宋朝设枢密院和中书省二府,一武一文,执掌国事。枢密院编修官负责编纂、汇总、梳理、修订与军事和皇家历史相关的文献,职级不高,但位置非常重要。南宋的名臣胡铨、范成大、葛洪、王栐、郑刚中等都有过枢密院编修官的履职经历。

"呜呼桥山岁晚松柏寒,杀身从死岂所难。"深受皇恩,"位卑未敢忘忧国"的陆游开始殚精竭虑,为"国是"操起心来。

国之大事,重在选才,陆游上了一道《论选用西北士大夫札子》:

> 臣伏闻天圣以前,选用人才,多取北人,寇准持之尤力,故南方士大夫沉抑者多。仁宗皇帝照知其弊,公听并观,兼收博采,无南北之异。于是范仲淹起于吴,欧阳修起于楚,蔡襄起于闽,杜衍起于会稽,余靖起于岭南,皆为一时名臣,号称圣宋得人之盛。及绍圣、崇宁间,取南人更多,而北方士大夫复有沉抑之叹。陈瓘独见其弊,昌言于朝曰:"重南轻北,分裂有萌。"呜呼!瓘之言,天下之至言也。臣伏睹方今,虽中原未复,然往者衣冠南渡,盖亦众矣。其间岂无抱才术蕴器识者,而班列之间北人鲜少,甚非示天下以广之道也。欲望圣慈命大臣近臣各举赵、魏、齐、鲁、秦、晋之遗才,以渐试用,拔其尤者而任之。庶上遵仁祖用人之法,下慰遗民思旧之心。其于国家,必将有赖。伏惟留神省察。取进止。

陆游俯察地理、权衡利弊,参览古今、置身时局,又进了一道《上二府论都邑札子》:

> 某自顷奏记,迨今累月,自顾贱愚不肖,无尺寸可以上补聪明,而徒以无益之事上勤省阅,实有罪焉,故久不敢以姓名彻左右。今者偶有拳拳之愚,窃谓相公所宜闻者,伏冀少留观览,幸甚幸甚。伏闻北虏累书请和,仰惟主上圣武,相公威名,震叠殊方,足以致此,而天下又方厌兵,势且姑从之矣。然某闻江左自吴以来,未有舍建康他都者。吴尝都武昌,梁尝都荆渚,南唐尝都洪州,当时为计,必以建康距江不远,故求深固之地。然皆成而复毁,居而复徙,甚者遂至于败亡,相公以为此何哉?天造地设,山川形势,有不可易者也。车驾驻跸临安,出于权宜,本非定都,以形势则不固,以馈饷则不便,海道逼近,凛然常有意外之忧。至于谶纬俗语,则固所不论也。今一

和之后，盟誓已立，动有拘碍，虽欲营缮，势将艰难。某窃谓及今当与之约，建康、临安，皆系驻跸之地，北使朝聘，或就建康，或就临安。如此，则我得以闲暇之际建都立国，而彼既素闻，不自疑沮。黠虏欲借以为辞，亦有不可者矣。今不为，后且噬脐。至于都邑措置，当有节目，若相公以为然，某且有以继进其说，不一二年，不拔之基立矣。某智术浅短，不足以议大计，然受知之深，不敢自以疏远为疑。干冒钧听，下情恐惧之至。

陆游"为永久计，则宜建都关中；为目前形势计，建康亦较临安为胜"的论调，可谓深谋远虑。南宋立国以来，多有建都之议。宗泽、岳飞、赵鼎、张浚、韩世忠、虞允文等主张建都关中，李纲曾提出定都襄阳的方案，言"天下形势关中为上，襄、邓次之，建康又次之"，主张以长安为西都，襄阳为南都，建康为东都，称"三都成而天下之势安矣"。可能除了宋高宗赵构，有识之士没有人赞成定都临安。陆游在《感事》诗中写道："鸡犬相闻三万里，迁都岂不有关中？广陵南幸雄图尽，泪眼山河夕照红。"

淳熙五年（1178），陆游离蜀东归，顺江而下，初秋时路过建康，登上水西门城上的赏心亭。江云黯淡，秋风萧瑟，秦淮风月，尽收眼底，陆游触景生情，想起了当年上书二府，建议迁都建康以利抗金的往事，不禁心生感慨，赋七律一首：

蜀栈秦关岁月遒，今年乘兴却东游。全家稳下黄牛峡，半醉来寻白鹭洲。黯黯江云瓜步雨，萧萧木叶石城秋。孤臣老抱忧时意，欲请迁都涕已流。

——《登赏心亭》

隆兴元年（1163）四月，孝宗亲自导演的"隆兴北伐"开始了。

战前的准备阶段，为稳定西北局势，陆游被召至政事堂，以国家的名义起草了《与夏国主书》：

隆兴元年正月二十二日，特进尚书左仆射同中书门下平章事兼枢密使信国公陈康伯等，谨致书夏国主殿下：昔我祖宗与夏世修盟好，岂惟当无事时，共享安平之福，亦惟缓急同休戚，恤灾患，相与为无穷之托。中更变故，壤地阻绝，虽玉帛之聘弗克往来，然朝廷未尝忘祖宗之志也。乃者皇天悔祸，舆图寝归，会今天子绍登宝位，慨然西顾，宣谕大臣曰："夏，二百年与国也，岂其不念旧好而忘齐盟哉？"某等恭以国主英武聪哲，闻于天下，是敢辄布腹心于执事，愿留神图之。惠以报音，当告于上，议所以申固欢好者。同心协虑，义均一家，永为善邻，传之万世，岂不美欤！有少币仪，具如别幅，伏惟照察。不宣。某等谨白。

在金国后方政变，前线兵变，完颜雍自立，完颜亮被杀的重要节点，宋高宗丧失了乘胜追敌的大好时机，给了金国喘息之机。绍兴三十二年（1162）岁末，金世宗完颜雍扫清了国内的障碍，稳定了局势，在与宋讲和遭拒后，派仆散忠义为都元帅坐镇开封，统一指挥黄河以南的各路金军。大将纥石烈志宁进兵灵璧，致书张浚，下达了非和即战的最后通牒。

孝宗为防止主和派干预，绕过中书省与枢密院，直接向张浚和诸将下达了北伐的诏令。张浚在接到北伐诏令之后，调兵八万，号称二十万，一路由李显忠率领取灵璧，一路由邵宏渊指挥攻取虹县（今安徽泗县）。五月，李显忠顺利攻克灵璧，而邵宏渊却久攻虹县不下，李显忠遂派灵璧降卒前去劝降，虹县守将放弃抵抗。因攻取虹县无功，邵宏渊对李显忠心生怨隙。李显忠建议邵宏渊乘胜进攻宿州，邵宏渊却按兵不动。李显忠只能率部独自攻克宿州，城破，邵宏渊部才投入战斗。

与此同时，金将纥石烈志宁率先头部队万余人来攻宿州，被李显忠击败。但金军十万主力随即赶到，李显忠奋力苦战，邵宏渊却不仅按兵不动，还纵容将士弃城，金军乘虚攻城，李显忠杀敌两千余，终于溃败，率部撤退。撤退未久，宋军就全线崩溃，军资器械丧失殆尽，因宿州与符离县同城，故史称这场溃败为"符离之败"。

"符离之败"动摇了孝宗的雄心,他开始在战和之间摇摆不定。孝宗让主和派代表汤思退复出,担任右相,同时命主战派大臣张焘、辛次膺和王十朋等相继出朝,督军前线,又恢复张浚都督江淮军马的职务,并采纳汤思退的建议,派淮西安抚使干办公事卢仲贤前往金军大营议和。

卢仲贤带回了议和条件:金帝与宋帝由君臣改为叔侄关系,宋朝归还被占的海、泗、唐、邓四州,归还降宋的金人,补纳绍兴末年以来的岁币。

隆兴二年(1164)正月,金朝方面再次来函,孝宗在主战派的支持下,将卢仲贤以擅许四州的罪名除官,编管郴州,改派胡昉出使金营,表示宋朝拒绝归还四州,和议陷入僵局。

孝宗令张浚巡视两淮,全力备战,准备与金军决一雌雄,汤思退及其同党却攻击张浚"名曰守备,守未必备;名曰治兵,兵未必精"。孝宗召张浚回朝,罢相,又命湖北京西制置使虞允文放弃唐、邓两州,虞允文拒绝执行,于是被撤职降知平江府。金国仆散忠义挥师南下,轻而易举地突破宋军两淮防线,楚州、濠州和滁州相继失守,长江防线再度告急,汤思退主张放弃两淮,退守长江,而孝宗此时觉得金人议和的条件太苛刻,激愤地表示:"有以国毙,不能从也。"抗金呼声再次高涨。十一月,孝宗罢免汤思退,将他贬至永州居住,汤思退罢相同时,陈伯康再次被任命为左相,主持大局。但宋军一再处于劣势,孝宗不得不派王抃为使者与仆散忠义议和。金朝见以战迫和的目的基本达到,便停止进攻,重开议和。

隆兴二年(1164)岁末,宋金达成和议,史称"隆兴和议",其主要条款有:金宋世为叔侄之国;"岁贡"改为"岁币",银、绢各为二十万两、匹;南宋放弃所占海、泗、唐、邓、商、秦六州,双方疆界恢复绍兴和议时原状;双方交换战俘,叛逃者不在其内。与绍兴和议相比,南宋在隆兴和议中的地位有所改善。皇帝不再称臣,岁贡改为岁币,数量也有所减少,这是金朝最大的让步,但南宋在采石之战以后收复的海、泗等六州悉数还金。

隆兴和议后,宋金间四十年没有发生大规模的战争。

隆兴北伐,展示了孝宗不堪屈辱、积极进取的一面,也暴露出他色厉内荏、缺乏定力的一面。这一点在对陆游的任用上也明显地体现出来。

当时,龙大渊和曾觌是孝宗太子府中的旧人,深得孝宗的宠信。二人结党营私、有恃无恐,与朝臣矛盾日渐尖锐。一天,张焘上朝,对孝宗说:"陛下刚刚即位,不应该与曾觌之流燕狎取乐,这样会有失圣德!"孝宗面有愧色,问:"爱卿,这是听谁说的啊?"张焘毫不掩饰地说:"臣是听陆游说的,陆游是听史浩说的。"

原来,有一次史浩与曾觌陪孝宗赴庭宴,觥筹交错,酒正酣时,一个宫女拿着一方手帕径直跑到曾觌跟前,求曾觌给她题字。曾觌看了看那个宫女,说:"不敢,不敢,难道你没听到头几天德寿宫发生的事吗?"他说的是前不久,德寿宫里一个管理果品的官员和宫女有了桃色绯闻,刚被处罚过。一个宫女怎么敢在皇上和大臣面前如此放肆?自是皇帝纵容的结果。史浩是陆游的顶头上司,与陆游无话不谈,闲谈中无意中说到此事。陆游听罢,依他那直爽的性格,恨不得马上跑到宫里和孝宗理论一番,只是他这个小官平时根本就见不到皇上,于是他遇到另一个顶头上司——刚上任的同枢密院事张焘时,就带着怨气将此事对张焘讲了。张焘惯以疾恶如仇、直言敢谏著称,见到孝宗直言质问,还把陆游"供"了出来。

孝宗被问得支支吾吾,又不能因这点小事治张焘和史浩的罪,就把满肚子的气撒在陆游身上。他对陆游的第一印象很好,赐了功名,又委以要职,实指望陆游成为自己忠心不二的拥趸,处处维护皇威,想不到陆游竟如此"不知好歹、反复无常",不给陆游点颜色看看,说不定日后还会干出啥违逆的事来。孝宗的气是一时的,龙大渊、曾觌一党的怨恨却是永久的,他俩死后,其余党王抃、甘升之流仍视陆游为眼中钉、肉中刺,排挤、打压陆游近二十年。直至孝宗禅位前,他才破例给陆游弄了个严州知府的差事。这个六品的官职与陆游的才干远远不相匹配,但已是爱才的孝宗对陆游最大的关照了,也是孝宗作为皇帝所发的最后一个任命。

隆兴元年(1163)三月,孝宗一纸调令,把陆游赶出临安。陆游转任左通直郎,通判镇江府。

一寸丹心幸无愧:黯然归乡

> 重入修门甫岁余,又携琴剑返江湖。乾坤浩浩何由报,犬马区区正自愚。缘熟且为莲社客,伻来喜对草堂图。西厢屋了吾真足,高枕看云一事无。
>
> ——《出都》

短短的几个月,陆游在枢密院的工作就结束了。从朝廷到地方,这是一段艰难的路程,但他走得很坦然。

陆游整理好书卷,摘下壁上的宝剑,拔剑出鞘,一道寒光闪过,他举起剑,向北方狠狠地一挥,似有一颗金兵的人头被他斩落。他拿起一块鹿皮,拭净了"血痕",宝剑归鞘,斜挎在腰间,告别了送行的同僚和友人,离开都城。

三月,正是梅花初绽的时节,去镇江任上报到的时间尚早。那就先回山阴老家吧,从出仕宁德到现在已经整整五年了。他留宿在归途的驿站,摊开一张张友人的诗笺,看着那些熟悉的笔体,缓缓地诵读起来:

> 宝马天街路,烟篷海浦心。非关爱京口,自是忆山阴。高兴余飞动,孤忠有照临。浮云付舒卷,知子道根深。见说云门好,全家住翠微。京尘成岁晚,江雨送人归。边锁风雷动,军书日夜飞。功名袖中手,世事巧相违。
>
> ——范成大《送陆务观编修监镇江郡归会稽待阙》

> 蓬阁虚生白,兰台汗杀青。英游迷岁月,神武动风霆。迁擢恩频忝,黔黎困未醒。空希范蠡去,羞对浙江亭。

议论今谁及，词章更可宗。三年依玉树，一别送尘容。尽日寻山寺，思君傍塞烽。五言何敢续，持用当缄封。

　　　　　　——周必大《次韵陆务观送行二首》

　　高文不试紫云楼，犹得声名动九州。金马渐登难避世，蓬莱已近却回舟。烧城赤口知何事，许国丹心惜未酬。归卧镜湖聊洗眼，雨余万壑正争流。

　　　　　　——韩元吉《送陆务观得倅镇江还越》

　　……

　　这些为他送行的诗句，模糊在他的视线里。陆游庆幸自己能够为这么多胸襟磊落、才华横溢、肝胆相照的人所认可和理解。

　　他拿出纸笔，研好了墨，推敲着字句，写下了那首激励过无数人的著名词作《卜算子·咏梅》：

　　驿外断桥边，寂寞开无主。已是黄昏独自愁，更着风和雨。
　　无意苦争春，一任群芳妒。零落成泥碾作尘，只有香如故。

　　陆游一生都喜欢梅花，以梅花自喻、自勉、自省。他一生写过一百六十多首梅花诗，都是梅花诗中的精品。要想真正读懂梅花、爱上梅花，一定要在风霜雨雪的洗礼之后。

　　镇江位于长江下游的南岸，地处长江与京杭大运河的交汇处，既是交通枢纽，又是战略要地，唐时称润州，治所在京口，北宋政和三年（1113）升为镇江府。

　　陆游来到镇江，正是隆兴北伐之时。到任不久，张浚以右丞相的身份，督视江淮兵马，驻节镇江。张浚与陆游的父亲陆宰是多年的旧交，陆游前来晋谒，张浚喜出望外。谈起此次北伐，张浚说："前线用兵，天时在我，地利分之，皇上决心已下，只要上下同心，定会伐有所成。"

陆游说:"虑胜在前,虑败在后,才可万全。镇江的守备必得加强,把长江防线筑成一道铜墙铁壁,使金军不能南顾。"

陆游曾代人写过一份《乞分兵取山东札子》,阐述了自己的军事思想,大意是请朝廷先以十分之九的兵力固守江淮,另选十分之一左右骁勇善战、军纪严明的将士机动迎敌,制造出奇制胜的机会。等两淮相对安定下来后,再派大军进取山东。陆游把自己的这个想法向张浚详细地说了一遍。

张浚点了点头,说:"我已命江淮守军日夜演练,修筑城堡,增置战舰、弓矢、器械,还广招兵马,以为后援。我所招山东、淮北忠义之士,已有一万两千余人,充实到建康、镇江两军;万弩营所招淮南、江西壮士也有一万余人,由陈敏统兵,驻守泗州。"

"丞相深谋远虑,我钦佩之至,前方得胜,当一鼓作气直取中原,后方守军则可源源不断充实前线,如此可光复失地,一雪靖康之耻!"陆游说着,竟激动不已。

陆游的爱国热情和军事主张令张浚刮目相看,他想将陆游招至麾下,说:"难得你有这样的才学,是否愿意到我的手下来杀敌建功啊?"

陆游说:"感谢丞相的器重,在下蠢笨,屡惹事端,为朝廷所不容,不敢再连累丞相了。"

"唉……"张浚叹了一口气,说:"未必如你所言,待老夫回朝,必力荐你。"

可惜,陆游取山东的建议,并没有被张浚完全采纳。为迎合孝宗速胜的意愿,张浚仓促进兵,加之战将失和,终致"符离之败"。两个月后,孝宗决定议和,在太上皇高宗的干预下,汤思退加紧进行乞和活动,张浚感到抗金无望,八次上奏章请求致仕。孝宗罢其相位,加授少师、保信军节度使、出判福州。张浚辞命,屡次恳求致仕,被改授为醴泉观使,行至余干(今属江西上饶)染病不治,死前,写有示二子手书一份,言:"吾尝相国,不能恢复中原,雪祖宗之耻,即死,不当葬我先人墓左,葬我衡山下足矣。"孝宗闻之,深受感动,赠太保,后又追赠太师,赐号忠献。

消息传来,陆游悲痛不已,正赶上继任枢密院编修官的王质(字景

137

文)来镇江,他以诗相赠,寄托对张浚的哀思:

> 张公遂如此,海内共悲辛。逆虏犹遗种,皇天夺老臣。深知万言策,不愧九原人。风雨津亭暮,辞君泪满巾。
>
> ——《送王景文》

恢复故土的希望再一次破灭,陆游一病经旬,整日郁郁寡欢,直到好友韩元吉的到来才纾解了心中的愁绪,他步韩元吉的词韵,写了一首词:

> 懒向沙头醉玉瓶,唤君同赏小窗明。夕阳吹角最关情。　忙日苦多闲日少,新愁常续旧愁生。客中无伴怕君行。
>
> ——《浣溪沙·和无咎韵》

韩元吉(1118—1187),字无咎,号南涧,时任度支郎中,一年后任江东转运判官,是南宋著名词人。

陆游通判镇江府时,方滋知事镇江。金人南犯,淮人渡江,方滋日夜巡视于江边,为淮人开港泊舟,竭力救助,深为陆游敬重。方滋与陆游共同主持重修北固山的多景楼。张孝祥作《题陆务观多景楼长句》云:"甘露多景楼,天下胜处。废以为优婆塞之居,不知几年。桐庐方公尹京口,政成,暇日领客来游,慨然太息。寺僧识公意,阅月楼成。"

多景楼修葺一新,方滋邀四方雅士登楼观景,诗酒唱和,陆游挥笔写就了著名的《水调歌头·多景楼》:

> 江左占形胜,最数古徐州。连山如画,佳处缥渺著危楼。鼓角临风悲壮,烽火连空明灭,往事忆孙刘。千里曜戈甲,万灶宿貔貅。　露沾草,风落木,岁方秋。使君宏放,谈笑洗尽古今愁。不见襄阳登览,磨灭游人无数,遗恨黯难收。叔子独千载,名与汉江流。

陆游的好友毛平仲依陆游的词韵作了一首《水调歌头·次韵陆务观陪太守方务德登多景楼》：

襟带大江左，平望见三州。凿空遗迹，千古奇胜米公楼。太守中朝耆旧，别驾当今豪逸，人物眇应刘。此地一尊酒，歌吹拥貔貅。　楚山晓，淮月夜，海门秋。登临无尽，须信诗眼不供愁。恨我相望千里，空想一时高唱，零落几人收。妙赏频回首，谁复继风流。

此次游宴，颇有"曲水流觞"的雅趣，成为一件盛事。

不久，韩元吉至镇江省亲，与陆游唱和游宴达两月余。陆游邀何德器、张玉仲、韩元吉等踏雪至焦山，观有"大字之祖"美誉的《瘗鹤铭》，游有"天下第一渡"之称的西津渡，一路吟诗作赋，将唱和之作编成《京口唱和集》。陆游的《京口唱和序》云："方是时，予为通判郡事，与无咎别盖逾年矣。相与道旧故，问朋游，览观江山，举酒相属，甚乐。"

可惜，这部《京口唱和集》并没有流传下来，成为一件憾事。

乾道元年（1165）七月，方滋改任两浙转运副使不久，陆游"通判隆兴"的调令也下来了。陆游的从兄陆沅提举两浙西路市舶，根据回避原则，陆游应当调任。正好隆兴府通判毛钦望与知府陈之茂职事不协，陆游与毛钦望职事互调。

隆兴是个好地方。

"豫章故郡，洪都新府。星分翼轸，地接衡庐。襟三江而带五湖，控蛮荆而引瓯越。物华天宝，龙光射牛斗之墟；人杰地灵，徐孺下陈蕃之榻……"王勃《滕王阁序》中的洪都就是隆兴，即今天的南昌，隆兴是在隆兴元年（1163）才改的名字。

由临安到镇江，由镇江到隆兴，离京城越来越远了，离前线也越来越远了。陈康伯去世了，张浚罢官了，史浩罢相了，虞允文降职了……随着更多主战派官员被远放，陆游隐约地感觉恢复故土的希望越来越渺茫

了。饯行的酒宴上,他即席作了一首词,心灰意冷、茫然无措的心境跃然纸上:

  绿树暗长亭,几把离尊。阳关常恨不堪闻。何况今朝秋色里,身是行人。 清泪浥罗巾,各自消魂。一江离恨恰平分。安得千寻横铁锁,截断烟津?

         ——《浪淘沙·丹阳浮玉亭席上作》

  唯一让陆游感到高兴的,是隆兴知府正是自己的座师陈之茂。接到调令后,他给陈之茂写了一封信:

  佐州北固,麦甫及于再尝;易地南昌,瓜未期而先代。虽千里困奔驰之役,幸一官托覆护之私。伏念某孤学背时,褊心忤物,方牵联而少进,已恐惧而遽归。偶充振鹭之廷,自知非称;不失屠羊之肆,其又奚言。比自列于私嫌,遂再污于除目,始终侥幸,俯仰惭惶。恭惟某官道极诚明,器函康济,阅议两朝之望,高名百世之师。经术渊源,造《大学》《中庸》之妙;文章简古,在先秦两汉之间。久以台省之英,出试蕃宣之绩。虽弗容而君子乃见,公初无欣戚之殊;然必进而朝廷始尊,国实系安危之重。伫闻休命,大慰众心。某再扫余尘,增光末路,顾才能之有限,加疾疢之未平。先生琴瑟书册在前,愿卒门人之业;小子洒扫应对则可,敢睎别驾之功。

            ——《上陈安抚启》

  从镇江开始的路程走得很慢,陆游在船上夜宿长江的阳山矶,遇到一场大雨:"五更颠风吹急雨,倒海翻江洗残暑。白浪如山泼入船,家人惊怖篙师舞。此行十日苦滞留,我亦芦丛厌鸣橹。书生快意轻性命,十丈蒲帆百夫举。星驰电骛三百里,坡陇联翩杂平楚……"(《夜宿阳山矶将晓大雨北风甚劲俄顷行三百余里遂抵雁翅浦》)这场大雨令陆游惊骇不已,仿佛注定了这不是一次顺风顺水的仕途。

在隆兴通判任上,陆游没有过多的公事。转眼就入秋了,难得有安静的日子,那就读书吧!

　　腐儒碌碌叹无奇,独喜遗编不我欺。白发无情侵老境,青灯有味似儿时。高梧策策传寒意,叠鼓冬冬迫睡期。秋夜渐长饥作祟,一杯山药进琼糜。

　　　　　　　　　　——《秋夜读书每以二鼓尽为节》

这年入冬,陆游病倒了,躺在榻上,随手写了一首诗,写完才发现没拟题。那就叫《病中作》吧:

　　豫章濒大江,气候颇不令。孟冬风薄人,十室八九病。外寒客肺胃,下湿攻脚胫。俗巫医不艺,呜呼安托命。我始屏药囊,治疾以清静。幻妄消六尘,虚白全一性。三日体遂轻,成此不战胜。长年更事多,苦语君试听。

理想消磨在了官场的琐碎中,陆游拾起酒壶,学起了李白:

　　吾少贫贱真臞儒,贪食嗜味老不除。折腰敛版日走趋,归来聊以醉自娱。长瓶巨榼罗杯盂,不须渔翁劝三闾。牛尾膏美如凝酥,猫头轮囷欲专车。黄雀万里行头颅,白鹅作鲊天下无。浔阳糖蟹径尺余,吾州之蕈尤嘉蔬。珍盘饾饤百味俱,不但项脔与腹腴。悠然一饱自笑愚,顾为口腹劳形躯。投劾行矣归园庐,莫厌粝饭尝黄葅。

　　　　　　　　　　——《醉中歌》

乾道二年(1166)清明节刚过,朝廷的公事发至隆兴,陆游因"交结台谏,鼓唱是非,力说张浚用兵,免归"。

仕途八载,人生过半,陆游摘了乌纱帽,脱去皂罗衫,解下束角带,成了一介平民,带着家眷回归山阴。

父子扶携返故乡,欣然击壤咏陶唐。墓前自誓宁非隘,泽畔行吟未免狂。雨润北窗看洗竹,霜清南陌课剥桑。秋毫何者非君赐,回首修门敢遽忘。

——《示儿子》

　　一家八口,五个儿子,一个女儿,大儿子子虡十九岁,小儿子子约还不到一岁,加上丫鬟、仆从,也算个大家庭。由隆兴到山阴,路途依旧遥远,但毕竟是归乡之旅,别有一番滋味。初夏,正是花红柳绿、草长莺飞的季节,仕途的落寞并没有影响诗人的雅兴:"桑间葚熟麦齐腰,莺语惺惺野雉骄。日薄人家晒蚕子,雨余山客买鱼苗。丰年随处俱堪乐,行路终然不自聊。独喜此身强健在,又摇团扇著绨蕉。"(《初夏道中》)陆游在农家的忙碌中体味着平淡的生活,寻找着淡泊的快乐,也默默地咀嚼着自己风风雨雨的前半生。

　　在人生的重要节点、文学创作的分水岭,陆游以哲学的态度、豪迈的情怀和超脱的精神,写下一阕《大圣乐·电转雷惊》:

　　电转雷惊,自叹浮生,四十二年。试思量往事,虚无似梦,悲欢万状,合散如烟。苦海无边,爱河无底,流浪看成百漏船。何人解,问无常火里,铁打身坚。　　须臾便是华颠。好收拾形骸归自然。又何须着意,求田问舍,生须宦达,死要名传。寿夭穷通,是非荣辱,此事由来都在天。从今去,任东西南北,作个飞仙。

入蜀篇　万里西征　千年一记

宋孝宗乾道六年(1170)

柳暗花明又一村:放眼夔州

莫笑农家腊酒浑,丰年留客足鸡豚。山重水复疑无路,柳暗花明又一村。箫鼓追随春社近,衣冠简朴古风存。从今若许闲乘月,拄杖无时夜叩门。

——《游山西村》

三山别业是陆游在镜湖边上置办的居所,几年前就开始建造了。尽管书房很小,居室不多,不得不几个人住一间,但陆游是个有创意的园艺家,因陋就简,蓄水成池、架篱成园,这儿种几棵树,那儿栽几束花,曲径通幽,别有韵味。他为这个温馨的小园写了一首诗:

出郭西南十里过,小园风月得婆娑。翠屏三扇恰相倚,玉镜一奁谁为磨?投镊未嫌衰鬓白,插花聊喜醉颜酡。耶溪更尽青鞋兴,免使将军怒脱靴。

——《予所居三山,在镜湖上,
近取舍东地一亩,种花数十株,强名小园》

远离喧哗,回归宁静,朴素的田园生活总有惬意相伴。这份惬意就像一场喜雨,没多久就蒸发了,但是美好的感受哪怕短暂,也值得记忆:

  懒向青门学种瓜,只将渔钓送年华。双双新燕飞春岸,片片轻鸥落晚沙。　　歌缥缈,橹呕哑。酒如清露鲊如花。逢人问道归何处,笑指船儿此是家。

——《鹧鸪天》

祖上留下的田产每年都有些收获,加上余俸,陆游勉强维持着一大家子的生计,但很快就入不敷出了。陆游想到了出仕。宋朝官员的收入是很可观的,一个八品官,不贪不腐,仅凭俸禄就足以维持几十口之家的日常开销,至于那些朝中大员、封疆大吏,更不用说了。

回乡的第二年,龙大渊出任浙东总管,曾觌出任福建总管,都成了封疆大吏,又都是陆游的死对头,陆游愈发感到迷茫。一次出行,他见到了宋人所画的《十八学士图》,画中的房玄龄、杜如晦、虞世南、褚亮、李玄道等十八学士,都是唐太宗李世民时期博学多才的文人。陆游心生悲凉,仕途的风风雨雨、官场的波谲云诡、朝政的是非淆乱、人情的亲疏冷暖一起涌上心头,他愤然写下一首《题十八学士图》:

  隋日昏瞳东南倾,雷塘风吹草木腥。平时但忌黑色儿,不知乃有虬须生。晋阳龙飞云潝潝,关洛万里即日平。东征归来脱金甲,天策开府延豪英。琴书闲暇永清昼,簪履光彩明华星。高参伊吕列佐命,下者才气犹峥嵘。但余一恨到千载,高阳缪公来窜名。老奸得志国几丧,李氏诛徙连孤婴。向令亟念履霜戒,危乱安得存勾萌。众贤一佞祸尚尔,掩卷涕泪临风横。

"但余一恨到千载""老奸得志国几丧",陆游终于借这幅画、这首诗呼出了郁积在心中的恶气。

不久,陈俊卿参知政事,掌管中书省。陈俊卿(1113—1186),福建莆田人，是陆游任镇江府通判时认识的好友，陆游一直尊称陈俊卿为"莆阳公"。当初，陈俊卿出任吏部侍郎时，陆游还专门上了一份《贺吏部陈侍郎启》。陈俊卿的升迁，让陆游看到了一线曙光，他激动地给陈俊卿写了一封贺信：

> 恭审廷扬大号，位冠群公。识者咨嗟，益信道行之有命；闻而兴起，共知天定之胜人。某尝因故老之言，窃考昭陵之治。乾坤大度，固兼容而罔间；日月之照，实无隐而弗临。小人虽有幸进，而善类常多；诐论亦或抵巇，而公议终胜。故士气屡折而复振，邦朋既久而自消。谔谔昌言，天下诵道辅、仲淹之直；巍巍成绩，史臣书韩琦、富弼之贤。固尝端拜于遗风，岂意亲逢于盛旦。恭惟某官名盖当代，材高古人。瑰伟之器，足以遗大而投艰；精微之学，足以任重而道远。方孤论折群邪之锐，盖一身为众正之宗。徇国忘家，惟天知我。论去草者绝其本，宜无失于事机；及驱龙而放之菹，果不动于声气。卓矣回天之力，孰曰拔山之难，积此茂勋，降时大任。岂独明公视嘉祐之良弼，初无间然；亦惟圣主享仁祖之治功，殆其自此。

说完了溢美之词，陆游写道："某孤远一介，违离累年。登李膺之舟，恍如昨梦；游公孙之阁，尚觊兹时。敢誓糜捐，以待驱策。"他直接表达了重入仕途的愿望。

乾道五年(1169)十二月，朝廷公事送达，陆游以左奉议郎通判夔州军州事。前不久，陆游还接到参知政事、四川宣抚使王炎的入幕府邀请，正当陆游想接受王炎的邀请时，通判夔州的任命也下来了。这两件事应该都与陈俊卿的举荐有关。好事成双，二选其一，陆游权衡再三，最终选择接朝廷的任命，赴任夔州通判。

之后，陆游寄出了两份谢启，表达对王炎的歉意和对朝廷任命的感谢：

> 杜门自屏，误膺物色之求；开府有严，更辱招延之指。衔恩刻骨，流涕交颐。伏念某独学寡闻，倦游不遂。澜翻诵说，愧口耳之徒

劳;跌宕文辞,顾雕虫而自笑。顷预朋来之列,适逢圣作之辰。玉音亲锡于儒科,奎翰特嘉于朴学。曾未干于诏墨,已亟远于周行。病骨支离,遭途颠沛,驽马空思于十驾,沉舟坐阅于千帆。方所向而辄穷,已分甘于永弃。侵寻末路,邂逅赏音,招之于众人鄙远之余,挈之于半世奇穷之后。夫富贵外物,唯事贤可谓至荣;父子虽亲,然相知犹或不尽。曾是疏远至孤之迹,又无瑰奇可喜之能,不知何由,坐窃殊遇。称于天下曰知己,谁或间然;虽使古人而复生,未易当此。此盖伏遇某官民之先觉,国之宗臣,精义探系表之微,英辞鼓海内之动。至诚贯日,践危机而志意愈坚;屹立如山,决大事而喜愠不见。虽裴相请行于淮右,然萧公宜在于关中。姑讬外庸,即登魁柄。凡一时之荐宠,极多士之光华。岂谓迂疏,亦加采录。某敢不急装俟命,碎首为期。运笔飒飒而草军书,才虽尽矣;持被刺刺而语婢子,心亦鄙之。尚力著于微劳,庶少伸于壮志。

——《谢王宣抚启》

贫不自支,食粥已逾于数月;幸非望及,弹冠忽佐于名州。孰知罪戾之余,犹在悯怜之数。衔恩曷报,抚己知惭。伏念某少也畸人,长而独学。好庄周《齐物》之说,乐以忘忧;读嵇康《养生》之篇,慨然有志。秉心不固,涉世浸深,儿女忽其满前,藜藿至于并日。屡求吏隐,冀代躬耕。亦尝辱记其姓名,固欲稍畀之衣食。费元化密移之力,不知几何;悼孤生一饱之艰,乃至如此。卒叨薄禄,实谓殊私。此盖伏遇某官黼黻帝猷,权衡国论。开公孙之东阁,共欣多士之汇征;解晏子之左骖,不忍一夫之独废。召来和气,力致隆平。惟是鱼复之故城,虽号乌蛮之绝塞。乃如别驾,实类闲官。况茕茕方起于徒中,宜凛凛过虞于意外,固弗敢视马曹而不问,亦每当占纸尾而谨书。岂有功劳,能自表见。念昔并游于英俊,颇尝抒思于文辞,既嗟气力之甚卑,复恨见闻之不广。今将穷江湖万里之险,历吴楚旧都之雄。山巅水涯,极诡异之观;废宫故墟,吊兴废之迹。动心忍性,庶几或进于豪分;娱忧纾悲,亦当勉见于言语。倘粗传于后世,犹少答于深知。过此以还,未知所措。

——《通判夔州谢政府启》

行前,陆游专程去拜访参知政事兼枢密院事梁克家,并留下一首诗:

浮生无根株,志士惜浪死。鸡鸣何预人,推枕中夕起。游也本无奇,腰折百僚底。流离鬓成丝,悲咤泪如洗。残年走巴峡,辛苦为斗米。远冲三伏热,前指九月水。回首长安城,未忍便万里。袖诗叩东府,再拜求望履。平生实易足,名幸污黄纸。但忧死无闻,功不挂青史。颇闻匈奴乱,天意殄蛇豕。何时嫖姚师,大刷渭桥耻。士各奋所长,儒生未宜鄙。覆毡草军书,不畏寒堕指。

——《投梁参政》

"残年走巴峡,辛苦为斗米",陆游此次赴任夔州,与理想无关,全是为了养家糊口。陆游没有去过夔州,但对那里的一切都心知肚明:杜甫在那里住过两年,在三峡的起点夔门,写下了千古名句"无边落木萧萧下,不尽长江滚滚来"(《登高》),还专为夔州写了《夔州十绝句》;刘禹锡当年被贬在巴山楚水间二十三年,做过夔州刺史;北宋词人蒲宗孟也在那里做过官……行前,陆游写了一首诗:

病夫喜山泽,抗志自年少。有时缘龟饥,妄出丐鹤料。亦尝厕朝绅,退懦每自笑。正如怯酒人,虽爱不敢釂。一从南昌免,五岁嗟不调。朝廷每哀矜,幕府误辟召。终然敛孤迹,万里游绝徼。民风杂莫徭,封域近无诏。凄凉黄魔宫,峭绝白帝庙。又尝闻此邦,野陋可嘲诮。通衢舞竹枝,谯门对山烧。浮生一梦耳,何者可庆吊?但愁瘿累累,把镜羞自照。

——《将赴官夔府书怀》

夔州地处偏僻,风土蛮荒,民生贫弱,尤其是当地盛行大脖子病,十人九瘿。俗话说"贵人不入险地",山高路远,此去经年,难料要待多久。若只身赴任,难免两头牵挂,妻子舍不得丈夫,父亲心疼着子女;若携家同往,又是万里之遥,真是进退维谷。最后,王氏说:"自从嫁到陆家,二十多年没回蜀州了,正好回去看看。"陆游依了王氏,借此机会正好让孩子们长长见识,路途的艰辛就听天由命吧!

唯一让陆游高兴的是,这次行路中他可以见证、浸润厚重的巴蜀文化,这一路如诗如画的风光和人文古迹,令他心驰神往。他在《通判夔州谢政府启》中,明白地表露出要借此次出仕"吊兴废之迹"的愿望:"今将穷江湖万里之险,历吴楚旧都之雄。山巅水涯,极诡异之观;废宫故墟,吊兴废之迹。动心忍性,庶几或进于豪分;娱忧纾悲,亦当勉见于言语。傥粗传于后世,犹少答于深知。"

陆游拖着病体,摊开地图,规划着路线,遥遥五千余里,说"万里入蜀"并不算多大的夸张。他沿运河、长江一路做着标记,经萧山,进临安,过秀州(今浙江嘉兴)、平江(今江苏苏州)、常州、丹阳,抵达镇江,再从镇江进入长江,逆江而上,经建康、太平(今安徽当涂)、芜湖、池州(今安徽贵池)、江州(今江西九江)、黄州、鄂州(今湖北武汉)、岳州(今湖南岳阳)、江陵(今湖北沙市)、夷陵(今湖北宜昌)、秭归,最后到达夔州。

路途实在是遥远,仆人减到不能再减,连同家眷共有二十多人。宋朝明确规定,官员赴任可以带随从,还有明文规定,按官阶不同,少则带几人,多则可带五百多人,这样夸张的排面在今天看来是不可想象的。家里没有积蓄,亲友资助了一些,又借贷了一些,陆游一路的"盘缠"总算解决了。

乾道六年(1170)闰五月十八日,耗时一百六十天的入蜀之旅正式启程。

江山万里看无穷:别有洞天

渔村把酒对丹枫,水驿凭轩送去鸿。道路半年行不到,江山万里看无穷。故人草诏九天上,老子题诗三峡中。笑谓毛锥可无恨,书生处处与卿同。

——《水亭有怀》

　　离开山阴,陆游当晚就到了城郊的法云寺,很远就看到兄长陆淞、陆浚,弟弟陆浧三人和一众乡邻、好友在寺院门口迎接。古时的寺院兼有宾馆的功能,文人墨客常在这里宴饮和会晤。如此一次远行,早早得到消息的兄弟几人都从外地赶回来,为陆游一家送行。大家为陆游再次入仕而高兴,也因山高路远而担心,安慰、嘱托、期待,有说不完的话,酒宴一直持续到五鼓声起才结束。

　　黎明的曙光,拉长了帆影,亲友们一路同行,直把陆游一家送到柯桥,才依依不舍地话别。到了萧山,又有好友及萧山的县丞、县尉来探望。宋时的官场有地方官接待赴、离任官员的传统,意在减轻旅程的负担,彰显朝廷的恩待。这一路,陆游接受了很多次接待。有地方官做导游,为陆游参览风光、探究人文提供了很大便利。之后,他又在长兄陆淞的府中盘桓了几日,置办了路上所需的用品,就正式上路了。

　　不日到了临安,到吏部领取了"告身"(任官凭证)和"历子"(履历本),上了"辞谢",公事完成,陆游又与在京的旧识畅叙一番。

　　从兄陆仲高买了一艘小船,带着陆游泛舟西湖。远山如黛,长桥卧波,碧水映日,绿树成荫,依然是当年的模样。到了长桥寺,熟悉的修竹、高柳,都有了苍劲之态。转眼,离开临安八年了,自己都有了白发,想必它们也该老了吧! 当年的旧交、同僚,高升的高升,富贵的富贵,调走的调走,已经没有几个在京了,物是人非,难免让人唏嘘。自己的这位从兄,攀附秦桧一党时是何等的风光! 如今也卸去了官袍,寓居在临安。

　　出临安三十六里,到了临平,大雨忽至,陆游便住宿于此。晚间无事,陆游与孩子们聊天。以聊天的方式潜移默化地为他们灌输知识,培养他们的学习兴趣,教导他们树立正确的人生观,已经成为陆游的一种习惯。长子子虡对弟弟们说:"当年太上皇(赵构)还未登基时,被金兵追杀,只身一人逃经丘山,快爬到山顶的时候,看到一个巨大的山洞,就钻了进去,顺利躲过了金兵的搜捕;登基以后,想起这座山,下令把丘山改叫临平山,这个地方就改称临平,寓意为临时平安。"说完,他转头问陆游:"父亲,我说得对吗?"陆游点点头,说:"有这样的说法,不过还有两个更可信一点的说法,一个是临湖说,临平山的得名是因为它位于临平湖之旁;另一个是拎瓶说,相传临平过去没有山,现有的临平山是当年吴越王钱镠拎来的,故又称拎瓶山,这个说法相当于神话,不足为信,但反映出当地百姓对钱镠的崇拜和爱戴。遇到这种情况须多加考证才能趋近真相,不可人云亦云,妄下断言。"

次日清晨,陆游带孩子们观山。山上有一塔,陆游对孩子们说:"当年,太师蔡京看好这里的风水,把他的父亲蔡准葬在这里,以钱塘江为水,会稽山为案。临平山形如骆驼,他又取了"驼负重则行远"的意思,编了个'祝圣而饰'的理由来蛊惑圣听,耗费国家财力,在山上修造了这个塔,实为祈望先人护佑蔡氏子孙千秋万代永享昌隆。蔡氏一门之后确实都高居庙堂,但是不得善终,再好的风水也保护不了作恶多端的人。"

离开临平,陆游一家很快到了吴江。

在两位县官的引领下来到县衙,陆游发现一个碑刻,仔细一看,竟是老师曾几的《渔具图》诗。五年前,曾几病逝于次子曾逮在平江府的官舍,那时正是陆游在隆兴任上被免归的时候。陆游见到老师的诗,睹物思人,心里不免一阵难过。陆游仔细地数着《渔具图》诗中所列的渔具,说:"真想不到,老师写到的渔具比甫里先生写的还多了十种。"他说的"甫里先生"即唐朝的陆龟蒙。陆龟蒙自号江湖散人,常年戴着斗笠,以在江泽捕鱼为乐,是著名的诗人、文学家、农学家。

陆游非常羡慕和尊崇陆龟蒙这位陆氏先人,认其为先祖,常常效仿他,戏称自己是"笠泽陆某""笠泽陆务观""笠泽病叟",乃至后来自号"放翁",也以陆龟蒙为先例。陆游曾作过一首《幽居》,诗中特别提到"松陵甫里旧家风",指的便是陆龟蒙。

这一回,陆游、曾几、陆龟蒙因吴江县衙里这个碑刻,又续上了缘分。

离开吴江,不到半日就到了平江。平江为府,吴江为县,平江的规模与气势自然非吴江可比。平江园林冠绝天下,陆游本想好好去看一看,实在是病体难支,只好学唐朝的大诗人张继,泊舟在枫桥寺前,住了一夜。月上南天,灯火在岸,孩子们拥着陆游站在船头,远远地观赏姑苏城的夜景。儿子子坦学着古人行吟的样子,摇头晃脑地诵起张继的《枫桥夜泊》:"月落乌啼霜满天,江枫渔火对愁眠。姑苏城外寒山寺,夜半钟声到客船。"诵罢,他看看父亲,说:"父亲,张继的这首诗就是在这里写的吧!"

陆游说:"是啊,安史之乱爆发的第二年,考中进士的张继没等到做官,就跑到江南避乱,在这里泊船夜宿,写了这首千古绝唱。这诗写得真是太好了,以致后人不敢再写枫桥,就像李白到了黄鹤楼,'眼前有景道不得,崔颢题诗在上头'一样。"

"那换个意境不就行了吗?他写愁绪,别人就写喜悦。"子坦不假思索地说。

陆游笑笑,说:"未尝不可。但是自古忧患出诗人,眼前的景象还是张继诗中的意境最合适,因此别人不敢动笔,要写也多以这首诗为榜样,应理解为对经典的敬重吧!"陆游说着,吟起本朝诗人孙觌的《过枫桥寺》:"白首重来一梦中,青山不改旧时容。乌啼月落桥边寺,倚枕犹闻半夜钟。"

当夜,陆游写了一首七绝《宿枫桥》:

七年不到枫桥寺,客枕依然半夜钟。
风月未须轻感慨,巴山此去尚千重。

船到镇江,泊于西驿,当初陆游在镇江做官,交游广泛,昔日的同僚有的还在,新任太守蔡洸、通判章汶,还有干办公事、观察推官都要见一见,推杯换盏自在情理之中,陆游不免逗留了几日。离开镇江的前一晚,蔡太守在丹阳楼为陆游饯行。席前,蔡太守亲自为大家表演茶礼,颇下了一番功夫。陆游是个懂茶的人,取茶一看,这茶的形、色、味实在一般,便只是客气地笑笑。同座的府学教授熊克见陆游未加评说,就介绍起这款茶来。熊克是建宁人,对产自家乡的"建茶"自然是再熟悉不过,说:"建茶旧杂以米粉,复更以薯蓣,两年来,又更以楮芽,与茶味颇相入,且多乳,惟过梅则无复气味矣。非精识者,未易察也。"陆游自称"茶痴",留下的茶诗就有三百多首,晚年有一首《北岩采新茶》:"槐火初钻燧,松风自候汤。携篮苔径远,落爪雪芽长。细啜襟灵爽,微吟齿颊香。归时更清绝,竹影踏斜阳。"说的就是建茶,他把生火、煮水、泡茶、品茶、闻香等环节都写入诗中,描写得非常细腻。遇到陆游这样一位识茶高手,想必熊教授也会觉得相见恨晚吧。

当日,金山寺的长老宝印特来看望陆游,言及陕州(今河南三门峡)以西多滩,两人还都提到了白居易的诗《发白狗峡,次黄牛峡登高寺,却望忠州》:

> 白狗次黄牛,滩如竹节稠。路穿天地险,人续古今愁。忽见千花塔,因停一叶舟。畏途常迫促,静境暂淹留。巴曲春全尽,巫阳雨半收。北归虽引领,南望亦回头。昔去悲殊俗,今来念旧游。别僧山北寺,抛竹水西楼。郡树花如雪,军厨酒似油。时时大开口,自笑忆忠州。

滩多水浅,暗礁不得见,行船就多了几分危险,"人生如逆旅,我亦是行人",谁能料到明天会发生什么呢?

"京口瓜洲一水间,钟山只隔数重山。春风又绿江南岸,明月何时照我还?"王安石《泊船瓜洲》中的瓜洲,陆游也在此泊船。瓜洲这个地方,不但是兵家必争之地,还是诗人钟爱的地方。白居易在《长相思》中写道:"汴水流,泗水流,流到瓜洲古渡头。吴山点点愁。 思悠悠,恨悠悠,恨到归时方始休。月明人倚楼。"朗朗上口的诗句,让瓜洲成了后人口中的"诗洲"。陆游来到"诗洲",南望京口月观、甘露寺、水府庙,夜观金山塔灯,不禁诗情盎然:

半世无归似转蓬,今年作梦到巴东。身游万死一生地,路入千峰百嶂中。邻舫有时来乞火,丛祠无处不祈风。晚潮又泊淮南岸,落日啼鸦戍堞空。

——《晚泊瓜洲》

陆游由自己想到国家。当初,完颜亮曾在兵败采石后来到这里,试图渡江攻打京口。宋金之战刚刚过去几年,江防要塞怎么就成了"落日啼鸦戍堞空"的状态?是一时的疏忽,还是在唱"空城计"?回望江面,见有不下千名军卒往来两岸,江边的战船上也有军卒在整理船只,陆游心中的忧虑才缓解。

过了建康,船到太平州,陆游泛舟姑孰溪,泊于阅武亭。姑孰是当涂县的一个小镇,也是当涂的曾用名,风光如画、古迹众多。北宋太平兴国二年(977),取年号首二字为名,将南平军置为太平州,以当涂为治所。陆游在这里足足流连了五天。五天的时间里,他巡姑孰溪、游丹阳湖、访谢公宅、登凌歊台、问桓公井、上望夫山,刻意追寻"仙人"的足迹,以慰自己虔诚的敬慕。他所追寻的"仙人",就是陆游心中的偶像——"诗仙"李白。

李白一生遍走名山大川,七次来到当涂,最后在当涂"采石捞月""骑鲸升天",俗世的残躯长眠在大青山。在当涂,李白诗兴大发;写当涂,李白不惜笔墨。"天门中断楚江开,碧水东流至此回。两岸青山相对出,孤帆一片日边来。"一首《望天门山》,短短的二十八个字,把"诗仙"豪放、飘逸的诗风展露无遗。

陆游想起了传为李白所作的《姑孰十咏》:"桓公名已古,废井曾未竭。石甃冷苍苔,寒泉湛孤月。秋来桐暂落,春至桃还发。路远人罕窥,谁能见清澈?"这是其中之一《桓公井》。陆游记得族伯陆彦远曾经说过一桩文案。苏轼自黄州东归,路过当涂,读到《姑孰十咏》,大笑说:"赝物败矣,岂有李白作此语者!"之后苏轼和郭功父还有过一番争论。

《姑孰十咏》的真伪是一桩悬案。几天后,陆游到了池州,想起李白的《秋浦歌》:"桃波一步地,了了语声闻。暗与山僧别,低头礼白云。""两鬓入秋浦,一朝飒已衰。猿声催白鬓,长短尽成丝。"对照池州的风物与李白诗作的风格,陆游在《入蜀记》里发表了自己的看法:"观太白此歌,高妙乃尔,则知《姑熟(孰)十咏》决为赝作也。"

乾道六年(1170)七月十七日,是陆游在当涂逗留的第六天。这天,陆游很早就起床,去大青山拜谒李白。

青山之上,一座太白祠,松柏掩映,斑竹为屏,乌巾、白衣、锦袍的李白塑像立于祠内。祠后便是他的墓葬,墓前立一碑,上书"唐名贤李太白之墓"。陆游斟上一盏酒,久久地立于墓前,归来作了一首诗,以寄托哀思:

饮似长鲸快吸川,思如渴骥勇奔泉。客从县令初何有,醉忤将军亦偶然。骏马名姬如昨日,断碑乔木不知年。浮生今古同归此,回首桓公亦故阡。

——《吊李翰林墓》

八月中,陆游行至黄州,这又是一个令陆游心生敬畏的地方。黄州,是苏轼在乌台诗案后被贬的地方。他在这里待了四年多,作为不得签书公事的黄州团练副使,没有啥正经公事干,能保住脑袋就算幸运了,哪还敢再去指手画脚?于是,苏轼向艺术的高峰发起了冲击,"一蓑烟雨任平生""大江东去,浪淘尽、千古风流人物""谁见幽人独往来,缥缈孤鸿影"……没有黄州,后人怎能得见这些锦绣词作!

陆游写下一首《黄州》:

局促常悲类楚囚,迁流还叹学齐优。江声不尽英雄恨,天意无私草木秋。万里羁愁添白发,一帆寒日过黄州。君看赤壁终陈迹,生子何须似仲谋。

八月七日,过江州不远,陆游到了庐山。庐山北濒长江,东接鄱阳湖,南靠南昌的滕王阁。相传殷周时期,有匡氏兄弟七人结庐隐居于此,后成仙而去,其所居之庐幻化为山,故又名匡山、匡庐。李白诗云"日照香炉生紫烟,遥看瀑布挂前川。飞流直下三千尺,疑是银河落九天",将庐山的雄、奇、险、秀刻画得惟妙惟肖,助庐山获得了"匡庐奇秀甲天下"的美誉。五老峰下的白鹿洞书院更是为庐山扯起了"人文圣山"的大旗。

陆游在庐山畅游了一天,晚上欲拜会清虚庵的皇甫道人,可惜道长云游未归,于是他在弟子曹弥深的陪同下,登焕文阁、神泉、清虚堂,夜间就住在清虚庵西室。曹弥深置酒堂中,炙鹿肉款待陆游,火旺酒醇,陆游身心俱暖,对这里留下美好的印象。晚年,陆游还在两首诗中念念不忘这次庐山之行:

　　昔我游庐山,夜遇东林雪。灰深火正熟,膏减灯半灭。童惊林虎过,僧惜涧松折。至今每追想,可解肺肝热。那知蓬山梦,忽继此清绝。殊胜苏子卿,餐毡持汉节。
　　——《杂兴十首以贫坚志士节病长高人情为韵》

　　入蜀过匡庐,秋风宿东林。月出断山口,满窗松竹阴。袅袅一枝烛,道人语夜深。亦设饼果供,慰此羁旅心。犹恨非远公,无酒遣我斟。明日下山去,叹息难重寻。回首四十年,驹隙何骎骎。旧游不可到,怅望空长吟。
　　——《幽居记今昔事十首以诗书从宿好林园无俗情为韵》

九月八日,陆游入江陵境,二十七日离开,走走停停,足足在这里消磨了二十天。小小的江陵有何魅力,让陆游久久不愿离去?"楚国故都,三国名城",历史厚重是其一;"宰相之城",名人辈出是其二;"荆楚文化之根",历代诗文锦绣之地是其三;地域广博、风光秀美、风物奇异是其四。另外,这里是陆游母亲唐氏的祖籍地。

江陵,又称荆州,古时称郢都、南郡,是大禹所定的九州之一,也是当年的楚国都城。

山川杂吴楚,气候接秋冬。水落鱼可拾,霜清裘欲重。乡遥归梦短,酒薄客愁浓。白帝何时到,高吟醉卧龙。
——《江陵道中作》

游走在江陵的古刹城垣、苍峰翠岭、碧溪潭影之间,陆游按捺不住喜悦之情,写下了上面这首《江陵道中作》。适逢重阳节,他又有了一首《重阳》:

照江丹叶一林霜,折得黄花更断肠。
商略此时须痛饮,细腰宫畔过重阳。

陆游的世界,不只有诗和远方,还有佳肴与美酒。这次入蜀之行,点点滴滴的记录中,展示了陆游生活的趣味:

九日……屠一羊,诸舟买之,俄顷而尽。求菊花于江上人家,得数枝,芬馥可爱,为之颓然径醉。夜雨,极寒,始覆絮衾。

十日。阻风雨。遣小舟横绝江面,至对岸买肉食,得大鱼之半,又得一乌牝鸡,不忍杀,畜于舟中。

二十二日。五鼓,赴能仁院,建会庆节道场。中夜后,舟人祀峡神,屠一豨。

酒至微醺,情到深处,陆游歌以咏怀:

老夫樯竿插苍石,水落岸沙痕数尺。江南秋尽未摇落,槲叶离离枫叶赤。楚人自古多悲伤,道傍行歌犹感激。野花碧紫亦满把,涧果青红正堪摘。客中得酒薄亦好,江头烂醉真不惜。千古兴亡在目前,郁郁关河含暝色。饥鸿垂翅掠舟过,此意与我同凄恻。三抚阑干恨未平,月明正照颓乌帻。

——《醉歌》

在江陵的二十天里,诗人写了很多诗作,离开江陵还意犹未尽,作了一首《将离江陵》:

幕幕过渡头,旦旦走堤上。舟人与关吏,见熟识颜状。痴顽久不去,常恐遭诮让。昨日倒樯竿,今日联百丈。买薪备雨雪,储米满瓶盎。明当遂去此,障袂先侧望。即今孟冬月,波涛幸非壮。潦收出奇石,雾卷见叠嶂。地崄多崎岖,峡束少平旷。从来乐山水,临老愈跌宕。皇天怜其狂,择地令自放。山花白似雪,江水绿于酿。《竹枝》本楚些,妙句寄凄怆。何当出清诗,千古续遗唱。

江陵,曾经的楚都,洗尽铅华,英姿未减,在历史的长河里浸润的故事,似窖藏了千年的酒,愈加醇厚。"路漫漫其修远兮,吾将上下而求索",最让陆游感伤和击节的,便是伟大的诗人屈原,古往今来,诗人无数,堪称"伟大"的,必首推屈原。

皇天之不纯命兮,何百姓之震愆!民离散而相失兮,方仲春而东迁。去故乡而就远兮,遵江夏以流亡。出国门而轸怀兮……

——屈原《哀郢》

这是屈原《九章》里的一首诗,陆游自年少时就熟记于心。此时他又想起这首诗,想起国家遭受的屈辱,想起自己的无能为力,不禁陷入深深的自责中。陆游借屈原《哀郢》的诗题,写下两首咏怀诗:

一

远接商周祚最长,北盟齐晋势争强。章华歌舞终萧瑟,云梦风烟旧莽苍。草合故宫惟雁起,盗穿荒冢有狐藏。离骚未尽灵均恨,志士千秋泪满裳。

二

荆州十月早梅春,徂岁真同下阪轮。天地何心穷壮士,江湖从古著羁臣。淋漓痛饮长亭暮,慷慨悲歌白发新。欲吊章华无处问,废城霜露湿荆榛。

这年十月二十一日,船到巴东,夔州在望。

舟中望石门关,仅通一人行,天下至险也。晚泊巴东县。江山雄丽,大胜秭归。……予自吴入楚,行五千余里,过十五州,亭榭之胜,无如白云者,而止在县廨听事之后。巴东了无一事,为令者可以寝饭于亭中,其乐无涯。而阙令,动辄二三年无肯补者,何哉?

巴东秀美的风光,让陆游发出"大胜秭归"的赞叹,而巴东邑内的萧条令他怅然不解。这么好的地方,有了县令的职缺,怎么动不动就两三年没有人愿意来上任呢?坐在县令的官署里,陆游感慨所致,写就了一首留给巴东的诗:

寇公壮岁落巴蛮,得意孤亭缥缈间。常倚曲阑贪看水,不安四壁怕遮山。遗民虽尽犹能说,老令初来亦爱闲。正使官清贫至骨,未妨留客听潺潺。

——《巴东令廨白云亭》

诗中的"寇公",指的是寇准(961—1023)。寇准,字平仲,官至宰相,封莱国公,北宋著名政治家、诗人,一生爱国忠君、刚正有为、功高千古,屡遭排挤却矢志不渝,最后客死雷州,深为后世所称颂。寇准十九岁考取太宗朝进士,入仕之初,做了三年巴东县令。寇准死后102年,陆游才出生,他是陆游心目中的英雄和偶像。

巴东的秋风亭、白云亭都是寇准在巴东时所建。离秋风亭不远，就是寇莱公祠堂，堂中挂着寇准的画像，陆游一拜再拜。世间的官，何止千万，如寇公者能有几人？至此时，两宋御驾亲征不过两次，一次是宋真宗，另一次是宋高宗。十年前的十月，陆游"泪溅龙床请北征"，一个八品的小官，除了"泪溅龙床"还能做点什么呢？而寇准当年的作为，是何等的荡气回肠啊！

离开巴东，别了秋风亭，寇准的形象依然在陆游的脑海中熠熠发光，他写下了《秋风亭拜寇莱公遗像》二首：

一

江上秋风宋玉悲，长官手自葺茅茨。
人生穷达谁能料，蜡泪成堆又一时。

二

豪杰何心后世名，材高遇事即峥嵘。
巴东诗句澶州策，信手拈来尽可惊。

十月二十七日，万里入蜀，陆游终于到达了目的地——夔州。

故乡回首已千山：一记留名

百夫正欢助鸣橹，舟中对面不得语。须臾人散寂无哗，惟闻百丈转两车。呕呕哑哑车转急，舟人已在沙际立。雾敛芦村落照红，雨余渔舍炊烟湿。故乡回首已千山，上峡初经第一滩。少年亦慕宦游乐，投老方知行路难。

——《沧滩》

到达夔州后，陆游开始整理一路上所作的日记。沿途的见闻需要文字上的润色；信手拈来的引诗需要一首一首地订正；段落的结构需要梳理；所涉的掌故、逸闻、史料需要钩沉、佐证；平白的记录需要文学上的加工……后人所称道的"极经意"之作、中国文学史上现存第一部长篇游记——《入蜀记》就这样诞生了！

四万字的《入蜀记》，从日常旅行生活、自然人文景观，到世情风俗、军事政治、诗文掌故、文史考辨、旅游审美、沿革兴废，无所不包，创造了笔记体游记新的高峰，还影响了后来范成大《吴船录》的写作。《入蜀记》和《吴船录》是宋代笔记体游记的双璧，为后世所推崇。

曾为《入蜀记》《老学庵笔记》作校注的柴舟，在《校注入蜀记小引》中总结说：

> 务观《入蜀记》六卷，记其发山阴抵夔州之经见，舟楫迤逦，冒六月之暑，抗风涛之险，病妻弱子，左馆右药，几近半年。然行路艰缓，适成久味熟玩之机，探地形，察物候，遇人物，山光水色，家国忧端，一一移于笔墨。残年走巴峡，辛苦为斗米，一也；睹葭苇之苍茫，凫雁之出没，味风月之清绝，山水之夷旷，一也；大江一线，宽狭有定，争战有数，宋金抗敌，以此为衡，务观徜徉察考，强势弱形，判之于纸，一也。自云：三巴亦有何好，万里翩然独寻。本意为君说破，消磨梦境光阴。梦境，难言哉，庄生归之以物化，务观庶几近之，为文亦平静坦适。然欲大刷渭桥之耻，此心一如生息，无时不作，弥于简质之文间，识者当有以体之。

《四库全书总目提要》称《入蜀记》"于山川风土，叙述颇为雅洁，而于考订古迹，尤所留意……其他搜寻金石、引据诗文以参证地理者，尤不可殚数，非他家行记徒流连风景、记载琐屑者比也"。

陆游思想深刻、知识渊博、文采斐然，各种体裁无不能为、无不精美，其五十卷《渭南文集》中，表、笺、札、状、启、书、序、碑、记、传、疏、祝、跋、铭、赋、墓表、哀辞，包罗万象，精彩纷呈，即便不计其诗、词的成就，单以文论，也足以名垂千古。六卷《入蜀记》，堪称陆游文学创作的代表作。

俸钱虽薄胜躬耕:苍生大爱

腊尽春生白帝城,俸钱虽薄胜躬耕。眼前但恨亲朋少,身外元知得丧轻。日映满窗松竹影,雪消并舍鸟乌声。老来莫道风情减,忆向烟芜信马行。

——《雪晴》

夔州(今重庆奉节),是川东重镇、历史名城。李白的"朝辞白帝彩云间,千里江陵一日还",郦道元的"巴东三峡巫峡长,猿鸣三声泪沾裳",杜甫的"楚人四时皆麻衣,楚天万里无晶辉",说的都是夔州。

战国时,这里留下一个凄美的传说。屈原投汨罗江而死,汨罗江里有一条神鱼,十分同情屈原,它张开大嘴吞入屈原的尸体,从汨罗江游经洞庭湖,然后进入长江,再溯江而上,送屈原到故乡秭归。当神鱼游到秭归时,百姓们拥到江边,失声痛哭。神鱼为之感动,也跟着淌下泪来。泪水模糊了神鱼的视线,不觉间就游过秭归,继续往上游,直到撞上瞿塘峡的滟滪堆,才猛然醒悟。神鱼急忙掉头往回游,将屈原的遗体送到了秭归。就这样,人们将神鱼从滟滪堆往回游的地方称为鱼复,即后来的鱼复县。再后来,秦国设置巴郡,鱼复县隶属于巴郡。唐朝时设为信州,后来又改为夔州。

夔州山川险峻,自然是游人的最爱,但生活在这里的百姓却受尽了闭塞之苦。陆游到任夔州时,知州为王伯庠,字伯礼,是济南人,绍兴二年(1132)进士,颇有文采。乾道七年(1171)八月王伯庠调任永嘉,奉节县令收集王伯庠在夔州所作之文,编为《云安集》。陆游作《云安集序》一文,文中实事求是地记录了夔州"荒绝瘴疠,户口寡少"的现实状况:

顾夔虽号大府,而荒绝瘴疠,户口寡少,曾不敌中州一下郡。如某辈又以忧患留落,九死之余,才尽志衰,欲强追逐公后而不可得。向使公当承平时,为并为雍,为镇为定,尽得四方贤士大夫以为宾客,相与览其河关之胜,以骋笔力,则公众作森列,岂特此而已哉。虽然,是犹未也。必极公之文,弦歌而荐郊庙,典册而施朝廷,然后曰宜。今乃犹啸咏于荒山野水之滨,追前世放逐羁旅之士而与之友,虽小夫下吏,或幸得之。呜呼,是可叹欤!

夔州荒蛮,习俗也有别于其他地方。每年正月初七的"踏碛"(踏,同蹋),就是夔州独有的节日。奉节城东南的瞿塘峡峡口,沙石漫滩,偶有凸起,人们称之为碛坝。相传,诸葛亮在这里摆过八卦阵,这个八卦阵就摆在盐泉上。诸葛亮是人们精神的寄托,盐泉是人们物质的寄托,正月初七是女娲造人的日子,夔州百姓选择在这一天扶老携幼、倾巢出动,载歌载舞、举杯畅饮,以"踏碛"为乐,寄托对先人的敬意和对美好生活的向往。

陆游带着全家也加入"踏碛"的人群中,这是陆游一家入蜀后最感快乐的一次活动。但是,看到当地百姓的精神和身体状态,联想到自己的境遇,陆游心中又生出了忧虑,他借助诗句抒发心中的感受:

鬼门关外逢人日,蹋碛千家万家出。竹枝惨戚云不动,剑气联翩日将夕。行人十有八九瘿,见惯何曾羞顾影。江边沽酒沙上卧,峡口月出风吹醒。人生未死信难知,憔悴夔州生鬓丝。何日画船摇桂楫,西湖却赋探春诗?

——《蹋碛》

陆游通判夔州时,主管学事,兼管农业。这两项工作对陆游来说都不是难事,他于学可称大儒,于农了然于胸,只不过,理想与现实、能力和作为往往很难统一。到任不久,逢四月的州考,陆游作为监试官,在封闭的贡院待了一个多月,结果惹了一肚子气。

夔州的贡院是知州王伯庠克服重重困难主持修建的。修建过程中,王伯庠事无巨细,亲力亲为,深为士子们感念。之前,士子们在贡院的东面自发为王伯庠增建了一座生祠,并请陆游为之作记:

乾道七年二月,知夔州济南王公新作贡院成。越三月,夔、归、万、施、梁山、大宁六郡之士,不谋同辞,曰:"夔虽号都督府,而僻在巴峡,无赢财羡工。公之为是役也,寸寸铢铢,心计而手度之,累月乃成,形容为癯,发为尽白,其德于士,岂有既耶!盍思所以报者。"乃相与筑祠于院之东堂,画像惟肖,又相与属予记之。

　　予曰:"公之施厚矣,祠未足报也。"士则曰:"吾等将日夜勉于学,父兄诏子弟于家,长老先生训诸生于乡,期有以应有司之求,如是足乎?"予曰:"未也。郡国贡士于天子,天子命近臣与馆阁文学之士选其尤者,而亲策之于廷。策既上,天子为亲第其名,谓之进士。进士,将相储也。自是而起于朝,其任政事,毋伏嘉言,毋丑众正;其任言责,毋比大吏,毋置宵人;其任百执事,守节秉谊,宿道乡方,毋怀谖,毋服谗。使天下称之,史臣书之,曰:'是夔州所贡士也。'士以是报公,公以是报天子,乃可无愧,而予于记亦无愧辞矣。若何?"皆曰:"唯。敢不力!"乾道七年三月十五日,左奉议郎通判军州主管学事兼管内劝农事陆某记。

——《王侍御生祠记》

　　陆游不愿意担任州考的监试官,因为监试官与考试官不同。考试官肩负为国取士的重任,可以发现人才并予以定夺,任务艰巨、光荣,而监试官是个无足轻重的角色,哪个小官都可以担任,担任这职务对陆游来说形同贬低和侮辱。几年前陆游赴任隆兴通判时,就因不愿接这个差事,故意在路上耽搁了一个月,直到科考结束才到任。陆游向知州以病请辞,王伯庠理解陆游的苦衷,想换个人做监试官。然而,科考不是一州一府的事,朝廷也有督导派驻,最后,"惧谗畏讥"的陆游只能硬着头皮接受了这份差事。

　　考试的结果不出陆游所料,低下的上榜,优秀的被弃。在废弃的试卷中,有一篇秀才王樵应试的文章,陆游取来细看,不禁眼前一亮,啧啧赞叹。然而,陆游能做什么呢?此卷不能取中,往小了说是考试官水平

163

低下、目不识珠，往大了说难保没有不可告人的暗箱操作。如果陆游去为考生争辩，一是有越职之嫌，二是会授人以柄，况且文章的优劣，不同人时常各执一词，考试官完全可以将错就错，坚持到底。

或许是因为久慕陆游的大名，王樵带着不解和怨愤向陆游讨教自己落榜的原因，陆游无言以对，带着自责与歉疚作书以答，说明了事情的原委和自己的苦衷：

> 山阴陆某再拜复书先辈足下：贡举之法，择进士入官者为考试官。官以考试名，当日夜专心致志以去取士，不可兼莅他事。则又为设一官，谓之监试。监试粗官不复择，盖夫人而可为也，甚至法吏流外，平日不与清流齿者，亦得为之。故又设法曰，监试毋辄与考校，则所以待监试可知矣。
>
> 某乡佐洪州，适科举岁，当以七月到官，遂泊舟星子湾几月，闻已锁院，乃敢进，非独畏监试事烦，实亦羞为之。今年在夔府，府以四月试。试前尝白府帅，愿得移疾，已见许矣，会部使者难之。某驽弱，畏以避事得罪，遂黾勉入院。某与诸试官皆不相识，惴惴恐其以侵官犯律令见诟，自命题至揭榜，未尝敢一语及之。不但不与也，间偶见程文一二可爱者，往往遭涂抹疵诋，令人气涌如山。然归卧室中，财能向壁叹息。盖再三熟计，虽复强聒，彼护短者决不可回，但取诟耳，若可回，虽诟固不避也。
>
> 如足下之文，又不止可爱，诚可敬且畏者。而一旦以疑黜，此岂独足下不能无言，虽试官与拔解诸人，亦啧啧称屈。某至是直欲以粗官不与考试自恕，其可乎？将因绍介再拜请罪于门墙而未敢也。不图足下容之察之，更辱赐书，讲修朋友之好，而以前者不能无言为悔。方是时，使足下遂能无言，固大善。然士以功名自许，非得一官，则功名不可致。虽决当黜，尚悒悒不能已，况以疑黜乎？某往在朝，见达官贵人免去，不忧沮者盖寡。彼已贵，虽免，贵固在，其所失孰与足下多，然犹如此。今乃责足下以不少动心，亦非人情矣。前辈有钱希白，少时试开封，得第二。希白豪迈，自谓当第一，乃诣阙

上书诋主司。当时不以为大过，希白卒为名臣。夫科举得失为重，高下细事耳，希白不能忍其细，而责足下默默于其重者，可不可耶？是皆已往事，不足复言。区区仰叹足下才气，思有以奉广，故详及之。

某吴人，凡吴之陆皆同谱，所谓四十九枝谱是也。如龙图公虽差远，顾尚可纪，则于足下亦有瓜葛。蒙孰笃，尤感。旦暮诣见，先此为谢。

——《答王樵秀才书》

相比主管的书事，陆游兼管的农事倒是做得有声有色。出生在官宦之家的陆游，不但没有一点纨绔子弟的习气，反倒对农村生活有着深厚的经验，对农民有着深切的感情。他在《农家叹》诗中写道："有山皆种麦，有水皆种粳。牛领疮见骨，叱叱犹夜耕。竭力事本业，所愿乐太平。门前谁剥啄？县吏征租声。一身入县庭，日夜穷笞榜。人孰不惮死？自计无由生。还家欲具说，恐伤父母情。老人饶得食，妻子鸿毛轻。"诗中，他不吝对农民"竭力事本业"的赞美，也敢于对"县吏征租声"表达不满。

陆游在《谢赐历日表》中曾说："念王业之艰难，每急农桑之务；察天心之仁爱，尤深水旱之忧。"在夔州通判任上，陆游非常重视农业生产和农民的生活，每出一令，首先想到的便是农民的感受。当时，王伯庠为政开明，陆游勤于政事，夔州域内风清气和，百姓丰衣足食、安居乐业。

陆游还亲自撰写过一篇《夔州劝农文》，张榜州县、晓谕万民，文曰：

仰惟天子临遣牧守，每以务农劝课之指，叮咛训敕。虽遐陬僻邑，如在畿甸，惟惧一谷之不登，一夫之失职也。峡中之郡夔为大，其于奉明诏，以倡属郡，慰齐民者，尤不敢不勉。继自今，不纵掊克，不长嚚讼，不伤尔力，不夺尔时。尔父兄子弟，其亦恭承天地惠泽，毋为惰游，毋怠东作，毋失收敛，毋嫚盖藏，勤以殖产，俭以足用。有司与民，交致其爱，使公私之蓄，日以富饶，无贻朝廷宵旰之忧，岂不韪哉！

陆游劝农的心血没有白费。几年后,陆游的上司、好友范成大赴任四川制置使,路过夔州,看到人民富足的生活,欣然写下了《夔州竹枝歌九首》:

一

五月五日岚气开,南门竞船争看来。
云安酒浓曲米贱,家家扶得醉人回。

二

赤甲白盐碧丛丛,半山人家草木风。
榴花满山红似火,荔子天凉未肯红。

三

新城果园连瀼西,枇杷压枝杏子肥。
半青半黄朝出卖,日午买盐沽酒归。

……

乾道七年(1171)八月,王伯庠调任永嘉。陆游依依不舍地送别与自己肝胆相照的上司,填词相赠:

元戎十乘,出次高唐馆。归去旧鹓行,更何人、齐飞霄汉。瞿塘水落,惟是泪波深,催叠鼓,起牙樯,难锁长江断。　春深鳌禁,红日宫砖暖。何处望音尘,黯消魂、层城飞观。人情见惯,不敢恨相忘,梅驿外,蓼滩边,只待除书看。

——《蓦山溪·送伯礼》

送走了王伯庠,陆游一病不起,又是推拿,又是艾灸,折腾了四十多天才痊愈。治疗期间,他写了一首《久病灼艾后独卧有感》:

白帝城高暮柝传,幽窗搔首意萧然。江边云湿初横雁,墙下桐疏不庇蝉。计出火攻伤老病,卧闻鸢坠叹蛮烟。诸贤好试平戎策,敛退无心竞著鞭。

痊愈后,陆游又写了一首《一病四十日天气遂寒感怀有赋》

幽人病起鬓毛残,硖口楼台九月寒。暮角又催孤梦断,早霜初染一林丹。乡闾乖隔知谁健,怀抱凄凉问底宽。曲米春香虽可醉,瀼西新橘尚余酸。

王伯庠的离任,让陆游倍感孤独。夔州的生活单调而乏味,唯有诗文可以排解苦闷。现在,连个和诗唱答的人都寻不见了,夔州也就不值得留恋了。九月,秋风乍起,已有了凉意,一行归雁掠过天际,"嘎嘎嘎"地叫着飞去了南方。陆游倚着栏杆,理了理花白的发髻,轻声吟唱起来:

鱼复城边逢雁飞,白头羁客恨依依。远游眼底故交少,晚岁人间乐事稀。云重古关传夜柝,月斜深巷捣秋衣。官闲况是频移疾,药鼎荧荧卧掩扉。

——《秋思》

真是"不惜歌者苦,但伤知音稀"。在现实的夔州找不到知音,那就穿越到漫漫的历史长河里吧!

屈原、陈子昂、王维、李白、杜甫、白居易、孟郊、刘禹锡、苏轼、苏辙、黄庭坚……不经意的一瞥,夔门阙下、瞿塘峡中、白帝城头、莲花池畔,随处都有他们的身影,他们的诗作把夔州的历史照得通红。他们之中有一个人格外吸引陆游,这个人就是杜甫。当年,在巴蜀辗转多年的杜甫来到夔州,在夔州的两年时光里,他写下了四百多首诗,占了他留存诗作的近三分之一。陆游追随杜甫的脚步,来到白帝城,在月光的陪伴下,登上白帝城的城楼,写下了一首让人颇感凄凉的《夜登白帝城楼怀少陵先生》:

拾遗白发有谁怜,零落歌诗遍两川。人立飞楼今已矣,浪翻孤月尚依然。升沉自古无穷事,愚智同归有限年。此意凄凉谁共语,夜阑鸥鹭起沙边。

之后,陆游来到瀼西,作了一首《瀼西》:

千载瀼西路,今年著脚行。匆匆衰已具,渺渺恨难平。绝壁猿啼雨,深枝鹊报晴。亦知忧吏责,未忍废诗情。

陆游还到过杜甫在夔州最后的落脚点东屯。唐大历三年(768),一叶孤舟,载着杜甫一家老小离开夔州,沿江一路漂泊去了潇湘。在东屯,陆游作了一篇记文,"以志景仰,兼以自况"。

少陵先生晚游夔州,爱其山川不忍去,三徙居皆名高斋。质于其诗,曰次水门者,白帝城之高斋也;曰依药饵者,瀼西之高斋也;曰见一川者,东屯之高斋也。故其诗又曰:"高斋非一处。"予至夔数月,吊先生之遗迹,则白帝城已废为丘墟百有余年,自城郭府寺,父老无知其处者,况所谓高斋乎?瀼西,盖今夔府治所,画为阡陌,裂为坊市,高斋尤不可识。独东屯有李氏者,居已数世,上距少陵,财三易主,大历中故券犹在。而高斋负山带溪,气象良是。李氏业进士,名襄,因郡博士雍君大椿属予记之。

予太息曰:"少陵,天下士也。早遇明皇、肃宗,官爵虽不尊显,而见知实深,盖尝慨然以稷高自许。及落魄巴蜀,感汉昭烈诸葛丞相之事,屡见于诗。顿挫悲壮,反覆动人,其规模志意岂小哉。然去国浸久,诸公故人熟睨其穷,无肯出力。比至夔,客于柏中丞、严明府之间,如九尺丈夫,俯首居小屋下,思一吐气而不可得。予读其诗,至'小臣议论绝,老病客殊方'之句,未尝不流涕也。嗟夫,辞之悲乃至是乎!荆卿之歌,阮嗣宗之哭,不加于此矣。少陵非区区于仕进者,不胜爱君忧国之心,思少出所学佐天子,兴贞观开元之治,而身愈老,命愈大谬,坎壈且死,则其悲至此,亦无足怪也。今李君初不践通塞荣辱之机,读书弦歌,忽焉忘老,无少陵之忧而有其高。少陵家东屯不浃岁,而君数世居之,使死者复生,予未知少陵自谓与君孰失得也。若予者,仕不能无愧于义,退又无地可耕,是直有慕于李君尔。故乐与为记。"乾道七年四月十日,山阴陆某记。

——《东屯高斋记》

从接到任命算起,陆游在夔州任上待了快两年多,思乡之情愈加浓烈,报国之志依然未减,在夔州,他实在看不到前途。按照朝廷的规定,官员任满必须离职,如果没有新的任命,就意味着失业。陆游此时的官职还没有做个"祠禄官"的资格,一家老小全指望自己的俸禄生活。偌大的国家,待缺官员成百上千,谁能想到他呢?思来想去,陆游想到了刚刚升任左相的虞允文,言辞恳切地写了一封求助信,一是哭穷,二是讨官。信中说:"现在我儿子快三十岁了,女儿二十岁了,因为没有钱,都不敢为他们谈婚论嫁。我这个状态要说不是穷人,天下就再没有穷人了。给我安排个官职吧,有了俸禄,就可以维持基本的生活,要是省点花,还可以攒点盘缠,置办些用具,得以体面地回归老家……"

陆游厚着脸皮写这封信,多少有些调侃的意味。他相信襟怀坦荡的虞允文不会笑话他这个穷诗人:

恭惟大丞相道学精深,力量广大,庶几以周公、孔子之政,而复三代之俗者,浑浑巍巍,不可窥测。平时挟功恃才、锱铢较计者,皆自失退听。若某之愚,不才无功,留落十年,乖隔万里,而终未敢自默,特曰身之穷,大丞相所宜哀耳。某行年四十有八,家世山阴,以贫悴逐禄于夔。其行也,故时交友醵缗钱以遣之。峡中俸薄,某食指以百数,距受代不数月,行李萧然,固不能归。归又无所得食,一日禄不继,则无策矣。儿年三十,女二十,婚嫁尚未敢言也。某而不为穷,则是天下无穷人。伏惟少赐动心,捐一官以禄之,使粗可活,甚则使可具装以归,又望外则使可毕一二婚嫁。不赖其才,不借其功,直以其穷可哀而已。此气象,自秦以来,世以功利相高,没不见者累二千年,今始见于门下。所愿持之不摇,行之不疑,则岂独某之幸哉!

——《上虞丞相书》

寄出了给虞丞相的书信,陆游心里还是没底,又想到两年前邀请自己到四川为官的四川宣抚使王炎。这两年,宋金两国虽然没有发生大规模的战争,但小的摩擦时有发生,同州的屈立、北京的曹贵、翼州的李方等在金国占领下的中原相继揭竿起义,给脆弱的和平带来很多变数。金国的觊觎之心未死,南宋的复仇之火未熄,一旦力量的平衡被打破,战争随时可能发生,而西北最有可能成为战斗的最前线。到那时,作为一名真正的战士,将是何等的痛快!枕下的兵书早已翻烂,身边的宝剑时时射出寒光,陆游的心也飞去了边关。他铺笺研墨,很快写好了给王炎的书信,"抚剑悲歌,临书浩叹",表达了去军前效力的愿望:

薄命遭回,阻并游于簪履;丹诚精确,犹结恋于门墙。敢辞蹈万死于不测之途,所冀明寸心于受知之地。伏念某禀资凡陋,承学空疏。虽肝胆轮囷,常慕昔贤之大节;乃齿牙零落,犹为天下之穷人。抚剑悲歌,临书浩叹,每感岁时之易失,不知涕泗之横流。昨属元臣,暂临西鄙,获厕油幕众贤之后,实轻玉关万里之行。奋厉欲前,驽马方思于十驾;羁穷未愁,沉舟又阅于千帆。伤弱植之易摇,悼鸿钧之难报,心危欲折,发白无余。如输劳效命之有期,顾陨首穴胸而何憾。兹从剡曲,来次夔关,虽未觇于光鞗,已少纾于志意。此盖伏遇某官应期降命,生德自天。器宇魁闳,钟太行、黄河温厚之气;文章巨丽,有庆历、嘉祐太平之风。取人不弃于小材,论事每全于大体。念兹虚薄,奚足矜怜。然遭遇异知,业已被宸前之荐;使走趋远郡,岂不为门下之羞。傥回曩昔之恩,俾叨分寸之进。穷子见父,可量悲喜之怀;白骨成人,尽出生全之赐。过此以往,未知所裁。

——《上王宣抚启》

没等到虞允文那边的结果,四川宣抚司的公文就到了,陆游被王炎召为幕宾,任左承议郎权四川宣抚使司干办公事兼检法官。"平生万里心,执戈王前驱"的理想得以实现,陆游欣喜若狂。

乾道八年(1172)正月,陆游一人一骑,风尘仆仆、踌躇满志地从夔州出发,向南郑而来。路过梁山,他兴致勃勃地写下离开夔州后的第一首诗:

  平生爱山每自叹,举世但觉山可玩。皇天怜之足其愿,著在荒山更何怨。南穷闽粤西蜀汉,马蹄几历天下半。山横水掩路欲断,崔嵬可陟流可乱。春风桃李方漫漫,飞栈凌空又奇观。但令身健能强饭,万里只作游山看。

——《饭三折铺铺在乱山中》

军旅篇　匹马从戎　漂泊巴蜀

宋孝宗乾道八年(1172)

铁马秋风大散关:执戈军前

　　我行山南已三日,如绳大路东西出。平川沃野望不尽,麦陇青青桑郁郁。地近函秦气俗豪,秋千蹴鞠分朋曹。苜蓿连云马蹄健,杨柳夹道车声高。古来历历兴亡处,举目山川尚如故。将军坛上冷云低,丞相祠前春日暮。国家四纪失中原,师出江淮未易吞。会看金鼓从天下,却用关中作本根。

——《山南行》

乾道八年(1172),春暖花开的三月,陆游到达南郑。

南郑,唐时梁州、南宋时兴元府的辖县、治所,在今天的陕西汉中。此地因郑人南奔而得名,原为秦地,后入蜀,北瞰关中,南蔽巴蜀,东达襄邓,西控秦陇,自古就有川陕咽喉、关中锁钥之称,是宋室南渡后宋金两国的必争之地,也是此时宋金两军对垒的前沿。

王炎(1115—1178),字公明,此时正扛着抗金的大旗。乾道五年(1169)三月,王炎接替虞允文,由中大夫参知政事改任四川宣抚使,成为西北边区的最高统帅。到任后,王炎出于"帷幄制胜,汉中为便"的考量,将宣抚司的治所由益昌(今四川广元)迁到南郑,并在南郑沿线积极布防、积蓄粮草、秣马厉兵、延揽人才,图谋恢复大计。

拥挤、老旧、近乎寒酸的宣抚司衙署,与陆游初入南郑见到的"平川沃野望不尽,麦陇青青桑郁郁"的景象有很大的反差。

陆游的到来让王炎很高兴,他亲自在衙署接见一身风尘的陆游。

不等王炎起身,陆游深深地鞠躬,说:"卑职陆游参见宣抚使大人,蒙大人不弃愚顽,招至麾下,知遇之恩,驱以犬马,亦难答报。"

王炎说:"务观言重了,汝官声在朝,诗名在世,时值用人之际,老夫正需要你啊!衙署新迁,条件简陋,只怕要委屈大诗人了。"

陆游又抱拳揖礼,说:"大人如此礼遇,卑职实在愧不敢当,接到公事便立即启程,连给大人的谢启都未及落笔,容我后补。"

王炎笑笑,说:"谢启就免了,军中事多,件件都比这个重要,先让你见见同僚吧"

王炎说着,开始为陆游介绍。张季长、阎苍舒、范西叔、高子长、周颉、刘三戒、章德茂……介绍完,王炎说:"衙署没有那么多房子,你们十几个人就挤一挤,住一起吧。"

当晚,王炎亲自主持为陆游接风。没有了衙署中的拘谨,大家都畅所欲言,放松下来。

席间,陆游好奇地问:"我们这么大的衙署,条件怎么会如此拘谨呢?"

座中的张季长接过话说:"王大人说,衙署大小不影响办公就好,前线备战,处处都要用钱。等赶走了金人,恢复了中原,再建个像样的衙署,让我们每个人都住个单间。"说完,大家不约而同地笑出声来。

陆游也笑起来,看向王炎,眼神中充满了敬意。

几个月后,王炎修葺了房子,正赶上孝宗派人送来诏书表彰王炎,诏书中有"静镇坤维"之语,意思是告诫王炎从长计议,不要轻动恢复之念,表明皇帝想暂缓北伐。王炎心灰意冷,把刚刚修好的房子取名为"静镇堂",以提醒自己遵从圣意,不能妄动,并邀陆游写一篇记文。深感失望的陆游"辞谢不获命",最后实在推辞不掉,遵嘱作记,劝慰王炎"以才胜物易,以静镇物难",千万不要前功尽弃,记曰:

四川宣抚使故治益昌。枢密使清源公之为使也，始徙汉中，即以郡治为府。郡自兵火涤地之后，一切草创。公至未几，凡营垒、厩库、吏士之庐，皆筑治之，使坚壮便安，可以支久，而府独仍其故。西偏有便坐，日受群吏谒见，与筹边治军，燕劳将士，靡不在焉，而其坏尤甚。公既留三年，官属数以请，始稍加葺，易其倾挠，彻其蔽障，不费不劳，挟日而成。会上遣使持亲诏，赐黄金奁宝熏珍剂，以彰殊礼。公遂摭诏中静镇坤维之语，名新堂曰静镇，而命其属陆某记之。

　　某辞谢不获命，则再拜言曰：以才胜物易，以静镇物难。以静镇物，惟有道者能之。泰山乔岳之出云雨，明镜止水之照毛发，则静之验也。如使万物并作，吾与之逝，众事错出，吾为之变，则虽弊精神，劳思虑，而不足以理小国寡民，况任天下之重乎？岁庚寅，某自吴适楚，过庐山东林，山中道人为某言，公尝憩此院，闭户面壁，终夏不出，老宿皆愧之。则公之刳心受道，盖非一日矣。世徒见公驰骋于事功之会，而不知公枯槁淡泊，盖与山栖谷汲者无异；徒见公以才略奋发，不数岁取公辅，而不知公道学精深，尊德义，斥功利，卓乎非世俗所能窥测也。而上独深知之，故诏语如此。传曰"知臣莫若君"，讵不信哉！虽然，某以为今犹未足见公也。虏暴中原久，腥闻于天，天且悔祸，尽以所覆畀上。而公方弼亮神武，绍开中兴，异时奉銮驾，奠京邑，屏符瑞之奏，抑封禅之请，却渭桥之朝，谢玉关之质，然后能究公静镇之美云。

——《静镇堂记》

　　陆游所做的宣抚使司干办公事兼检法官，相当于军事参谋兼军中的纪检官。因陆游长于文案，又额外多了一项撰写、审核上传下达之文书、律令的工作，整天忙得不亦乐乎，身上有使不完的劲儿，脑子里有层出不穷的奇思妙想。他时时关注着前线的动态，盼着朝廷征伐的命令，时常趴在军事地图上，标注敌我双方的位置、军力，运筹帷幄、排兵布阵，乐不可支。

　　积于案头的公事很快捋出了头绪，工作轻松了一些，该好好熟悉一下南郑了。陆游信马由缰,漫游于古城内外。城中的繁荣景象、百姓的祥和生活,无不令陆游心情愉悦。不知不觉,他就来到城南的拜将坛。

想当年,秦朝灭亡,刘邦被项羽封为汉王,来到汉中,在张良的建议下忍痛烧毁了通往关中的栈道,表示再也不会回到关中,准备安心做个汉王。此时,一个改变刘邦命运的人物出现了,这个人就是韩信。

萧何向刘邦举荐了韩信,刘邦想任命韩信做大将。萧何说:"大王一向傲慢无礼,如果任命大将时,像是呼唤小孩子一样,韩信是不会接受的。您如果诚心拜他做大将,就该选个好日子,自己事先斋戒,搭设一座高坛,按照任命大将的仪式办理,那才行啊!"于是,刘邦在汉中修筑拜将坛,举行隆重的仪式,拜韩信为大将。之后的韩信不负所望,带领汉军主力屡战屡胜,成就了汉王朝四百年帝业。

陆游多么渴望成为韩信那样建功立业的军事家啊!回到衙署的住所,陆游写下一首脍炙人口的诗篇:

南郑春残信马行,通都气象尚峥嵘。迷空游絮凭陵去,曳线飞鸢跋扈鸣。落日断云唐阙废,淡烟芳草汉坛平。犹嫌未豁胸中气,目断南山天际横。

——《南郑马上作》

作为幕僚,陆游很快就得到了王炎的肯定和信任。一个是务实有为的统帅,一个是信念坚定的参谋,王炎凡事都要听听陆游的意见。耿直的陆游从不曲意逢迎王炎的好恶,凡事都有自己的观点和判断,并毫无保留地言明,其意见多为王炎所采纳。多年后,这段愉悦的时光,数十次被陆游写入诗中:"朝陪策画清油里,暮醉笙歌锦幄中。老去据鞍犹矍铄,君王何日伐辽东?"(《忆山南》)"梁益东西六十州,大行台出北防秋。阅兵金鼓震河渭,纵猎狐兔平山丘。"(《和周元吉右司过敝居追怀南郑相从之作》)"华堂却来弄笔砚,新诗醉草夸坐中。"(《春感》)"征西幕府煎茶地,一幅边鸾画折枝。"(《梨花》)

在《怀南郑旧游》中,陆游写道:"南山南畔昔从戎,宾主相期意气中。渴骥奔时书满壁,饿鹘鸣处箭凌风。千艘粟漕鱼关北,一点烽传骆谷东。惆怅壮游成昨梦,戴公亭下伴渔翁。"

当年陪同王炎检阅部队、巡察边防的情景历历在目,心中的激动久久不能平复,这段短暂而又幸福的历程是多么令陆游怀念啊:

少时本愿守坟墓,读书射猎毕此生。断蓬遇风不自觉,偶入戎幕从西征。朝看十万阅武罢,暮驰三百巡边行。马蹄度陇霭声急,士甲照日波光明。

——《秋怀》

由于从军时间太短,朝廷方略变化,自己的一些建议未得采纳,遗憾始终萦绕在陆游的心头,经年不散。在《登剑南西川门感怀》中,陆游写道:"自古高楼伤客情,更堪万里望吴京。故人不见暮云合,客子欲归春水生。瘴疠连年须药石,退藏无地著柴荆。诸公勉画平戎策,投老深思看太平。"诗中所说《平戎策》,便是陆游在此时应王炎之命所写的一份文件。

撰写此策十年前,陆游曾经代陈康伯、叶义问起草过《代乞分兵取山东札子》,文中言:

为今之计,莫若戒敕宣抚司,以大兵及舟师十分之九固守江淮,控扼要害,为不可动之计;以十分之一,遴选骁勇有纪律之将,使之更出迭入,以奇制胜。俟徐、郓、宋、亳等处抚定之后,两淮受敌处少,然后渐次挪大兵前进。如此,则进有辟国拓土之功,退无劳师失备之患,实天下至计也。盖京东去房巢万里,彼虽不能守,未害其疆。两淮近在畿甸,一城被寇,尺地陷没,则朝廷之忧复如去岁。此臣所以夙夜忧惧,寝不能瞑,而为陛下力陈其愚也。且富家巨室,未尝不欲利也,然其徒欲贾于远者,率不肯以多赀付之。其意以为山行海宿,要不可保,若倾囊而付一人,或一有得失,悔其可及哉。

十年过去,中年的陆游在政治、军事上的见识今非昔比。此时,王炎委托陆游起草,给朝廷呈递一份《平戎策》,陆游很快就拟定了切合实际的平戎方略,谋划了具体的指导思想:"欲收复中原必先取长安,欲取长安必先取陇右,以积蓄粮草,训练士卒,进则可攻,退亦可守……"

然而,这份具有战略眼光的《平戎策》并未被朝廷采纳,根本的原因是朝中主和的丝竹压过了主战的鼓角,背离了主题,再高明的策略也没有意义。同年十月,幕府解散,王炎回京,陆游的《平戎策》成了一个遗憾。

虽然王炎很看重陆游,但在统兵将领的任用上,陆游和王炎也有过不同的看法。史书记载:"吴璘子挺代掌兵,颇骄恣,倾财结士,屡以过误杀人,炎莫谁何。游请以玠子拱代挺。炎曰:'拱怯而寡谋,遇敌必败。'游曰:'使挺遇敌,安保其不败?就令有功,愈不可驾驭。'及挺子曦僭叛,游言始验。"

吴挺(1138—1193)是四川宣抚使吴璘的第五子,当年跟随父亲和伯父吴玠南征北战,屡立战功,成为南宋的著名将领。吴璘去世后,他入朝任左卫上将军,主管侍卫步军司公事,此时作为都统协助王炎管理四川的军事。

一次,在吴家花园的云山亭,喜欢交结文人墨客的吴挺宴请宾朋,陆游也应邀出席。席间高朋满座、名流汇聚,却没见几个能征惯战的将军,陆游很是不解。身材高大、相貌英伟的吴挺频频举杯,谈笑风生,俨然一个羽扇纶巾的儒士,这和陆游心目中立马横刀、威风凛凛的吴挺相去甚远,也与吴挺自己动辄杀戮仆从、士兵的形象判若两人。席间,吴挺斟酒布菜,极为谦和、热情。或是器重陆游的诗名,吴挺对陆游格外照顾,颇有相见恨晚之意。酒至半酣,吴挺让人捧出笔砚,请陆游、高子长二人为云山亭题诗。一番推让之后,高子长先作了一首七言绝句,陆游不好拒绝,随后和了一首诗:

参谋健笔落纵横,太尉清樽赏快晴。
文雅风流虽可爱,关中遗房要人平。

——《次韵子长题吴太尉云山亭》

陆游的和诗浅显平和,"文雅风流虽可爱,关中遗虏要人平"无疑是在敲打吴挺,想让吴挺记住自己的职责,多想想虎视眈眈的关中敌寇,不要把精力放在吟风弄月上。一个小参谋,敢如此敲打位高权重的上司,立刻令气氛变得尴尬了。吴挺先是一愣,随即又爽朗一笑,说:"务观兄的话,我懂了。"这时有人出来打圆场,酒席上的气氛才又融洽起来。

后来,陆游郑重向王炎建议,以吴玠之子吴拱来替代吴挺。

王炎听后颇感吃惊,说:"吴拱缺勇少谋,并非将才,真要打起仗来必会失败。相比之下,吴挺还是比较有才干的。"

陆游回答王炎道:"吴挺纵情享乐,性情乖戾难测,又无心于军事,倘若带兵打仗,同样难保不会落败。而且,军权在吴璘这一房手中掌握得太久了,其势力日益坐大,即便将来在战事上有功,只怕朝廷更加难以驾驭。"陆游这个建议并没有被王炎采纳。之后多年,宋金两国并没有发生大规模的战争,吴挺寿终正寝,陆游的预言没有得到验证。又过了三十多年,接掌四川的吴挺之子吴曦在开禧北伐期间投靠金国,发动叛乱,自立为蜀王,称王四十一天后被杀,给南宋的社稷安全造成了极大的危害。如果陆游当初的建议得到采纳,开禧北伐时,由吴拱的后人掌兵四川,在西路发起对金的有力攻势,历史会怎样改写呢?

早岁那知世事艰,中原北望气如山。楼船夜雪瓜洲渡,铁马秋风大散关。塞上长城空自许,镜中衰鬓已先斑。出师一表真名世,千载谁堪伯仲间。

——《书愤》

淳熙十三年(1186),陆游六十二岁,写下了上面这首《书愤》。

"投笔书生古来有,从军乐事世间无"(《独酌有怀南郑》),在南郑从军的过程中,充满了挑战、刺激、惊险,也充满了激情、渴望、幸福。对于一个毕生以"上马击狂胡"为理想的战士,哪有比驰骋疆场还快意的事情?八个月,真的太短了!但就是这短短的八个月,铸就了陆游人生的高峰、理想的高峰、情感的高峰、文学的高峰。

大散关,古之崤关,位于今天的宝鸡市(古称陈仓)南,是八百里秦川的西北门户,历来兵家必争之地,素有秦蜀襟喉之称。当年诸葛亮"六出祁山",两次先攻大散关,再占领陈仓。宋金多次交战,都败于大散关下,几次和议都将此作为两国的边境,吴玠和吴璘多年在大散关与金人鏖战,守土之功彪炳于世。

曹操率军翻越大散岭时,写下《秋胡行》:"晨上散关山,此道当何难!晨上散关山,此道当何难!牛顿不起,车堕谷间。坐盘石之上,弹五弦之琴。作为清角韵,意中迷烦。歌以言志,晨上散关山。"诗人李白、杜甫、王维、苏轼都有缘于大散关,并留下许多诗篇。陆游在《追忆征西幕中旧事》中写道:"大散关头北望秦,自期谈笑扫胡尘。收身死向农桑社,何止明明两世人!"

今天的宝鸡,为纪念陆游,专修了一座陆游祠。祠堂两侧绘制着有关陆游生平的图画,后壁上书写着陆游在南郑创作的诗词,祠的正中是三米高的陆游立像,"陆游"纱帽软翅,一袭长衫,手持书卷,翘首昂视,可惜腰间缺了一柄宝剑。"夜阑卧听风吹雨,铁马冰河入梦来",陆游一生最大的理想是做一名"上马击狂胡,下马草军书"的军人,如今身处祠堂,当然会感念后人对他的敬重。但是,手中有书,腰间无剑,会不会有点遗憾呢?

陆游数次经陈仓道翻越秦岭来到大散关,与士兵一道巡视边境、刺探敌情、联络遗民、策反金兵。陆游写道:"我昔从戎清渭侧,散关嵯峨下临贼。铁衣上马蹴坚冰,有时三日不火食。山荞畲粟杂沙砾,黑黍黄穈如土色。飞霜掠面寒压指,一寸赤心惟报国。"(《江北庄取米到作饭香甚有感》)由南郑去大散关,必须翻越海拔两千米的秦岭主梁,冰雪积路,险象环生,哪怕是春秋季节也经常会下雪,所以陆游的诗中出现了"烧兔驿亭微雪夜,骑驴栈路早梅时"的句子。

这年七月,意气风发的陆游和宣抚司的同事们,登上南郑城西北的高兴亭,等待着平安火。唐时传下一个习俗,每当夜幕降临,驻守墩台的士卒都会举烽火报告平安,和通报敌情的烽火狼烟不同,军中习惯称之为平安火。南郑到长安,三十里置一墩台,烽火由长安的边境次第相传。此时的长安已经被金国占领。夜幕降临,大家终于盼到平安火,高兴亭

上欢声笑语、觥筹交错。陆游满饮了一盏酒,乘着酒兴,铺宣提笔,填了一首《秋波媚·七月十六日晚登高兴亭望长安南山》:

> 秋到边城角声哀,烽火照高台。悲歌击筑,凭高酹酒,此兴悠哉。　　多情谁似南山月,特地暮云开。灞桥烟柳,曲江池馆,应待人来。

写罢,陆游轻轻放下笔,望着悬在南山上的月亮,久久不能平静。

这首词的意思是:角声哀婉,秋到边寨,远方的平安火照亮了高高的墩台,我的悲歌撞击着亭子。站在这么高的亭子里畅饮,是何等的悠闲啊!谁能像南山明月那样多情?是那片云吗?长安城内的灞桥烟柳,曲江池馆都还好吗?我知道,它们连同城内的父老都在等待,等待故国的亲人早日到来……

《秋波媚》的曲子悠然响起,助兴的艺人们弹拨着乐器唱起来,受到感染的将士们不约而同地加入了合唱,陆游也跟着唱起来。

复国的豪情与热切的期盼氤氲在陆游的心头,大宋失去的土地和百姓,浸满了诗人的挂念,一次次呈现在他的诗中:

> 忆昔从戎出渭滨,壶浆马首泣遗民。夜栖高冢占星象,昼上巢车望虏尘。共道功名方迫逐,岂知老病只逡巡。灯前抚卷空流涕,何限人间失意人。
>
> ——《忆昔》

一

> 忆昨王师戍陇回,遗民日夜望行台。
> 不论夹道壶浆满,洛笋河鲂次第来。

二

> 关辅遗民意可伤,蜡封三寸绢书黄。
> 亦知房法如秦酷,列圣恩深不忍忘。
>
> ——《追忆征西幕中旧事》

南郑到关中，有陈仓、傥骆、褒斜、子午、峪谷、武关、祁山七条通道，陆游走过陈仓道、傥骆道、褒斜道三条。出傥骆道的北出口，就到了骆谷；走褒斜道的北出口，则是五丈原。这两个地方都在接敌的前线，都是陆游巡视过的地方。

傥骆道是七条古道中最快捷也最险峻的一条。四百里骆谷，荆棘丛生、怪石密布、野兽成群。宋代诗人文同诗中有"高峰偃蹇云崔嵬，层崖巨壑长峡开。龙蛇纵横虎豹乱，古栈朽裂埋深苔。行人侧足恐惧过，飞鸟敛翅哀鸣回"之句，可见骆谷是个连鸟都惧怕的地方，令陆游心生"散关驿近柳迎马，骆谷雪深风裂面"之叹。巡视骆谷后，陆游对西北前线的恶劣环境有了深刻的体验，也对卫国戍边的前线将士产生了无限的敬意。每次深入前线，陆游都坚持和士兵们同吃同住，一起巡逻、一起训练、一起狩猎、一起喝酒、一起披星戴月、一起露宿风餐、一起舍身犯险，建立了深厚的感情。多年后，陆游还时常惦记着这里，写下了很多关于骆谷的诗：

我昔在南郑，夜过东骆谷。平川月如霜，万马皆露宿。思从六月师，关辅谈笑复。那知二十年，秋风枯苜蓿。

——《夏夜》

客枕梦游何处所？梁州西北上危台。
雪云不隔平安火，一点遥从骆谷来。

——《频夜梦至南郑小益之间慨然感怀》

行省当年驻陇头，腐儒随牒亦西游。千艘冲雪鱼关晓，万灶连云骆谷秋。天道难知胡更炽，神州未复士堪羞。会须沥血书封事，请报天家九世雠。

——《纵笔》

沿着褒斜道穿越秦岭,要走很久才能到达五丈原。巡视褒斜道那一次,陆游走得很慢。他与千年的松柏对话,与山中的涧溪攀谈,问询孔明最终的埋骨之地。

五丈原,是三面陡壁、突兀而起的一道土岭。"出师一表真名世,千载谁堪伯仲间",诸葛亮六出祁山,鞠躬尽瘁的许国之地,如今"旧时胡尘陷关中,五丈原头作边面",已是宋金两国对垒的边关重地。军务繁忙,陆游连诸葛亮的衣冠冢都无暇凭吊。短短的八个月,他想做的事太多,留给他的时间又太少,他预测不到几个月后发生的事情,唯有只争朝夕、枕戈待旦,时刻准备在征战的号角吹响的刹那,跃马持枪冲向敌阵……

五丈原头秋色新,当时许国欲忘身。长安之西过万里,北斗以南惟一人。往事已如辽海鹤,余年空羡葛天民。腰间白羽凋零尽,却照清溪整角巾。

——《感昔二首·其二》

这是多年后陆游感怀五丈原的一首诗,他借诗称颂天下一人的诸葛亮,表明自己在五丈原的时候也有这样的理想。然而,峥嵘的往事,已如辽海之鹤,越飞越远了。剩下的余年,陆游只能去羡慕那些朴素的乡民了!

逆胡未灭心未平:打虎英雄

前年脍鲸东海上,白浪如山寄豪壮。去年射虎南山秋,夜归急雪满貂裘。今年摧颓最堪笑,华发苍颜羞自照。谁知得酒尚能狂,脱帽向人时大叫。逆胡未灭心未平,孤剑床头铿有声。破驿梦回灯欲死,打窗风雨正三更。

——《三月十七日夜醉中作》

这是乾道九年（1173），陆游离开南郑到达成都不到半年时写下的一首诗。

南山射虎的壮举让诗人骄傲，他津津乐道了一生。如果说南郑从军是一部波澜壮阔的史诗，那么陆游打虎的故事，就是这部史诗最激动人心的插曲。

入南郑不久，陆游带着两个士卒，骑着马前往大散关巡视。出南郑，不远就到了凤州，过了凤州，是一条崎岖的山路。天色已晚，路上积雪未化，泛着白光，他们沿路而行。山谷里松柏幽暗，荆棘萧瑟，林间不时有几只宿鸟腾空而起，惊叫着倏地飞走了。陆游勒马站住，向四周看看，并没有发现异常，正想走时，胯下的战马长嘶一声，猛地扬起前蹄，把猝不及防的陆游摔下来，两个士卒也被打着转的战马甩下来。陆游急忙爬起来，还没弄明白发生了什么事，一个士卒指着前面的一个黑影叫起来："陆先生，是虎！"陆游转头望去，不远处，两只发着绿光的眼睛正恐怖地盯着他们，两个士卒抖着双腿，动弹不得。陆游盯着前面的虎，猛地拔出腰间的宝剑，一道寒光闪在夜空里。陆游和老虎对视着，僵持了一会儿，老虎长啸一声，腾空扑来，陆游站稳了脚步，迎头刺去。这一下正刺入虎口里，喷出的血溅了陆游一身。老虎扑通一声摔在地上，一命呜呼。陆游上前踢了老虎一脚，确认老虎真的死了，把宝剑在虎身上擦了擦，归入剑鞘，说："亏我当初对你这厮十分畏惧，今日相见也不过如此。"

原来，当初陆游只身离开夔州，来南郑赴任时，就听闻有老虎在山间出没，且见到了老虎的足印。他心生恐惧，还写了一首诗，名为《畏虎》：

> 滑路滑如苔，涩路涩若梯。更堪都梁下，一雪三日泥。泥深尚云可，委身饿虎蹊。心寒道上迹，魄碎茆叶低。常恐不自免，一死均猪鸡。老马亦甚畏，憭憭不敢嘶。吾闻虎虽暴，未尝窥汝栖。孤行莫不止，取祸非排挤。彼谗实有心，平地生沟豀。哀哉马新息，薏苡成珠犀。

士卒见老虎被陆游刺死,忙跑过来,看看老虎,又看看陆游,问:"陆先生,你身上的血怎么回事?"

陆游脱下貂裘,抖了抖,得意地说:"它这点儿本事伤不了我,可惜这只虎小了点,算个乳虎吧。要是只大老虎,和它大战二十回合就过瘾了。"

两个士卒抬起老虎,说:"可不小了,我们两个才勉强抬得动,这只虎够几十人美餐一顿了。"说着,他们把老虎架在一匹马上,一路有说有笑地继续赶路。

多年后,陆游在《怀昔》一诗中有这样的记录:

> 昔者戍梁益,寝饭鞍马间。一日岁欲暮,扬鞭临散关。增冰塞渭水,飞雪暗岐山。怅望钓璜公,英概如可还。挺剑刺乳虎,血溅貂裘殷。至今传军中,尚愧壮士颜。

这次小试牛刀,令陆游信心倍增,既证实了自己的胆量和临危决断的能力,又证明了自己强健的身体素质和多年练就的一身武艺。他在东阳避难时,刚刚七八岁,就跟着陈彦声的乡军练拳踢腿,二十岁时又和陈立勇的义军一起天天舞枪弄棒。从军报国的理想让陆游养成了闻鸡起舞的习惯,也练就了一身的本领。

> 十年学剑勇成癖,腾身一上三千尺。术成欲试酒半酣,直蹑丹梯削青壁。青壁一削平无踪,浩歌却过连花峰。世人仰视那得测,但怪雪刃飞秋空。老胡畏诛奉约束,假息渔阳连上谷。愿闻下诏遣材官,耻作腐儒常碌碌。
>
> ——《融州寄松纹剑》

功夫不负有心人,陆游十年学剑,终于有了用武之地。但这次打虎并没有让陆游激动多久,因为虎太小,也因为打得太过容易。

半年后,陆游终于等来了让他成为真正的打虎英雄的机会。

我时在幕府,来往无晨暮。夜宿沔阳驿,朝饭长木铺。雪中痛饮百榼空,蹴踏山林伐狐兔。耽耽北山虎,食人不知数。孤儿寡妇雠不报,日落风生行旅惧。我闻投袂起,大呼闻百步。奋戈直前虎人立,吼裂苍崖血如注。从骑三十皆秦人,面青气夺空相顾……

　　——《十月二十六日夜梦行南郑道中……》

　　上面这首长诗,是陆游这次打虎过程的全记录,作于淳熙八年(1181)陆游隐居山阴之时。

　　相传,深秋的一天,陆游带一队士卒由南郑出发巡视部队,夜宿在勉县城东的沔阳驿。

　　小小的驿站挤满了住宿的客人,陆游不解地问:"你们的驿站怎么住进来这么多老百姓啊?"古时的驿站是公务之所,除了来往的官员、信使、军人和探亲的军人家属,是不允许老百姓住宿的。

　　驿卒急忙答话:"禀报大人,此事实非驿站本意,都是叫那只大虫给闹的。来来往往的百姓,若是白天,胆大的三五个,胆小的凑成十来个才敢行走。入夜,就是凑够十来个也不敢回城了,驿站只好收留他们。"说着,他拿出一张告示,摊开给陆游看。

　　陆游看看告示,说:"这大虫果真有这么凶恶?"

　　驿卒看看左右,压低了声音说:"官府怕引起恐慌,告示还是轻描淡写的,其实已经有好多性命为这大虫所害了。"

　　一个老叟蹒跚地凑过来,叹口气说:"官府通告中的都是有名有姓的,至于没了下落的,不知有多少。"

　　"官府没有派人抓捕吗?"陆游问。

　　驿卒回道:"派了几拨人进山,都无功而返了,这大虫极其狡猾,抓捕的人一去,它就躲起来,人一走它就出来。昨天抓捕的人刚撤,这两天这大虫怕是又要出来害人了。"

　　陆游看看驿卒,说:"明天我去会会它。"

　　驿卒见陆游鬓角都白了,担心地说:"据说那大虫身长五尺,您……

您……"

没等他说完,一旁的士兵打断他的话说:"你这是真没长眼啊,我们陆先生半年前打死过一只大虫呢,你难道怀疑不成?"

第二天,陆游带着三十名士卒早早出发,去到沔阳驿与长木铺之间的南沮水畔。士卒分头埋伏起来,陆游则骑着马,在山路上逡巡。

一个时辰过去了,没见动静。陆游从马上下来,找了一块空地,拴好了马,靠着树坐下来。他取出水壶刚要喝,令人毛骨悚然的虎啸声,忽然从山林中传来。随着叫声,一只斑斓猛虎冲向陆游,陆游腾地站起来,操起铁戈刺向恶虎,猛虎纵身一跃躲过铁戈,一个急转身,粗壮的尾巴像一条铁鞭扫向陆游的面门。陆游躲过虎尾,顺势挥动铁戈,一个秋风扫落叶,向虎头抡去。猛虎四脚腾空躲过铁戈,随后不等陆游站稳,一个饿虎扑食压了过来。陆游抱着铁戈,就地十八滚,躲过恶虎的袭击,迅速起身扎稳了马步,持戈与气急败坏的猛虎对视着,做好了攻击的准备。这时,远处埋伏的士卒陆续聚拢过来,也许是感到机会不多了,猛虎助跑几步,四脚发力,腾空跃起,张着血盆大口扑向陆游,陆游双手握紧铁戈,人戈合一,鱼跃飞起,戈尖与虎头在半空里相遇,硕大的虎头顿时鲜血迸射。猛虎气绝而死,陆游喘着粗气,从地上坐起来,喷溅的虎血在陆游的脸上种下一朵朵鲜艳的梅花……

以上是陆游此次打虎的经过。

另外,刘道昌的《夷坚丁志》里有《蜀梁二虎》一则:"兴元府近郊,有农民持长刀将伐薪,行奋狭径,其下皆沮洳。相去丈许,一虎在彼,望农至,欲奋迅登岸。遽跳坐其背,以刀乱斫之。虎亦勃踯,与相抗。里人环睨,不敢救,相率投戍帅乞援。帅命猎骑百辈,鸣金鼓驰往,至则人虎俱困。骑刺虎杀之,扶农归,遍体断裂成纹,盖尽力用刀,且惊怖故也。次日亦死,帅厚给其家钱粟,使葬之。"说的是在南宋时期,兴元府城一农民出去砍柴,遇到了老虎,老虎想吃他,他跳到老虎背上,用刀猛砍老虎的身体,砍了好长时间都没把老虎杀死。村民们都站在远处,谁都不敢上前帮忙,只有找当地驻军求救。驻军派出一百个骑兵,成功杀掉了老虎。这时,老虎背上那个农民已经虚脱了,连累带吓,全身瘫软,第二天就死了。陆游的《醉歌》中有"百骑河滩猎盛秋,至今血渍短貂裘。谁知老卧江湖上,犹枕当年虎髑髅"的诗句,说的虽未必是刘道昌记载的这件事,但细节相似。很可能,陆游还参与过这次猎虎行动。

"白头乡万里,堕此虎豹宅。道边新食人,膏血染草棘"(《太息》),食人无数的恶虎,丧命于陆游的戈下。打虎,古今的文学作品里并不鲜见,真实历史中也有记载,如孔子的学生子路、三国时的孙权,都打过虎。但陆游一个儒雅的诗人,成为打虎英雄,堪称空前绝后,李白、杜甫、苏轼要是听说了陆游这事迹,也会自叹弗如吧!

陆游的诗词中多次提及这次打虎的经历和感受,"云埋废苑呼鹰处,雪暗荒郊射虎天"(《书事》);"鞭寒熨手戎衣窄,忽忆南山射虎时"(《宿武连县驿》);"叉鱼狼藉漾水浊,猎虎蹴踏南山空"(《春感》);"怒虎吼山争雪刃,惊鸿出塞避雕弓"(《忆山南》)……如果说陆游是以此小题大做、自吹自擂、沾沾自喜,那就狭隘了,他其实是在借打虎怀念南郑的军旅生活,寄托抗金报国的理想,抒发时光易逝、报国无路的忧伤……

中岁远游逾剑阁,青衫误入征西幕。南沮水边秋射虎,大散关头夜闻角。画策虽工不见用,悲吒那复从军乐。呜呼!人生难料老更穷,麦野桑村白发翁。

——《三山杜门作歌》

千年史册耻无名:如是放翁

黄金错刀白玉装,夜穿窗扉出光芒。丈夫五十功未立,提刀独立顾八荒。京华结交尽奇士,意气相期共生死。千年史册耻无名,一片丹心报天子。尔来从军天汉滨,南山晓雪玉嶙峋。呜呼!楚虽三户能亡秦,岂有堂堂中国空无人!

——《金错刀行》

十月的巴蜀，早早就进入了冬天。

利州的嘉川铺飘起了雪花，远山如黛，四野飞白。馆驿的庭院里落下一层薄薄的雪，两棵高大的山荆子黄叶零落，一撮撮橘红色的果实缀满落雪的琼枝，似少女含羞的娇颜，纯真又可爱。这是陆游第二次由南郑来到利州，两次都是办理公务。第一次来是春天，那次正赶上一场小雨，陆游还写了一首《嘉川铺遇小雨景物尤奇》："一春客路厌风埃，小雨山行亦乐哉！危栈巧依青嶂出，飞花并下绿岩来。面前云气翔孤凤，脚底江声转疾雷。堪笑书生轻性命，每逢险处更徘徊。"想不到这次赶上了雪。思忖间，由南郑来的信到了嘉川铺，陆游展开公函，看着看着，竟怔住了。他不敢也不愿相信这是真的，王炎要卸任四川宣抚使，奉调回京了……陆游不敢有片刻的耽搁，收拾好行李，做了简单的告别，便骑着马上路了。

黄旗传檄趣归程，急服单装破夜行。肃肃霜飞当十月，离离斗转欲三更。酒消顿觉衣裘薄，驿近先看炬火迎。渭水秦关元不远，著鞭无日涕空横。

——《嘉川铺得檄遂行中夜次小柏》

焦虑中的失望，失望后的希望，希望中的猜测，猜测后的焦虑，交织着嗒嗒嗒的马蹄声，在陆游的脑海里翻滚着。路途在急切的心情下被无限地拉长，希望在理智中无限地缩短，这真是一次艰难的跋涉。

陆游终于赶回了南郑的宣抚司。然而，一个小小的幕僚，能做什么呢？

王炎走了，带着满腹的不舍和遗憾，四川宣抚司的幕府也撤销了，散若烟云，无声无息，同时"撤销"的还有孝宗北伐的雄心壮志和多年来秣马厉兵的初衷。

乾道八年（1172），陆游那载着光荣与梦想、激动与忧伤的军旅生涯结束了。短短的八个月，成为陆游八十余年生命历程中最具华彩的一章。

陆游被安置到成都府路安抚司，平级调动，成为一个无足轻重的参议官。同年十一月二日,陆游携家眷离开南郑前往成都,开始了走马灯般的宦蜀漂泊。成都是个好地方,但是那里没有梦想。陆游痛恨自己像个逃兵一样逃去了锦官城,可他总不能单枪匹马去攻打金国吧!

一路上,陆游百无聊赖、恍恍惚惚。

> 平生无远谋,一饱百念已。造物戏饥之,聊遣行万里。梁州在何处,飞蓬起孤垒。凭高望杜陵,烟树略可指。今朝忽梦破,跋马临漾水。此生均是客,处处皆可死。剑南亦何好,小憩聊尔尔。舟车有通涂,吾行良未止。
>
> ——《自兴元赴官成都》

"此生均是客,处处皆可死",这是何等的绝望和无奈啊!一个战士离开战场,还能做什么呢?也许是理想与现实的落差太大,还没到成都,陆游就有了离蜀东归的想法。一首《思归引》,把陆游此刻对仕途的厌倦袒露得淋漓尽致:

> 善泅不如稳乘舟,善骑不如谨持辔。妙于服食,不如寡欲。工于揣摩,不如省事。在天有命谁得逃,在我无求直差易。散人家风脱纠缠,烟蓑雨笠全其天。菟丝老尽归不得,但坐长饥须俸钱。此身不堪阿堵役,宁待秋风始投檄。山林聊复取熊掌,仕宦真当弃鸡肋。锦城小憩不淹迟,即是轻舠下硖时。那用更为麟阁梦,从今正有鹿门期。

"散人家风脱纠缠,烟蓑雨笠全其天。"寡欲无求的生活是多么惬意啊!然而,"菟丝老尽归不得,但坐长饥须俸钱"。陆游一个清官、一介穷儒,离财富自由还差十万八千里,哪里有做个闲云野鹤的资本呢?

"衣上征尘杂酒痕,远游无处不消魂。此身合是诗人未?细雨骑驴入剑门。"(《剑门道中遇微雨》)都入冬了,剑门道上居然下起了蒙蒙细雨。陆游想:要下就下一场酣畅的大雨吧,让我在大雨里痛痛快快地大哭一次！八个月来的征尘还未洗去，散伙的酒宴上，同僚们烂醉一场，袍服上又新添了酒痕。我这一辈子真的只能做个诗人吗？……

乾道九年(1173)春，在成都做了几个月的闲官，陆游获命通判蜀州（今四川崇州）。上任之前，他礼节性地给蜀州知州写了一封信：

漂流万里，可知已老之头颅；赞贰一城，复得本来之面目。将就脂车之役，敢稽削牍之恭。伏念某小智自私，大惑莫解，自收朝迹，久困宦游，冒别驾治中者三州，假军谘祭酒者数月。老骥伏枥，虽未歇于壮心；逆风撑船，终不离于旧处。忘栖栖之可笑，复挚挚以此来。恭惟某官旷度清真，高标峻洁。体道自得，有见于参倚之间；受气至刚，不移于毁誉之际。顾公言之允穆，知追诏之方行。敢意穷途，猥尘上佐。然某比缘多病，深愿少闲。岁计之有余，当守平生之素志；治行其无事，更归长者之余风。

有道是官身不由自主，到任蜀州不久，新的命令又来了，命陆游返回成都。不知此去成都是临时公务，还是另作他任，陆游只好暂时把通判的工作交给一个代理通判，又写了一封感谢信：

瓜戍及期，幸仁贤之为代；萍踪无定，怅候问之未遑。敢谓劳谦，特先荣翰。伏惟某官渊乎似道，直哉惟清。风致虽高，不废应酬于众务；文词甚丽，要皆原本于六经。所宜问津于黄扉青琐之间，何至涉笔于赤甲白盐之下。即闻号召，遂陟清华。某猥以陈人，偶叨末契。道途迫遽，仅能占报于记曹；舟艑轲峨，弗获往迎于市曁。归依之素，敷叙奚殚。

到了成都，陆游接到了新的任命，代理嘉州（今四川乐山）知州。代理知州也是知州，整个嘉州再没有比他更大的官了。如此，是不是可以一展拳脚，让世人见证一下自己从政的才干了呢？陆游急急忙忙就去嘉州上任了。

从成都到嘉州,路经眉山,陆游结识了师浑甫(字伯浑),一位隐于川蜀乡野的世外高人,也是一位心系家国的慷慨之士,因名高在野,总为人所忌,终不得志,遂隐山林,坚不出仕。陆游把师浑甫赞为"天下伟人"。在见多识广、满腹经纶的陆游心中能占据这样的位置,足见其视野之宽阔、洞见之深彻、才学之厚重。两人惺惺相惜、相见恨晚,通宵畅谈,成为亦师亦友的知音。之后,师浑甫到嘉州拜访陆游,两人意气相投,情深意厚。在师浑甫身上,陆游找到了自己的影子,他不断反思和调整自己,庆幸自己虽不得志,至少得到了报国的机会。有些厉害的人才,埋名乡野,上不能为国尽忠,下不能为民请命,岂不是国之憾事?陆游曾写过一首记梦的词寄给师浑甫,表示自己坚定不移的报国信念。

雪晓清笳乱起。梦游处,不知何地。铁骑无声望似水。想关河,雁门西,青海际。　睡觉寒灯里。漏声断,月斜窗纸。自许封侯在万里。有谁知,鬓虽残,心未死。

——《夜游宫·记梦寄师伯浑》

师浑甫过世后,其子整理了父亲的书稿,成集之时,不远万里面见陆游,恳请陆游为文集作序,陆游欣然应命。在序的结尾,陆游总结说,"是则有命。识者为时惜,不为伯浑叹也",意在告诫天下人,师浑甫这种大才得不到重用,是时代的悲哀、国家的悲哀。序曰:

乾道癸巳,予自成都适犍为,识隐士师伯浑于眉山。一见,知其天下伟人。予既行,伯浑饯予于青衣江上,酒酣浩歌,声摇江山,水鸟皆惊起。伯浑饮至斗许,予素不善饮,亦不觉大醉。夜且半,舟始发,去至平羌,酒解,得大轴于舟中,则伯浑醉书,纸穷墨燥,如春龙奋蛰,奇鬼搏人,何其壮也。后四年,伯浑得疾不起。子怀祖集伯浑文章,移书走八千里,乞余为序。

呜呼!伯浑自少时名震秦蜀,东被吴楚,一时高流皆尊慕之,愿与交。方宣抚使临边,图复中原,制置使并护梁益兵民,皆巨公大人,闻伯浑名,将闻于朝,而卒为忌者所沮。夫伯浑既决不肯仕,即无沮者,不过有司岁时奉粟帛牛酒劳问,极则如孔旼、徐复辈,赐散人号,书其事于史而已。于伯浑何失得,而忌已如此。乡使伯浑出而事君,为卿为公,则忌者当益众,排击沮挠,当不遗力,徙比景,输左校,殆未可知。安得如在眉山,躬耕妇织,放意山水,优游以终天年耶?则伯浑不遇,未见可憾。

或曰:"伯浑之才气,空海内无与比,其文章英发巨丽,歌之清庙,刻之彝器,然后为称。今一不得施,顾退而为山巅水涯娱忧纾悲之言,岂不可憾哉!"

予曰:"是则有命。识者为时惜,不为伯浑叹也。"

嘉州为蜀中名城,青衣江、大渡河、岷江在此汇合,烟波浩渺、山势嵯峨,明山秀水间寺宇恢宏,古迹众多,是诗人喜欢的地方。陆游常常登山临水,饱览旖旎的自然风光。岷江左岸的凌云山和大佛寺一带,尤使他流连忘返、赞叹不已。

出郭幽寻一笑新,径呼艇子截烟津。不辞疾步登重阁,聊欲今生识伟人。泉镜正涵螺髻绿,浪花不犯宝趺尘。始知神力无穷尽,丈六黄金果小身。

——《谒凌云大像》

陆游每到一地必遍临山水,畅游名胜,中意的地方免不了一游再游,并写下无数诗篇。这些地方多是他的游宦之地,为什么他有如此多的闲暇呢?这要感谢宋朝的休假制度。据《宋会要辑稿》载:"休假之例,皆按令式:岁节、寒食、冬至,各假七日,休务五日;圣节、上元、中元,各假三日,休务一日;春秋二社、上巳、重午、重阳、立春、人日、中和节、春分、立夏、三伏、立秋、七夕、秋分、授衣、立冬,各假一日,不休务;夏至、腊日,各假三日,不休务;诸大祀假一日,不休务。其后或因旧制,或增建庆节,旬日赐沐,皆令休务者,并著于令。"宋代官府的休假制度十分宽松,假期很多。

知州的工作比通判要繁忙得多，一天，赶上休息日，陆游没有出行，又无来客，早早就解衣上床，不免思念起故乡，还作了一首怀乡诗：

今朝休日仍无客，茶罢西窗卧解衣。白发已侵残梦境，绿苔应满旧渔矶。桃源鸡犬尘凡隔，杜曲桑麻梦想归。赖有小山聊慰眼，幽篁丛桂雨霏霏。

——《晦日西窗怀故山》

在嘉州任上，最让陆游兴奋的是他主持了一次阅兵，时称"嘉州大阅"。这一年八月二十二日，作为地方长官，陆游穿上威武的军装，骑着高头大马，神情肃穆地端坐在马上，检阅着一队队的蜀中健儿。每到一个队前，陆游都要勒马而立，向受阅的官兵发出简短的问候，将士们豪迈的回应震天动地。整个阅兵场旌旗蔽日，群情激越，伟大的爱国理想又萌发出新的生机，陆游激动地写道：

陌上弓刀拥寓公，水边旌旆卷秋风。书生又试戎衣窄，山郡新添画角雄。早事枢庭虚画策，晚游幕府愧无功。草间鼠辈何劳磔，要挽天河洗洛嵩。

——《八月二十二日嘉州大阅》

如果说主持阅兵是让陆游最兴奋的事，那么刊刻《岑嘉州诗集》，则是令他倍感欣慰的一件事。

岑参（715—770）是唐代边塞诗人中最卓越的代表，与高适并称为"高岑"，因做过嘉州刺史，后人尊称他为"岑嘉州"。

陆游少读岑参，推崇备至。岑参诗意境新奇、风格奇峭、气势磅礴、想象丰富、极富美感，又有边塞诗苍茫、雄放的气势，堪与李杜并称。陆游赋诗赞曰："汉嘉山水邦，岑公昔所寓。公诗信豪伟，笔力追李杜。"（《夜读岑嘉州诗集》）

在嘉州，陆游搜集、整理岑参在嘉州为官时的遗诗，编为《岑嘉州诗

193

集》，并亲自作跋："予自少时，绝好岑嘉州诗。往在山中，每醉归，倚胡床睡，辄令儿曹诵之，至酒醒，或睡熟，乃已。尝以为太白、子美之后，一人而已。今年自唐安别驾来摄犍为，既画公像斋壁，又杂取世所传公遗诗八十余篇刻之，以传知诗律者，不独备此邦故事，亦平生素意也。"诗集刊刻的同时，陆游在嘉州官舍西斋小山堂的墙壁上，画了一幅岑参像，以示崇敬与怀念。这小山堂是陆游为官舍起的雅号。初来嘉州，舍外散落了许多奇形怪状的石头，陆游命人收集起来，叠筑成一个假山，还专为它写了一首诗：

昔人何人爱岩壑，为山未成储荦确。散落支床压酒槽，大或专车小拳握。幽人邂逅为绝叹，修绠趣取寒泉濯。峭峰幽窦相吐吞，翠岭丹崖渺联络。石不能言意可解，问我胡为怜寂寞？人间兴废自有数，昔弃何伤今岂乐。斯言妙矣予则陋，敢对石友辞罚爵。为君宽作十日留，在眼便同真著脚。

——《嘉阳官舍奇石甚富散弃无领略者予始取作假山》

外有奇石小筑，内有岑参诗在壁，陆游的心情大好，嘉州的事业自然做得风生水起。后来，《乐山县志》记曰："陆游，字务观……乾道中尝监郡嘉州，流风善政，至今颂之。"

1174 年，陆游五十岁时，宋孝宗改元淳熙。

淳熙元年（1174）春，陆游卸任嘉州，返回蜀州，以蜀州通判的身份代行知州。陆游在蜀为官，简直就像旅行，辗转漂泊，始终没有真正的名分，像一枚不受信赖的棋子，哪有空缺就丢到哪里。嘉州的事业方兴未艾，他又来到蜀州，好在仍然可以自己做主，干点自己喜欢的事情。那就再来一次蜀州大阅吧，立马横枪的感觉还是不错的。

晓束戎衣一怅然，五年奔走遍穷边。平生亭障休兵日，惨淡风云阅武天。戍陇旧游真一梦，渡辽奇事付他年。刘琨晚抱闻鸡恨，

194

安得英雄共著鞭。

——《蜀州大阅》

陆游在蜀州任上时,叶衡以右丞的身份知枢密院,陆游上《贺叶枢密启》一封,力劝叶衡莫忘统一大业。他先是分析当下的形势,"伏闻今昔有不移之形势,华夷有一定之土疆。故彼不可越燕蓟而南侵,犹我不能跨辽碣而北守。尧舜尚无冠带百蛮之理,天地岂忍膻腥诸夏之区。又况以本朝积累,而当荒陋崛起之小夷;以陛下神武,而讨衰弱仅存之孱房。重以军民之愤切,加之庙祐之威灵,当一震于雷霆,宜坐消于氛祲。夫何玩寇,久使逋诛",又发了一通牢骚,"九圣故都,视同弃屣;两河近地,进若登天"。他抱怨,九个皇帝临朝的故都,被看成了不要的鞋子,近在咫尺的淮、黄两河,想跨过去比登天还难。

淳熙元年(1174)冬,在蜀州任上不到一年,新的调令下达,委任陆游摄荣州(今四川荣县)事。"摄"字与"代"字不同,但还是代理的意思。陆游想:几番折腾,这次应该安稳了吧,哪怕只有两年的任期,也能大刀阔斧地干点有头有尾的事业。陆游带着一家大小到成都领了公事,便风尘仆仆地赶往荣州。

不料,腊月二十三,过了就是年,除夕的年夜饭刚摆上桌,四川宣抚司(范成大调任四川后改宣抚司为制置司)的调令就来了,任陆游为朝奉郎、成都府路参议官兼四川宣抚司参议官,让他立即启程赴任。

临行,陆游写下一首诗,与待了七十天的荣州作别:

浮生岁岁俱如梦,一枕轻安亦可人。偶落山城无事处,暂还老子自由身。啸台载酒云生屦,仙穴寻梅雨垫巾。便恐清游从此少,锦城车马涨红尘。

——《别荣州》

淳熙二年(1175)正月十日,陆游回到成都。

这次调任,完全出乎陆游预料,官还是个闲官,级别却长了,成了正七品。几个月后,好友范成大由桂林来成都任四川制置使兼成都知府,成为陆游的顶头上司。

乾道六年(1170),孝宗多次召大臣商议,想改变接受金国国书的礼仪。隆兴和议时,金宋两国皇帝改"君臣"为"叔侄",却忘记了修改递交国书的礼仪,一直延续绍兴和议的礼仪规定:每当金使来宋,宋主必须"降榻受书",即离开龙椅,下榻站立,接受国书。这让孝宗倍感屈辱。朝中商议的结果是遣使往金,修改礼仪。对于遣使的时间,朝堂之上莫衷一是,最后孝宗动怒,左相陈俊卿因力主暂缓遣使而离任,吏部侍郎陈良祐因谏阻遣使被贬居筠州,被孝宗点名做使臣的大臣李焘畏惧而不敢受命。危急之下,范成大挺身而出。

乾道六年(1170)五月,孝宗封范成大为丹阳郡开国公,充任祈请国信使,向金国索求北宋诸帝陵寝,所奉国书仅提及陵寝事,更定礼仪之事全靠范成大临机决断。到燕山后,范成大秘密草拟奏章,具体论述受书仪式,把它放入怀中。到金国后,范成大呈进国书,言辞慷慨,金国君臣正认真倾听时,范成大忽然上奏道:"两朝已经结为叔侄关系,而受书礼仪没有确定,我这里有奏章。"于是他把插在腰上的手板拿出。金世宗大吃一惊,说:"这难道是献书的地方?"金朝群臣用手板拍打范成大,要他起来,范成大跪立不动,一定要把奏章送上。不久,回到住所,完颜雍派伴使宣旨听候处理。范成大跪着,坚持要献上奏章,金国朝臣议论纷纷,太子甚至想杀死范成大,经完颜雍阻止才作罢。最终,范成大得以保全气节而归。

归国途中,行至汴河的州桥,开封遗民见到作为南宋使者的范成大,禁不住热泪纵横,悄悄地问询南宋的军队何时能来。范成大心乱如麻,无言以对,含着眼泪将此情此景写入诗中:

州桥南北是天街,父老年年等驾回。
忍泪失声询使者,几时真有六军来。

——范成大《州桥》

此次范成大出使金国,路过当涂,恰好陆游入蜀也行至当涂,范成大特招陆游在玉鉴堂饮酒畅叙。

范成大(1126—1193),字至能,号石湖居士,平江府吴县人,官至参知政事,是南宋著名文学家、书法家和诗人。范成大小陆游一岁,登第之年,陆游应试第一名却被罢黜,轰动朝野,成了秦桧专权时的一个笑话。两人同被后人列为"中兴四大家",诗文并举,高才盖世。尽管两人地位不同,却没有隔阂与顾忌,一起谈天说地、纵论古今、饮酒赋诗、唱和赠答,成为一时佳话。

范成大生于乱世,长在官宦之家、书香门第,幼读诗书,深明大义,体恤底层人民的疾苦,素怀报国之志,与陆游有相似的出身和情怀。范成大的诗词崇尚自然、语言优美、情感真挚,如《四时田园杂兴》:"昼出耘田夜绩麻,村庄儿女各当家。童孙未解供耕织,也傍桑阴学种瓜。"清新自然、朗朗上口。

范成大时时关注底层人民的生活,曾借一位老农秋霖成涝,田地荒废,食不果腹,无法交米纳租,又频遭地方官吏催租逼税的境遇,表达出对劳苦大众的同情和对无良官吏横征暴敛的厌恶。

老父田荒秋雨里,旧时高岸今江水。佣耕犹自抱长饥,的知无力输租米。自从乡官新上来,黄纸放尽白纸催。卖衣得钱都纳却,病骨虽寒聊免缚。去年衣尽到家口,大女临歧两分首。今年次女已行媒,亦复驱将换升斗。室中更有第三女,明年不怕催租苦。

——范成大《后催租行》

这种朴素的情感和高尚的觉悟,时时影响着范成大,每到一地,他都会勤政有为、励精图治,留下显赫的政声。陆游论及范成大在蜀作为时写道:"及公之至(成都)也,定规模,信命令,施利惠农,选将治兵,未数月,声震四境,岁复大登幕府,益无事,公时从其属及四方之宾客饮酒赋诗,公素以诗名一代,故落纸墨未及燥,士女万人已更传诵,被之乐府弦歌,或题写素屏团扇,更相赠遗,盖自蜀置帅守以来未有也。"

范成大到任不到半年,就主持了一次重大的阅兵活动,即成都大阅。

其时,宋金边境自隆兴和议以来,已逾十年没有发生真正的冲突。北面维持了和平的局面,南面又开始动荡起来,范成大神道碑曰:"初及境,言:'吐蕃、南诏,昔为唐患,今幸瓜分,西南无警二百年。近者雅州碉门蛮入寇,败官军。乾道九年,吐蕃、青羌两犯黎州,而奴儿结、蕃列等尤桀黠,轻视中国。臣当内教将兵,外修堡寨,仍讲明寨丁教阅团结之法,使人自为战。三者非财不可。'上手札奖励,赐度牒钱四十万缗。公日夜阅士,制器甲,督边郡,次第行之。"为震慑敌人、鼓舞士气、检验训练成果,范成大这次阅兵可谓阵容庞大、仪式隆重,陆游作为军中参议官,少不了上下协调,前后谋划。当范成大顶盔挂甲,腰悬佩剑,骑着战马出现在校阅场时,战角齐鸣,金鼓震天,受阅将士高举兵刃,口号声彼伏此起、震耳欲聋,那排山倒海的壮观场景,在陆游的脑海里久久地播放,记在他的诗句中:

千步球场爽气新,西山遥见碧嶙峋。令传雪岭蓬婆外,声震秦川渭水滨。旗脚倚风时弄影,马蹄经雨不沾尘。属櫜缚裤毋多恨,久矣儒冠误此身。

——《成都大阅》

成都大阅后半年,陆游任满,得了一个"美差",主管台州桐柏山崇道观。台州远在万里,主管只是个虚衔,戏称为"美差",是因为到了这个级别,不去工作就有固定的俸禄可领,虽是在职的半俸,但一家老小可凭此轻松度日,不用再去哭穷了。

这时,陆游还得了个雅号——放翁。史书中说:"范成大帅蜀,游为参议官,以文字交,不拘礼法,人讥其颓放,因自号放翁。"

陆游一个芝麻大的小官,天天与制置使称兄道弟、饮酒唱诗,早就有人看不惯了,私下的议论不胫而走,甚至传到朝堂里。恰好此时,虞允文举荐陆游为嘉州知府,任命刚下达,就有人参奏,说陆游"燕饮颓放",因此陆游没等上任就被免去了职务。陆游身上发生过很多不可思议的事,这应该也算一件吧。

子路曰"小人畏讥",陆游可不在乎这些。说他颓放,好吧,那就大大方方地颓放一回,甚至作首诗给人们看,免得口说无凭:

策策桐飘已半空,啼螀渐觉近房栊。一生不作牛衣泣,万事从渠马耳风。名姓已甘黄纸外,光阴全付绿尊中。门前剥啄谁相觅,贺我今年号放翁。

——《和范待制秋兴》

千百年来,陆放翁之号妇孺皆知,又有谁记得那些议论他的人呢?
淳熙四年(1177)六月,范成大还朝。

陆游百里相送,足足送了十天,到了眉山的中岩,才不得不分手。在临江的慈姥矶,二人最后唱和了一回,陆游写了两首五绝《晚泊慈姥岩》:

一

慈姥矶头月,纤纤照酒杯。素秋风露重,久客鬓毛催。宿鸟惊还定,飞萤阖复开。平生四方志,老去转悠哉。

二

山断峭崖立,江空翠霭生。漫多来往客,不尽古今情。月碎知流急,风高觉笛清。儿曹笑老子,不睡待潮平。

陆游借江水写岁月,以飞鸟喻宦游的自己,对范成大久客他乡,此时终能返回江南表达了祝福,以"阖复开""四方志"喻示范成大的宦游生活和政治前途。

范成大和了两首七绝《次韵陆务观慈姥岩别》:

一

送我弥旬未忍回,可怜萧索把离杯。
不辞更宿中岩下,投老余年岂再来!

二

明朝真是送人行,从此关山隔故情。

道义不磨双鲤在,蜀江流水贯吴城。

此日一别,不知何时才能再见,说近,"从此关山隔故情";说远,"蜀江流水贯吴城"。陆游提醒范成大,别忘了劝皇帝恢复中原:"公归上前勉画策,先取关中次河北。"想说的话、不尽的忧伤,被全盘写入诗中。

平生嗜酒不为味,聊欲醉中遗万事。酒醒客散独凄然,枕上屡挥忧国泪。君如高光那可负,东都儿童作胡语。常时念此气生瘿,况送公归觐明主。皇天震怒贼得长,三年胡星失光芒。旄头下扫在旦暮,嗟此大议知谁当。公归上前勉画策,先取关中次河北。尧舜尚不有百蛮,此贼何能穴中国。黄扉甘泉多故人,定知不作白头新。因公并寄千万意,早为神州清虏尘。

——《送范舍人还朝》

淳熙五年(1178)春,陆游在蜀所作的大量爱国诗篇不断流传,传到京都,为孝宗所赏识,他念陆游久宦蜀地,特召东归。此时,陆游已经在蜀地漂泊九年,有诗记之:

西州落魄九年余,濯锦江头已结庐。谁遣径归朝凤阙,不令小住奉鱼书。尘埃眯目诗情尽,疾病侵人酒兴疏。寄语莺花休入梦,世间万事有乘除。

——《遣兴》

游宦篇　十年风雨　两落惊雷

宋孝宗淳熙五年(1178)

不堪倦马又天涯:北苑茶香

万里东归,一路风尘。春天的成都清风送客,秋天的临安丹桂酬宾。

临安的秋,美成了一幅画,"烟柳画桥,风帘翠幕,参差十万人家。云树绕堤沙。怒涛卷霜雪,天堑无涯。市列珠玑,户盈罗绮,竞豪奢"。柳永还是小气了一点,如今的临安岂止十万人家,人口早就过了百万,远比当年的东京汴梁繁华很多。南宫北市、襟江带湖的临安,已成为天下最繁华的都市。

陆游回到临安后,孝宗召对,一番嘘寒问暖,令陆游感激涕零。此次回京,孝宗欲留任陆游在朝,但此时,陆游的交好者韩元吉、范成大、周必大等人,罢官的罢官,调任的调任,史浩虽在朝为右相,也被排挤得成了摆设。曾觌一党把持朝政,招权纳贿,举荐的人都是攀附之徒,陆游主张抗金雪耻以振国威、罢黜权幸统一事权,岂能为权党所容! 于是,曾觌一党以各种不实之词蛊惑圣听,极力阻止,依他们的想法,把陆游千刀万剐才解恨。孝宗权衡再三,只能外放陆游,让他提举福建路常平茶事。

陆游离开临安,回到山阴。朝堂之上,政治环境远比成都险恶,离京越近,危险越近,也算高处不胜寒吧。耿直的陆游实在不喜欢这种生活,夜阑人静,提笔写了一首《怀成都十韵》:

放翁五十犹豪纵,锦城一觉繁华梦。竹叶春醪碧玉壶,桃花骏马青丝鞯。斗鸡南市各分朋,射雉西郊常命中。壮士臂立绿绦鹰,佳人袍画金泥凤。橡烛那知夜漏残,银貂不管晨霜重。一梢红破海棠回,数蕊香新早梅动。酒徒诗社朝暮忙,日月匆匆迭宾送。浮世堪惊老已成,虚名自笑今何用。归来山舍万事空,卧听糟床酒鸣瓮。北窗风雨耿青灯,旧游欲说无人共。

福建路常平茶事的治所在建安(今福建建瓯),入冬,陆游赴闽。启程前,陆游上了一封谢启:

咸造在廷,甫遂朝宗之愿;奉使有指,遽叨临遣之荣。大造难名,余生曷报。伏念臣幺然薄命,起自穷阎,偶以元祐之党家,获与绍兴之朝士。真人有作,景运方开。适当宁叹息人才之实难,顾一时豪杰号召而未至。首蒙引对,面锡殊科,遭逢稀阔之知,耸动迩遐之听。岂期寒薄,旋因沉绵,卒繄全度之恩,俾获退藏之分。侵寻半世,转徙两川,三为别乘之行,再忝专城之寄。五十之年已过,非复壮心;八千之路来归,恍如昨梦。敷陈浅拙,应对参差,惟谴黜之是宜,岂超迁之敢望。此盖伏遇皇帝陛下,道兼伦制,泽被堪舆。念臣留落有年,尚未除于狂态;怜臣驰驱无地,空窃抱于愚忠。顾虽末路之孤踪,犹玷外台之高选。臣谨当力思守道,深戒瘝官。礼乐远有光华,既大逾于素望;靖共好是正直,庶少答于鸿私。

——《福建到任谢表》

这次赴任,陆游没有携带家眷,一家人刚从成都回到老家,若再跟随去福建,鞍马劳顿是一不可,子聿刚出生是二不可。陆子聿是陆游最小的儿子,陆游写过一首名诗《冬夜读书示子聿》:"古人学问无遗力,少壮工夫老始成。纸上得来终觉浅,绝知此事要躬行。"此诗就是写给他的。

陆子聿后来弱冠登第,为奉议郎。宋宁宗嘉定十一年(1218),陆子聿官至溧阳令,除暴安良、威惠兼济,颇有政声。不过丞相史弥远圈地圈到陆子聿的治下时,陆子聿为其前后周旋,落下个助纣为虐的话柄。陆游最疼爱这个小儿子,这个儿子也算没白疼,刊刻了父亲的《老学庵笔记》,又整理了父亲的《渭南文集》《剑南续稿》并予以刊刻,为陆游诗文传世,为中国文化传承做出了不小的贡献。

宋朝对盐、铁、茶等物资实行严苛的专卖制度,盐是民生战略物资,铁是重要的战备物资,茶是重要的经济物资,茶叶专卖、专营、专管,是国家集聚财力的重要手段。

福建是国家重要的产茶基地,以泉州为起点的海上丝绸之路,主要输出的商品就是茶叶。相比其他地区茶盐一体的专卖,福建分设茶、盐专卖。陆游这个提举福建路常平茶事的官职,是常平茶司的行政长官,常平茶司是掌管常平仓、义仓、官营制茶业事务的路级机构。在专卖制度下,这个官职对贪腐的官员来说是个肥缺,对清廉的官员来说则是个险职,因为要触动许多人的利益,还要面对不法之徒的嫉恨与威胁。

相传,一天夜里,行贿不成的茶商派人行刺陆游,刺客刚跳入官舍,陆游便提着宝剑迎了出来,三招两式,舞动宝剑,就拉开了架势。贼人胆虚,见陆游不好对付,虚晃一招,破门而逃,事后探听陆游的底细,得知陆游亲手打死过两只老虎,吓得倒吸了几口凉气,再也不敢轻举妄动。

陆游举重若轻,很快把福建的茶事管理得井井有条。闲来无事,他常以品茶为乐。

陆游一生与茶为伴,懂茶、爱茶,未到建安时,他就写了一首《喜得建茶》:

> 玉食何由到草莱,重奁初喜坼封开。雪霏庾岭红丝硙,乳泛闽溪绿地材。舌本常留甘尽日,鼻端无复鼾如雷。故应不负朋游意,手挈风炉竹下来。

陆游赴任建安后,寒冬时节,适逢大雪,他写了一首《适闽》,将品茗于北苑的欣喜与壮志未酬的遗憾都写进诗里:

春残犹看少城花,雪里来尝北苑茶。未恨光阴疾驹隙,但惊世界等河沙。功名塞外心空壮,诗酒樽前发已华。官柳弄黄梅放白,不堪倦马又天涯。

在福建,陆游考察龙焙,督办茶事,来到凤凰山,又写了一首茶诗:

穷日文书有底忙,幅巾萧散集山堂。一樽病起初浮白,连焙春迟未过黄。坐上清风随麈柄,归途微雨发松香。临溪更觅投竿地,我欲时来小作狂。

——《游凤凰山》

淳熙六年(1179)秋,陆游离开建安,赴任江西江南路常平茶盐公事。

短短的九个月,悠悠古邑、郁郁苍山、款款茶香,建安城给他留下了美好的印象,他不舍地离开了,留下不少缱绻的诗篇:

小雨初收云未归,吾行迨及晚秋时。寒沙新雁无人问,露井残桐有客悲。征袂拂霜晨唤马,驿窗剪烛夜题诗。悠然且作寻山想,梦里功名莫自期。

——《初发建安》

一寸凄凉报国心:恶浪排空

西风一夜号庭树,起揽戎衣泪溅襟。残角声催关月堕,断鸿影隔塞云深。数篇零落从军作,一寸凄凉报国心。莫倚壮图思富贵,英豪何限死山林。

——《夜闻秋风感怀》

淳熙六年(1179)冬,陆游以朝请郎、提举江南西路常平茶盐公事、赐绯鱼袋的身份到任抚州。

抚州,地处江西东部,是临川学派的发祥地,也是晏殊、王安石、曾巩、陆九渊等众多名人的故乡。初到抚州,陆游官舍的东面有一座正在建设的禅院,他在此认识了守璞方丈。一年后,这座恢宏的禅院终于建成。得知这个禅院没有官府的支持,不求豪绅的资助,全靠守璞一人行乞所得建立起来,陆游甚为感动,应守璞之邀,作记一篇,供其刻碑之用,记曰:

淳熙己亥冬十二月,予使江西,治在抚州。其东是为广寿禅院,每出,辄过焉。僧守璞方为轮藏。予之始至也,才屹立十余柱,其上未瓦,其下未甃,其旁未垣,经未甌角戢戢,其止山立,其作雷动,神呵龙负,可怖可愕,丹垩金碧,殆无遗功。而守璞俨然燕坐,为其徒说出世间法,土木梓匠之问,不至丈室,若未尝有是役者。

比明年冬十一月,予被命诣行在所,璞乃磬石乞予为记,予慨然语之曰:"子弃家为浮屠氏,祝发坏衣,徒跣行乞,无冠冕轩车府寺以为尊也,无官属胥吏徒隶以为奉也,无鞭笞刀锯囹圄桎梏与夫金钱粟帛、爵秩禄位以为刑且赏也,其举事宜若甚难。今顾能不动声气,于期岁之间,成此奇伟壮丽百年累世之迹。予切怪士大夫操尊权,席利势,假命令之重,耗府库之积,而玩岁愒日,事功弗昭,又遗患于后,其视子岂不重可愧哉!"既诺其请,又具载语守璞者,以励吾党云。是月十九日,朝请郎提举江南西路常平茶盐公事赐绯鱼袋陆某记。

记中,陆游对那些有权有势的士大夫终日吃喝玩乐,却不对禅院的修建提供一点帮助,进行了无情的鞭笞。他质问他们:"面对守璞这样的人,你们不感到愧疚吗?"陆游其实是借此怒斥那些尸位素餐、无所事事、假公济私的官僚。陆游痛恨这些无良的官吏,忧心国家的政风,但是一个七品的外放小官又能做些什么呢？他那根深蒂固的爱国情怀使他激动，也令他悲伤。陆游时常陷入这样的痛苦中。

不久前，陆游做了一个梦，梦里皇帝下诏亲征了，蔽日的旌旗、震天的鼓角弥漫中原……醒来，陆游起身，揉揉眼睛，月光如水透过窗，他轻抚着墙上的宝剑，心想：宝剑会老吗？会像我一样，两鬓斑白吗？

  天宝胡兵陷两京，北庭安西无汉营。五百年间置不问，圣主下诏初亲征。熊罴百万从銮驾，故地不劳传檄下。筑城绝塞进新图，排仗行宫宣大赦。冈峦极目汉山川，文书初用淳熙年。驾前六军错锦绣，秋风鼓角声满天。首蓿峰前尽停障，平安火在交河上。凉州女儿满高楼，梳头已学京都样。
  ——《五月十一日夜，且半，梦从大驾亲征，尽复汉唐故地，见城邑人物繁丽，云西凉府也，喜甚，马上作长句，未终篇而觉乃足成之》

仲夏，几十天没下雨了，河道里的水气若游丝，不用说田中的稻黍，路边的野草都奄奄一息了。陆游记得，去年冬天到奉新县视察，见到县令高南寿，陆游让他在民众有难时多加体谅和宽恤，还给他写了一首诗：

  小雨催寒著客袍，草行露宿敢辞劳。岁饥民食糟糠窄，吏惰官仓鼠雀豪。只要闾阎宽棰楚，不须亭障肃弓刀。九重屡下丁宁诏，此责吾曹未易逃。

  ——《寄奉新高令》

今年大旱，高南寿在无计可施的情况下，搭了个高台为民众祈雨，还向老天许愿说：愿减三年寿，乞为十日霖。

陆游初听，感到有点滑稽，不承想雨真的来了。陆游高兴地为这甘霖赋诗一首：

> 旱苗垂槁叹何堪,大雨谁知变立谈。翠麓青林吞欲尽,恶风白浪战方酣。江翻龟窟连云泽,雷挟龙腥起雪潭。从此年丰真少事,炷香终日坐蒲龛。
> ——《稻田小旱方致祷忽大雨连日江水为涨喜而有作》

陆游还冒雨去拟岘台看抚河的水势,归来又作了一首诗:

> 雨气分千嶂,江声撼万家。云翻一天墨,浪蹴半空花。喷薄侵虚阁,低昂泛断槎。壮游思夙昔,乘醉下三巴。
> ——《冒雨登拟岘台观江涨》

这场大雨一连下了十几天,山洪暴发,河水暴涨,一夜之间,抚州城乡变成了泽国,千村草舍、万亩良田都被大水淹没,灾民困于丘阜、死于流道。

陆游启奏朝廷,请施皇恩,开仓赈灾。他传檄诸郡,要求它们发粟济民,火速送粮到灾区,并命主簿傅用其号令,动员安济坊、居养院、安怀坊、施药局和惠民局等,全力赈灾、救人。

陆游全面部署,指挥赈灾,却迟迟不见朝廷回文,也不见各地车船前来,心急似火。陆游眼见灾民死亡者日增,当机立断,决定开仓救民。

身边粮官面有难色,委婉说道:"大人,且暂缓一两日如何?"

陆游眼盯着他,说:"缓不济急,缓不得啊!"

粮官说道:"没有朝廷旨意,启用官仓,这……这……"

陆游不耐烦地说:"你只管说出来,我无他意,你无二心,只为救灾。你吞吞吐吐干什么?"

粮官喃喃而语:"没有朝廷旨意,开仓放粮,法……法……法不容情……"

陆游皱皱眉,对他说:"人命关天,救民于水火是我等天职,再晚一两天,还要有多少生民死去?"

粮官无言以对。

陆游说道:"乌纱不足惜,生民待赈济,就是要我等以命救人又如何?"

不等粮官回答,陆游下令:"开仓!"

陆游亲自划着小舟,给困于丘阜的灾民送粮。

之后,朝廷的旨意终于下来了,各郡车船亦送粮来,陆游见大批灾民得到救助,长长舒了口气。

陆游拿出新刊刻的一本书交给地方官,说:"水灾之后,必有瘟疫流行。这些年来,我研读医书,搜集了很多验方,精选了一百多方,刊刻了这部《陆氏续集验方》。内有数方,可预防和治疗瘟疫,你们从速让施药局备药,同时也要传之百姓,让大家都动起来。"

淳熙七年(1180)冬,在提举江南西路常平茶盐公事任上刚满一年,陆游接旨,到临安受命。主簿傅用之百里相送,一直把陆游送到白干铺。

陆游对傅用之说:"一年了,谢谢你的支持。这次赴临安后再回抚州的可能性不大,各自保重!"

傅用之说:"大人此去必得重用,您这一年的辛苦我是最了解的,您开仓放粮,救了那么多百姓;灾后没有出现瘟疫,您功德无量。朝廷咋会不知道?"

陆游说:"凡事问心无愧就好,朝中的事复杂微妙,俯仰之间祸福难料,不想这些了,听天由命吧!"

傅用之抱拳在胸,说:"大人多多保重!"

陆游回礼,说:"你也保重!"

两人依依不舍地作别。

行至严州的寿昌县,陆游念念不忘傅用之相送的情景,留诗做纪念:

我行忽百里,送客亦已空。傅子独眷眷,旦暮随此翁。谢之不肯去,瘦马冲北风。泥溅及马臆,霜飞逼裘茸。茅店得小语,慨然念年凶。不作儿女悲,道义相磨砻。我归亦何为,鱼鸟愁池笼。君乃台阁人,鸾凤仪笙镛。若耶绕青山,天禄摩苍穹。此别各努力,出处何必同。

——《白干铺别傅用之主簿》

到了桐庐,朝廷的通知传至,免去陆游到临安入奏,仍将他外放为官。这次外放去哪儿呢?是提举淮南东路常平茶盐公事。然而,任命还未下达,就被赵汝愚以"不自检饬,所为多越于规矩"为由驳回,陆游被夺去原职,俸祠回乡。开仓放粮,却落个这样的下场,实在是难以接受。

这次被贬,陆游深切感到政治的残酷和官场的难测,对"拉朽摧枯,竞为排陷"的现实深恶痛绝,发出了"万户侯岂足道哉"的呼声,表明了远离朝堂,散迹江湖的心志。他想:给我个虚衔,能让我的晚年活得别太凄惨就行了。这些想法,都明明白白地写进了他的《上丞相参政乞宫观启》中:

　　年运而往,益知涉世之艰;职思其忧,独幸侍祠之乐。悁悁微志,恳恳自陈。伏念某臃肿凡材,聱牙曲学,既无甚高论足以哗世,岂有它缪巧用以致身。随牒半生,问津万里。虽誓图微报,不胜狗马之心;而俯迫颓龄,已罹霜露之疾。壮志累然而欲尽,残骸悴尔以难支。拉朽摧枯,竞为排陷;哀穷悼屈,孰借声光。敢图廊庙之尊,未弃门阑之旧。曲怜不逮,力谓无他。至于跌宕之文,辱在褒称之域。二百年无此作矣,固难称惬于奖知;万户侯岂足道哉,私亦激昂于衰懦。然而揣数奇之薄命,惧徒费于鸿钧。与其度越群材,留朱云于东阁,曷若稍捐薄禄,置陶令于北窗。伏望某官仁风翱及物之恩,赫日照覆盆之陋。念前跋胡而后疐尾,惟当自屏于江湖;方上昭天而下漏泉,忍使独挤于沟壑。假以毫端之润,宠其林下之归。某谨当刻骨戴恩,刻心慕道。诵丹台之蕊笈,少慰素怀;拜玉局之冰衔,用华晚景。

小楼一夜听春雨:严州大阅

　　世味年来薄似纱,谁令骑马客京华?小楼一夜听春雨,深巷明朝卖杏花。矮纸斜行闲作草,晴窗细乳戏分茶。素衣莫起风尘叹,犹及清明可到家。

——《临安春雨初霁》

淅淅沥沥的春雨下了一夜,陆游呆呆地坐在窗前,听了一夜。雨停了,一抹朝阳涂亮了吴山,一城碧绿,满街花开,临安的空气都是甜的。馆驿里没有嘈杂的人声,宁静得像一潭水。人呢?该不是都去巷子里卖杏花了吧……

此时是淳熙十三年(1186),时间过得快,陆游已经八年没有见过皇帝,赋闲山阴也六年了。

"谁令骑马客京华"?当然是皇帝。皇帝小自己两岁,已是花甲之年,终日操劳国事,也该有白发了吧!陆游心疼皇帝,这份感情是真挚的、朴素的。

好在这一年,皇帝也想起了陆游,又召见了他。赋闲六年后,陆游又得到朝请大夫、知严州的任命,七月到任。

严州,治所在建德(今浙江建德),辖建德、淳安、桐庐等县,是江南大州。这里是"山水胜处",非比寻常。来严州后,陆游曾为严州光孝寺写了一篇《严州重修南山报恩光孝寺记》,严州山水之美,从中可见一斑:

> 浙江自富春溯而上,过七里濑桐君山,山益秀,水益清。乌龙山崛起千仞,鳞甲爪鬣,蜿蜒盘踞。严州在其下,有山直州之南,与乌龙为宾主。乌龙以雄伟,南山以秀邃。形势壮而风气固,是为太宗皇帝、高宗皇帝受命赐履之邦。登高四望,则楼观雉堞,骞腾萦带,在郁葱佳气中,两山对峙,紫翠重复,信天下名城也。
>
> ……
>
> 予行天下多矣,览观山川形胜,考千载之遗迹,未尝不慨然也。晚至是邦,观乌龙似赤甲白盐,南山似锦屏,一水贯其间,纡余澄澈似渭水,而南山崇塔广殿,层轩修廊,山光川霭,钟鸣鲸吼,游者动心,过者骇目,又甚似汉嘉之凌云,盖兼天下之异境而有之。骚人墨

客,将有徙倚太息援笔而赋之者。予未死,尚庶几见之。绍熙四年二月庚申记。

虽是山水胜处,但严州民生凋敝、百业待兴,这也是事实。陆游来到严州,面对市井萧条、田地荒疏、流民盈道、盗贼公行的现状,心急如焚。按惯例给相应的朝官写了几份谢启后,陆游开始连夜处理积压在案的公文。他布衣草鞋,轻车简从,进村入户,访贫问苦,深入民间了解第一手情况,随后召集部属,明确职责,制定措施,又先后两次具文呈报朝廷,陈述严州饥荒情况,请求朝廷准予免除严州六县的租赋徭役,并发放州县义仓粮食救济灾民,百姓的境遇得到改善,情绪稳定下来。治理初见成效,陆游心生感慨,写了一首诗:

朝先鸣鸡兴,夕殿栖鸦还。符檄积几案,寝饭于其间。榜笞督租赋,涉笔骍我颜。忽忽过白日,胡能慰茕鳏?叶脱横林疏,发鬒溪南山。岂无一杯酒,吾事何时闲?

——《秋兴》

之后两年春耕时,陆游写了两篇《劝农文》。开犁之前,陆游亲临田间地头宣讲,各县官员纷纷效仿,各个村寨到处都是劝农的声音,一时民心所向,春种秋收,热火朝天。

严州的一潭死水终被激活,百姓生活逐渐走出低迷,步入康宁。

新定为郡,地狭民贫,而回禄冯夷,数见谴告。市邑萧然,至今未复。某蒙恩来守是邦,宜知所报。如或黩货以厉民,淫刑以饰怒,事燕游以废政,纳请谒以挠法,是宜即罪于有神,死不敢悔。使其能粗践今兹之言,则神亦宜哀矜之,调节雨旸,驱逐疠疫,使与吏民仰戴明神之休。牲酒鼓歌,以时来报,岂不幽显各得其职哉。

——《严州谒诸庙文》

以上是陆游到任严州后写下的谒庙文。在拜谒社稷神时,他写道:"某蒙上恩,来守新定。邦虽小,有社稷焉,其敢不恪,以获戾于神。"这不是迷信,是一个官员对天地的敬畏、对国家的忠心、对治下民众的许诺,是他发下的誓言。

陆游之所以格外珍惜在严州任上的工作,也因为这里是他的高祖陆轸当年为官的地方。

宋仁宗皇祐元年(1049),陆轸任睦州知州,这个睦州就是后来的严州。陆轸在此为官五年,深为朝廷肯定、百姓爱戴。近一百四十年后,陆游踏着高祖的足迹而来,这是历史的巧合,还是孝宗的有意之举?不管怎么说,陆游都要做好这个知州,不能给先人丢脸,不能让皇上失望,不能让百姓寒心。有趣的是,多年以后,陆游的幼子陆子聿也成为严州知州,陆氏一门三知严州,成了史上的佳话。

陆游在严州励精图治,成绩斐然,深受百姓的爱戴,严州官民由陆游想到了陆轸,借古喻今,在兜率佛寺的边上建了一座陆轸祠,供奉陆轸的遗像,以示敬仰。建成之日,陆游见到高祖的遗像,感慨万千,写了一篇纪念之文:

先太傅皇祐中,以吏部郎中直昭文馆,自会稽移守新定。期年,请老,得分司西京以归。迨今百四十年,而某自奉祠玉局,起为是邦,实继遗躅。于是知建德县事苏君林以父老之请,筑祠宇于兜率佛寺。淳熙十四年春正月丙辰,备车旗仪物,大合乐,奉遗像于祠,且以公自赞道帽羽服像,刻之坚珉,慰邦人无穷之思。朝隐子,盖公自号云。元孙朝请大夫权知严州军州事陆某谨书。

——《先太傅遗像》

严州离前线很远,陆游的心却始终在前线。料理好民事,他就想到了军事。天下太平,忘战必危,面对北方强敌,临安并非固若金汤,一旦有了战事,严州必有拱卫京畿之责。于是,陆游联络驻地守军,编练民兵,倡导团练,强化基层的"厢公事所"和"军寻铺"的职能,完善巡检制度。一时间,严州上下颇有大战将至的气氛。

陆游主持的严州大阅把练兵备战的气氛推向了高潮。

孝宗即位之初,号令全国练兵,各地时常搞阅兵。孝宗在乾道年间举行了三次大阅兵,极大地鼓舞了全国军民的士气。然而,随着北伐声音的减弱,各地已经很少有阅兵活动了。

武定门外的大教场,是严州的校阅坊,陆游重新书写了"校阅坊"三个端庄的大字,悬挂在牌楼之上。阅兵开始,一队队官兵、民兵、团练兵、巡捕走过校阅场,陆游骑在一匹战马上,没有了戎装,绯色的官袍,黑色的纱帽,一柄宝剑斜挎腰间,两根帽翅横出纱帽,依旧威风凛凛、器宇轩昂……

这是陆游最后一次主持阅兵,阅兵的场景如那日的夕阳,温暖着陆游金戈铁马的雄心。

  铁骑森森帕首红,角声旗影夕阳中。虽惭江左繁雄郡,且看人间矍铄翁。清渭十年真昨梦,玉关万里又秋风。凭鞍撩动功名意,未恨猿惊蕙帐空。

——《严州大阅》

严州的任期就要结束了,一路走来,陆游宵衣旰食,呕心沥血,功过是非都是过眼烟云,没被人弹劾就心满意足了。主动回家总比灰溜溜地被贬光彩些,因此,陆游早早就上了一道请求领取祠禄的札子。

照对某昨任主管成都府玉局观,将满,陈乞再任,蒙恩差知严州,于淳熙十三年七月三日到任。郡政乖剌,雨泽不时,上劳宵旰,死有余责。赖蒙朝廷哀矜,山郡瘠土之民,重赐蠲放,广行赈恤,上格和气,下安众心,入秋得雨,陆种倍收,六县并无流徙人户。今春以来,雨旸尤为调适,二麦继熟,民间亦以为所收倍于常年。赈济讫事,稍纾吏责。某虽去替不远,实缘年龄衰迈,气血凋耗,夏秋之际,痼疾多作,欲望钧慈特赐矜悯,许令复就玉局微禄,养疴故山,及天气尚凉,早得就道,实为至幸。

——《乞祠禄札子》

既然要领取祠禄了,只要有个道观、寺院,封个虚衔就好,陆游却指名道姓地想继续主管成都的玉局观,不免有些可笑。他上次被贬领祠禄就在玉局观,后来被起用,还升了官,想必这是陆游心目中的"福地"。玉局观是陆游熟悉的地方,他在成都多次拜临,还在那里祭拜过苏轼,写过一首《玉局观拜东坡先生海外画像》:"商周去不还,盛哉汉唐宋。苏公本天人,谪堕为世用。太平极嘉祐,珠玉始包贡。公车三千牍,字字炎飞动。气力倒犀象,律吕谐鸾凤……"

在山阴领祠禄时,陆游又写了一首《玉局歌》:

玉局祠官殊不恶,衔如冰清俸如鹤。酒壶钓具常自随,五尺新篷织青箬。倚楼看镜待功名,半世儿痴晚方觉。何如醉里泛桐江,长笛一声吹月落。蒋公新冢石马高,谢公飞旐凌秋涛。微霜莫遣侵鬓绿,从今二十四考书玉局。

人生七十古来稀。六十四岁了,在严州七百日,作诗三百首,为文九十篇,陆游最念念不忘的还是为国征战。

东都宫阙郁嵯峨,忍听胡儿敕勒歌。云隔江淮翔翠凤,露沾荆棘没铜驼。丹心自笑依然在,白发将如老去何。安得铁衣三万骑,为君王取旧山河。

——《纵笔》

淳熙十五年(1188)冬,任满回乡不久,朝廷的公事下达,任命陆游为军器少监。"军器"二字,令陆游喜不自胜,他急急忙忙赴京城上任了。

流落归来两鬓丝：皇恩浩荡

> 流落归来两鬓丝，此生真愧北山移。数残宫漏寒无寐，开尽梅花病不知。同舍破甘醒宿酒，故人折简索新诗。生涯可笑清如许，枉是京尘扑马时。
>
> ——《宿监中偶作》

淳熙十五年（1188）十月，孝宗诏问丞相周必大："如果任陆游为郎中，是否会有不同意见？如恐有议论，让他任少监如何？"孝宗胸有成竹，却征询于周必大，足见对周必大的信任。

周必大为人纯笃忠厚、谨言慎行、善政有为，高宗评价其"不迎和，无附丽"，他深得高宗、孝宗父子的信赖。孝宗即位后，视周必大为股肱之臣，让他随侍左右，取人用事时常征询周必大的意见。

周必大回奏道："圣意若留陆游在朝廷任少监，恰好李祥即将任满致仕，可顺势令陆游补缺。"孝宗说："那就补缺，任军器少监。"虽然周必大没为陆游争取更高的官职，但这军器少监主管兵器工业，他知道，天天想着打仗的陆游是一定会喜欢这个工作的。

二十七年后，陆游终于重回朝廷。

> 六十之年又四年，也骑瘦马趁朝天。首阳柱下孰工拙，从事督邮俱圣贤。笔墨有时闲作戏，功名到底是无缘。都城处处园林好，不许山翁醉放颠。
>
> ——《初到行在》

南宋的军器监规模极为庞大，主要负责武器装备的研发、生产、调拨和修缮，下辖常规兵器、甲胄、装具和火药作、猛火油作、青窑作、火作等十余个大作坊，都是重要的军工生产部门。南宋立国之初，国家的军马场多数被金国占领，致使宋朝军队的军马数量不及金国的十分之一。两军交战时，宋军的步兵对战金国的骑兵，在近战时完全处于下风。从北宋起，国家已经能够生产弓火箭、霹雳炮、皮火炮、蒺藜炮、震天雷等先进的远程武器，这对南宋来说不啻是国家的命脉。陆游任职军器少监，无疑体现了孝宗对他的信任和器重。

身为京官，对国家的现实状况、面临的问题看得愈加透彻，陆游不思官微言轻，日思夜想，为皇帝谋划兴国大计。赶上轮对时，陆游连上三札，所言振聋发聩，表现出卓越的政治胆识和智慧。

> 今朝廷内无权家世臣，外无强藩悍将，所虑之变，惟一金虏。虏，禽兽也，谲诈反覆，虽其族类，有不能测，而臣窃以谓是亦有可必智者。夫何故？宽猛之相继，如寒暑昼夜之必相代也。故自金虏猖獗以来，靖康、建炎之间，穷凶极暴，则有绍兴之和；通和既久，则有辛巳之寇；寇而败亡，则又有隆兴之和。今边陲晏然，桴鼓不作，逾二十年，与绍兴通和之岁月略相若矣。不知此虏终守和约，至数十百年而终不变耶，将如昼夜寒暑必相代也？且虏非中国比也，无君臣之礼，无骨肉之恩，惟制之以力，劫之以威，则粗能少定。今力愈势削有乱而已。其乱不起于骨肉相残，则起于权臣专命，又不然，则奸雄袭而取之耳。三者有一焉，反虏酋之政，以悦其国人，且何为哉？虽陛下聪明英睿，自有所处。然臣窃观士大夫之私论，则往往幸虏之懦以为安。不知通和已二十余年，如岁且秋矣，而谓衣裘为不必备，岂不殆哉！
>
> ……
>
> 大抵边境之备，方无事时观之，事事常若有余，一旦有变，乃知不足。伏望陛下与腹心之臣，力图大计，宵旰弗怠，缮修兵备，搜拔人才，明号令，信赏罚，常如羽书狎至，兵锋已交之日。使虏果有变，大则扫清燕代，复列圣之仇；次则平定河洛，慰父老之望。岂可复如辛巳仓卒之际，敛兵保江，凛然更以宗社为忧耶？臣世食君禄，且蒙陛下省录姓名，已二十余年，念无以报天地父母之大恩，故其陈于陛下者，惟惧不尽，而不知狂愚之为大罪也。取进止。
>
> ——《上殿札子》节录

淳熙十六年(1189)二月初二,宋孝宗禅位于赵惇,是为宋光宗。

禅位前,孝宗手书一旨:"陆游除礼部郎中。"

没等在军器少监的位置坐热乎,陆游便升任朝议大夫、礼部郎中。

二十七年间,陆游先后两度入京为官;二十七年间,宋孝宗从即位到禅位。二十七年间,孝宗只是偶尔瞥一眼陆游,知道他是个诗人,还是个爱国诗人,就转过头去。也许他欠陆游一个参知政事、一个枢密使、一个封疆大吏……他了解陆游了解得太晚了。这个礼部郎中,是孝宗在位二十七年间所做的最后一项任命。

五年后,绍熙五年(1194)六月,孝宗去世,陆游含泪写下三首挽词,寄托心中的哀思:

大道本生知,崇高志不移。凝神超事物,观妙极希夷。访药三山远,遗弓万国悲。神孙昔钟爱,天作太平基。

代邸膺图日,临朝涕泗横。诚心非外饰,至孝化群生。高庙联龙衮,思陵接柏城。平生奉亲意,一理贯幽明。

便殿咨询早,深宫宴乐稀。欲颁传位诏,犹索未明衣。寿损名方永,身癯国愈肥。孤臣泣陵柏,心折九虞归。

——《孝宗皇帝挽词》三首

孝宗内禅,出乎所有人的意料。两年前,高宗去世,孝宗悲痛欲绝,多日不上朝理政,满朝大臣跪请还政,他也不为所动。孝宗是高宗的养子,比亲儿子还要孝顺。在孝道与王道的纠结中,他徘徊了二十五年,结果还是选择把孝道排在王道的前面。晚年的高宗老迈昏庸,而孝宗是个有为的明君,两人的思想差距别若天壤,高宗像一根无形的绳索捆着他的手脚,他还要笑着,尽量让高宗满意。这条绳索解除了,孝宗也泄气了,六十多岁了,还能做什么呢?去养老吧!他干脆也学父亲,让位给年富力强的儿子,安心地为高宗守孝,把这个孝子一做到底。

再说,金国的金世宗完颜雍刚刚去世,他的皇太孙完颜璟即位(金章宗)。过去向金世宗称侄,现在又要向他的孙子称侄,这个口孝宗实在是难开。

宋光宗赵惇(1147—1200),是孝宗第三子,当了快二十年的太子,四十三岁总算登上皇位。这个皇位本轮不到他坐,但大哥庄文太子赵愭英年早逝,和二哥相比他更招孝宗喜欢一些,在虞允文的建议下,他被孝宗立为太子。四十岁时,他捋着头发对孝宗说"我这头发都白了",暗示孝宗早点把皇位让给他。孝宗假装糊涂说:多休息,工作不是一天干的,要劳逸结合。赵惇气得跑回太子府,吃了半盆儿祛火顺气丸,还差点得了抑郁症。初登大位,赵惇拉开架势要大干一场,向老爸展示一下自己的才艺。他连下三道诏书,广开言路,求治国之策,又罢免了几个声名狼藉的官员,赢得朝堂内外一片喝彩。

陆游也为新皇帝的作为感到高兴,铆足劲要给皇帝出点儿好主意。他先后写了两份长长的奏章给皇帝,先是拍了一顿马屁,"陛下今日忧勤恭俭,百倍于古帝王"云云,接着一本正经地给光宗上了一课,教导他多行孝道,给天下人做个表率,让禅位的父亲过个幸福的晚年,不能沉迷酒色,由着性子胡来,荒废了朝政;要近君子远小人,还要学会辨别谁是君子,谁是小人,重用君子,不能朝三暮四,寒了人心。作为一国之君,应当达到"上天之载,无声无臭"的境界,时常清心省事,淡然虚静,不然必有奸臣投其所好,这样就难免让小人得势,君子寒心。小人得势,必拉帮结派,排斥异己,久而久之,朝堂之上尽为奸党,皇帝就可能被挟持,国家也就没落了。

具体施政上,陆游建议光宗顺从民意,学会换位思考,体恤百姓的苦衷。还有一件要紧的事情,就是整顿吏治,政风清明,则天下归心,中兴盛世便可绵延不绝。

最后,陆游说:"臣昧死欲望圣慈恢大度,明远略,诏辅臣计司,博尽论议,量入而用,量用而取,可蠲者蠲,可省者省。富藏于民,何异府库?果有非常,孰不乐输以报君父沦肌浃髓之恩哉？若有事之时,既竭其财矣;幸而无事,又曰储积以为他日之备也;虽恢复中原,又将曰边境日广矣,屯戍日众矣。则斯民困弊,何时而已耶！渎犯天威,罪当万死,惟陛下裁赦。"

光宗看到陆游的奏对,给予了很高的评价,且为陆游的文采所叹服。这年七月,陆游又多了一项工作——兼实录院检讨官。

光宗的才艺展示刚亮出漂亮的身段,就赢得了一个"碰头彩"。观众静静地期待着一场精彩的大戏,然而,接下来的演出却令人大失所望。光宗狭隘的胸襟、渺小的格局、幼稚的政治觉悟一并暴露出来。他先是把对孝宗的不满迁怒于孝宗器重的大臣身上,上任三个月就罢免了周必大;之后开启了"一相去台谏以党去,一相拜台谏以党进"的先例,导致台谏与相权和光同尘、纷纷结党、朋比为奸,令朝廷中的制约机制形同虚设。再后来,他我行我素,压制逆耳忠言,让何澹之流的取巧之人乘势上位。在位仅五年,他便在"绍熙内禅"中被迫退位,死后谥号"光宗"。这个"光"字,看似取光明、光辉之意,实际更像是嘲讽他上愧君父,中亏社稷,下失黎庶,输得一干二净。

面对光宗,与陆游的循循善诱、苦口婆心相比,还有一个人可说是慷慨陈词,这个人就是与陆游、范成大、杨万里同列"中兴四大家"的尤袤。

尤袤(1127—1194),字延之,号遂初居士,是南宋著名诗人、藏书家,官至礼部尚书。光宗即位后,尤袤再三劝谏,要他"谨初戒始,孜孜兴念",告诫他"天下万事失之于初,则后不可救"。尤袤对宋光宗任用亲信和滥施爵赏的做法十分忧虑,还引用唐太宗登基后不偏心秦王府旧人的故事劝诫光宗。尤袤的这番忠言没有打动光宗,恰有奸党借机诽谤,称他为周必大党羽,光宗就势把尤袤贬官出朝。

陆游不畏谗言,不惧牵连,以诗相送:

> 印何累累绶若若,只堪人看公何乐。忽然掟柁开布帆,慰满平生一丘壑。遂初筑堂今几时,年年说归真得归。异书名刻堆满屋,欠伸欲起遭书围。舍之出游公岂误,绿发朱颜已非故。请将勋业付

诸郎,身践当年遂初赋。

——《尤延之侍郎屡求作遂初堂诗,
诗未成,延之去国,因以奉送》

礼部郎中,位居尚书、侍郎之下,是礼部的三把手,职位不低,但权柄不重,形同闲官。实录院更是清静之所,主要工作就是编修国史。陆游兼职实录院检讨官,主要任务是修《高宗实录》。作为主笔,他不敢有丝毫懈怠,整天泡在实录院里,生活忙碌而又充实。

这年十二月二十四日,陆游写到高皇帝行幸会稽一节,写完又修改了几次,越读越喜欢,之后他摘出来这篇文章,取名《明州阿育王山买田记》,放到了自己的文集里。

四天后,淳熙十六年(1189)十二月二十八日,乌云笼罩着临安城,一场大雨从天而降,一道闪电划过,一声惊雷在空中炸响。

实录院里,陆游的书案上堆满了资料,刚放下一本,又取过另一本,一叠草纸上写满了摘录的文字。陆游看看窗外,对同僚说:"今年也是怪了,好多年没听到冬天的雷声了。"

同僚说:"冬天打雷,遍地是贼。"

说话间,两个打着油纸伞的官差来了,推开门,到陆游的书案前,说:"陆大人,有您的公事。"说完,他们把中书省的公事交到陆游的手上。

陆游展开公事,上面写道:"朝议大夫、礼部郎中兼实录院检讨官陆游,任职前后屡遭白简,所至有污秽之迹,罢免。"这次弹劾出自谏议大夫何澹之手,列举完陆游的"罪状",还附带一句"嘲用风月"。这次被贬,陆游连"驳对"都懒得做了,他回乡的第一件事,就是将山阴的居所改名为"风月轩",刻了个匾,大大方方地挂在门楣上。

看着公事时,陆游忽然想起给光宗的奏章中有整顿吏治之语,不免露出一丝苦笑。临安城里,罢免的公事就像风雨中卷起的落叶,早已没人在乎了。这次,大理寺丞李端友、秘书省正字吴镒也一同被罢免了,陆游边整理书案,边自言自语着:老了,该回家了……

遗恨篇　风起南园　落叶归根

宋宁宗庆元六年(1200)

异姓真王功第一：见讥清议

　　珥貂中使传天语，一片惊尘飞辇路。清霜槊瓦初作寒，天为明时生帝傅。黄金饰盦雕玉箸，上尊御食传恩光。紫驼之峰玄熊掌，不数沙苑千群羊。通天宝带连城价，受赐雍容看拜下。神皇外孙风骨殊，凛凛英姿不容画。问今何人致太平？绵地万里皆春耕。身际风云手扶日，异姓真王功第一！

——《韩太傅生日》

以上是嘉泰二年(1202)陆游入朝做史官时，逢韩侂胄生日，为其祝寿的一首诗。

韩侂胄(1152—1207)，字节夫，是北宋名臣魏王韩琦之孙，宁宗朝的重臣、权臣，被《宋史》列入《奸臣传》，同列的还有秦桧、史弥远、贾似道。相比其他三位奸臣，历史上韩侂胄的劣迹不多，还有开禧北伐之举，尽管功亏一篑，倒也有些志气。说到陆游与韩侂胄，必不能绕过两篇文章——《南园记》《阅古泉记》。

宋宁宗庆元六年(1200)，赋闲山阴逾十年的陆游年已七十六岁，依然身体硬朗、耳聪目明，"东归忽十载，四忝侍祠官。虽云幸得饱，早夜不敢安"(《病雁》)。两年前,祠禄期满,他并没有再去申领。好在几个儿子都在外为官,没有牵扯,日子虽拮据,却也温饱有余。昔日旧交多已谢世或老迈,陆游独居乡野,和外面的接触也少了。

闲来无事,陆游刚煮了一壶茶,就有客人来。来人一身官服,风尘仆仆,原来是京城来的信使,特为送韩侂胄的手书。韩侂胄此时是平原郡王。异姓封王,在宋朝屈指可数,可见韩侂胄权倾朝野、炙手可热。

韩侂胄有这样的地位,和六年前的"绍熙内禅"密切相关。光宗即位第二年改元绍熙,之后患了一场大病,李皇后借机擅政。这个李皇后大名李凤娘,是两宋乃至中国历史上著名的悍后之一,光宗在她面前大气都不敢出。为达到专权的目的,李皇后极力拨弄是非,制造矛盾,使光宗与孝宗隔阂日深。

绍熙五年(1194)六月,孝宗去世,光宗始终未去重华宫问疾,也不执丧,朝中骚动。尚书左选郎官叶适向左丞相留正建议,立皇子嘉王赵扩为监国,以释疑谤。留正于是率宰执面请光宗。光宗此时已患精神疾病,即便同意也有可能后悔,狡猾的留正不敢接这个烫手的山芋,龇牙咧嘴地称病离开相位。知枢密院事赵汝愚主张让光宗直接禅位给嘉王,但没有建储诏旨,苦于孤掌难鸣,便暗中联络知阁门事韩侂胄,就内禅之意向太皇太后请旨。韩侂胄的母亲是高宗吴皇后的妹妹,高宗即韩侂胄的亲姨父,有了这层关系,太皇太后相信韩侂胄不会欺骗她。经韩侂胄讲述其中的利害得失,禅位之意得到太皇太后的支持。次日,心中有底的赵汝愚谎称收到光宗"念欲退闲"的御批,请立嘉王为帝,太皇太后应允,并下懿旨给赵汝愚,谕嘉王赵扩即位,即宋宁宗。而光宗被尊为太上皇帝,李皇后被尊为太上皇后。宁宗皇后韩氏,其父为韩同卿,是韩侂胄的哥哥。通过此次"绍熙内禅",韩侂胄一箭三雕,既建立了禅位之功,又削弱了李皇后的权势,还通过侄女韩皇后控制了宁宗。

陆游展开韩侂胄的手书,手书中大意是说,皇上将别园赐予韩侂胄,经过一番改造已颇具气象,取名"南园",欲请陆游为之作一篇记文,刻石传世。陆游仔细看了几遍,轻轻叠好,端端正正地放在书案上,和信使聊了起来,说:"听说韩相有北伐之意,老朽近闻各地都在暗中练兵备战,不知是传闻还是果有其事?"

信使小声回道:"不瞒陆大人,韩相素有北伐之志,如今掌管朝政,兴兵北伐是迟早的事,练兵选将、积蓄物资,非一朝一夕之功,还要乘敌之隙,具体起兵时间推后三年五载也未可知。"

陆游会意地点点头,说:"韩相的南园一定是冠绝江南的造作,记不难写,但要有的放矢,韩相可让你带来园图和详细的介绍?"

信使面露喜色,忙解释说:"怕您拒绝,没敢给您呢。"说着,他连忙打开文袋翻找起来。

陆游打趣说:"你说笑了,韩相邀人写篇文字,有谁会拒绝呢?"

"您别说,还真有……"信使话到嘴边就咽了回去,拐个弯儿说:"还真有不知道南园的,现在的临安城内,南园比不上御花园,但其他的园子,不要说民间,就是王公贵族家的,也难有相提并论的。"

信使咽回去的一半话,说的是杨万里。之前,韩侂胄想请杨万里为南园作记,杨万里却对取巧上位、排斥异己、专权擅政的韩侂胄十分不屑,断然拒绝,并称"官可弃,记不可作也",令韩侂胄火冒三丈又无可奈何。当然,这是陆游事后才知道的。

陆游一份一份展开资料,有整体的、分体的、单个景观的绘图,还有详细的文字资料。

陆游把资料收拢好,说:"你且留一夜,明早来取就行"。

"在下先代韩相谢谢陆大人了。"信使客气了一番,拜别了陆游。

《南园记》作成,誊写完最后一个字,天已放亮。陆游起身,活动了活动筋骨,摘下墙上的宝剑,走到院中,劈、架、挑、撩,仙人指路、犀牛望月,一招一式舞起剑来。收了剑,他已是气喘吁吁。陆游擦去满脸的汗水,坐在竹凳上,叹息道:老了,真的是老了。

东方腾起一片朝霞,像橘色的帷幔在天际升起,鲜亮耀眼……

庆元三年二月丙午,慈福有旨,以别园赐今少师平原郡王韩公。其地实武林之东麓,而西湖之水汇于其下,天造地设,极湖山之美。公既受命,乃以禄赐之余,葺为南园,因其自然,辅以雅趣。方公之始至也,前瞻却视,左顾右盼,而规模定;因高就下,通室去蔽,而物态别。奇葩美木,争效于前。清泉秀石,若顾若揖。于是飞观杰阁,虚堂广厦,上足以陈俎豆,下足以奏金石者,莫不毕备。升而高明显,敞如蜕尘垢;入而窈窕邃深,疑于无穷。既成,悉取先侍中魏忠献王之诗句而名之。堂最大者曰"许闲",上为亲御翰墨,以榜其额。其射厅曰"和容",其台曰"寒碧",其门曰"藏春",其阁曰"凌风"。其积石为山,曰"西湖洞天"。其潴水艺稻为围为场,为牧羊牛、畜雁鹜之地,曰"归耕之庄"。其他因其实而命之名。堂之名则曰"采芳",曰"豁望",曰"鲜霞",曰"矜春",曰"岁寒",曰"忘机",曰"眠香",曰"堆锦",曰"清芬",曰"红香"。亭之名则曰"远尘",曰"幽翠",曰"多稼"。

自绍兴以来,王公将相之园林相望,莫能及南园之仿佛者。然公之志岂在于登临游观之美哉?始曰"许闲",终曰"归耕",是公之志也。公之为此名,皆取于忠献王之诗,则公之志,忠献之志也。与忠献同时,功名富贵略相埒者岂无其人?今百四五十年,其后往往寂寥无闻。而韩氏子孙,功足以铭彝鼎、被弦歌者,独相踵也。迄至于公,勤劳王家,勋在社稷,复如忠献之盛。而又谦恭抑畏,拳拳于忠献之志,不忘如此。公之子孙又将嗣公之志而不敢忘,则韩氏之昌将与宋无极,虽周之齐、鲁,尚何加哉!或曰:"上方倚公如济大川之舟,公虽欲遂其志,其可得哉?"是不然。上之倚公,公之自处,本自不侔。惟有此志,然后足以当上之倚,而齐忠献之功名。天下知上之倚公,而不知公之自处;知公之勋业,而不知公之志,此南园之所以不可无述。游老病谢事,居山阴泽中,公以手书来示曰:"子为我作南园记。"游窃伏思:公之门,才杰所萃也,而顾以属游者,岂谓其愚且老,又已挂冠而去,则庶几其无谀词,无侈言,而足以道公之志欤?此游所以承公之命而不获辞也。

中大夫直文华阁致仕,赐紫金鱼袋陆游谨记。

——《南园记》

送走了信使,陆游的心头荡起一波又一波的涟漪。他想:韩侂胄能看懂我对他说的话吗?

"或曰:'上方倚公如济大川之舟,公虽欲遂其志,其可得哉!'是不然。……知上之倚公而不知公之自处,知公之勋业而不知公之志,此南园之所以不可无述。"意思是:天子只知倚你韩侂胄为干城,而不知你的处境;只知道你事业上如日中天,而不知道你胸怀恢复中原之志。陆游想:这何尝不是我陆游对你韩侂胄的寄望啊!我一个年近八旬的老人,无意攀附于你,只是你恢复中原的志向让我感动、敬佩,能圆我一生的报国梦想的,也许只有你了。

陆游又想:六年前(庆元元年)的"庆元党禁",韩侂胄为了独霸朝纲、专权擅政,斥理学为伪学,禁毁理学的《朱子语录》,甚至将《论语》《孟子》《中庸》《大学》都列为禁书,借机将朝中的异己如宰执赵汝愚、留正、王蔺、周必大,待制以上的大臣朱熹、徐谊、彭龟年、陈傅良、薛叔似等十多人列入"伪学逆党籍",并加以追责、迫害,连大名鼎鼎的朱熹都差点被他气死。往事历历在目,为韩侂胄写这篇《南园记》,自己背负了很大的负担,甚至可能背上历史的骂名。但若韩侂胄真能北伐成功,自己也能减轻压力吧!

三年后,韩侂胄凿吴山建私园,将青衣泉水引来,用作流觞曲水,并在那里建起了一座阅古堂。有了阅古堂,青衣泉改名为阅古泉。此时,陆游到临安做史官,韩侂胄在阅古泉待客,他舀起一瓢阅古泉水分与众人。做客的陆游尽饮一瓢,令众人称羡,韩侂胄开心地对陆游说:"君为我记此泉,使后世知吾辈之游,亦一胜事也。"陆游无法推辞,于是又有了一篇传世的状物叙事之文:

> 太师平原王韩公府之西,缭山而上,五步一磴,十步一墼,崖如伏鼋,径如惊蛇。大石礧礧,或如地踊以立,或如翔空而下,或翩如将奋,或森如欲搏。名葩硕果,更出互见,寿藤怪蔓,罗络蒙密。地多桂竹,秋而华敷,夏而箨解。至者应接不暇,及左顾而右盼,则呀然而江横陈,豁然而湖自献。天造地设,非人力所能为者。其尤胜

绝之地曰阅古泉，在溜玉亭之西，缭以翠麓，覆以美荫。又以其东向，故浴海之日，既望之月，泉辄先得之。衰三尺，深不知其几也。霖雨不溢，久旱不涸，其甘饴蜜，其寒冰雪，其泓止明静，可鉴毛发。虽游尘堕叶，常若有神物呵护屏除者。朝暮雨旸，无时不镜如也。泉上有小亭，亭中置瓢，可饮可灌，尤于烹茗酿酒为宜。他石泉皆莫逮。

公常与客徜徉泉上，酌以饮客。游年最老，独尽一瓢。公顾而喜曰："君为我记此泉，使后知吾辈之游，亦一胜也。"游按泉之壁，有唐开成五年道士诸葛鉴元八分书题名，盖此泉湮伏弗耀者几四百年，公乃复发之。时阅古盖先忠献王以名堂者，则泉可谓荣矣。游起于告老之后，视道士为有愧，其视泉尤有愧也。幸旦暮得复归故山，幅巾裋褐，从公一酌此泉而行，尚能赋之。

嘉泰三年山阴陆游记。

——《阅古泉记》

《宋史·陆游传》言："晚年再出，为韩侂胄撰《南园》《阅古泉记》，见讥清议。朱熹尝言：'其能太高，迹太近，恐为有力者所牵挽，不得全其晚节。'盖有先见之明焉。"对这两篇记文如何评价，众说纷纭，宋人以此讥议陆游，多因韩侂胄之后兵败被杀。实际上，两记中未有阿谀奉承之词，只见殷殷期盼之语，有何可讥之处？韩侂胄好歹有北伐之心，且当时正为此谋划，难道陆游就不能说点好听的，非要谩骂几句，打击他的积极性？

《陆游年谱》曰："务观为侂胄作《阅古泉》《南园记》，后世学人或以责备之词肆加非难，或以惋惜之情代为辩解。数百年来，几成聚讼。愚以为对此问题，必须以务观政治思想中一重要线索以求之，始得其要。线索何云？反对党争是也。盖务观以为必须消弭党争，破除彼此，始能团结内部，集中力量，进而战胜强敌，恢复土疆，拯救遗民。且侂胄绝非曾觌、龙大渊辈之比，虽排斥异己，打击反对派，但亦由于道学派之偏激狭隘有以促成之。务观局外旁观，对此尤为洞澈。故在士大夫舆论肆诋韩氏之际,独能应其请求为作《南园》《古泉》二记,并当其生辰,公开赋诗祝贺。此即破除成见,推诚相与之具体行动,敢于树之风声,用矫内部分崩之弊。至他人谓何,虽明知亦不复置意矣。即以务观二记内容观之,无非描叙山林泉石之奇,宴饮游观之盛,并未溢出一般游记之范围;且期之'许闲''归藉',微讽私悰,更昭昭在人心目,亦何'躐节'之可言!尤宜注意者:侂胄以抗金而贾杀身之祸,一时士大夫遁避不遑,惟恐浼及,因而公私记载,均经大量涂鼠芟除。试思侂胄柄国,历庆元、嘉泰、开禧十余年,当时献谀词,希进身者何啻千百,今检南宋公私史料,文士别集,就所见者言,似务观《韩太傅生日》之作绝少,岂非应加深思之事!故今日欲成信史,必须慎重审查,认真思考,排除云雾,剪剃蒙茸。"

此桩公案,或可以上述论断作结。如陆游诗云:

> 广平作梅花赋,少陵无海棠诗。
> 正自一时偶尔,俗人平地生疑。

——《六言杂兴》

却看长剑空三叹:目送王师

> 六圣涵濡寿域民,耄年肝胆尚轮囷。难求壮士白羽箭,且岸先生乌角巾。幽谷主盟猿鹤社,扁舟自适水云身。却看长剑空三叹,上蔡临淮奏捷频。

——《观邸报感怀》

1205 年,韩侂胄兴兵北伐的前夜,宁宗取宋太祖"开宝"和宋真宗"天禧"年号中各一字,改元"开禧",寓意不忘祖先之业,继承祖宗之志,庇佑北伐功成。这年六月,宁宗下诏,封韩侂胄为平章军国事。宋代授平章军国事,寓有优待元勋重德之意,一般宰相与之不可同日而语,自此韩侂胄集大权于一身,生杀予夺,一言九鼎,再无掣肘,开禧北伐箭在弦上,呈不得不发之势。

此时,陆游已经八十一岁,整天盼着能在有生之年看到北伐胜利。在《书事》一诗中,他写道:"鸭绿桑干尽汉天,传烽自合过祁连。功名在子何殊我,惟恨无人快著鞭。"陆游想:鸭绿江在遥远的东北,桑干河在中原的河北,那里都应该是汉人的天下,边疆的烽火应该传过祁连山。现在,开疆拓土的功名是你们的了,与我这个老人没啥关系了,真是恨铁不成钢,怎么不见你们快马加鞭呢?终于听到要发兵的消息,陆游一觉醒来,抑制不住心中的激动,又写了一首诗:

> 饭罢颓然付一床,旷怀真足傲羲皇。松棚尽日常如暮,荷沼无风亦自香。倚杖月生人影瘦,岸巾露透发根凉。颇闻王旅徂征近,敷水条山兴已狂。
>
> ——《睡起巳亭午终日凉甚有赋》

北伐这么大的事是瞒不住的。开禧二年(1206)正月,宋朝的贺旦使陈景俊出使金国,辞归前,金章宗完颜璟派人来传话说:"大定初年,先祖世宗同意宋国世代为金的侄国,我一直遵守这个约定,想不到你国的盗贼屡屡过境侵犯,因此我设立了河南宣抚司,并派了宣抚使。后来,你国的公文到达,说是罢去了管理边界的官员,又撤回了边境上的士兵,我也将河南宣抚司撤掉了。不久后,你国盗贼犯境的行为比以前更加猖獗,我国群臣纷纷进言,说你们这是有意不履行盟约,我思虑再三,念我们两国和平相处这么多年了,委曲求全,不与你国计较,又恐我侄宋皇帝不知道这些事。你这次回国,一定要据实向宋皇帝言明此事,严加管理边境,不能再让这些盗贼侵犯我境了。"

完颜璟所称的盗贼,指的是不断侵犯金境的宋军。为避免两国由此发生战争,他故意将宋军说成是盗贼,明显是在息事宁人淡化两国的纷争。

开禧元年(1205)前后,北方连遭旱灾,饥民流亡,"盗贼"蜂起,数以十万计的流民在各州流窜,甚至向南宋守臣提出渡淮归宋的请求。金国为防南宋借机寻衅,关闭了两国的边贸市场,加强了守备。韩侂胄得到报告,以为金国外有蒙古军进犯,内有灾民作乱,顾此失彼,正是北伐的大好时机。韩侂胄为煽动民众情绪,为北伐做舆论准备,派兵进入金境的秦州、来远、商县、丹河,又派民间的忠义之士朱裕、李全火烧涟水县,不断在两国边境制造摩擦。

然而,真实的情况与韩侂胄的判断相去甚远。由于北伐心切,韩侂胄对真实的情报和朝堂上的正确建议采取了无视和打压的态度。

金章宗完颜璟(1168—1208),是金朝第六位皇帝,在位十八年(1190—1208),是金国历史上一位有为之君,也是金朝诸帝中汉文化水平最高的人。他在位期间废除了腐朽的奴隶制度,解放了女真奴隶,凝聚了天下人心;同时限制女真人的特权,淘汰庸碌之辈,不论出身,选贤任能,实现了人才选拔制度的优化;积极保护封建农业,下令将行宫禁地和围猎场所划拨给农民耕种;允许番汉通婚,实现民族团结,维护国家的长治久安,一系列的改革,造就了经济发达、人口增长、府库充实、天下富庶的"明昌之治"。金国人口由大定年间的八百多万迅速增长到五千六百多万,尽管此时遭遇自然灾害,但战争动员能力远比南宋强大。

韩侂胄执意北伐,当然有光复中原、为国雪耻、建立不朽功勋的思想基础,但更多的是想凭借北伐,改变"庆元党禁"后人心背离的现实状况。此时,光宗、太皇太后、宁宗的韩皇后相继去世,倚重的后台没了,韩侂胄急欲建立丰功伟业,来巩固自己的政治基础和权威,因为他还年轻,到开禧三年(1207)他兵败被杀时,也才五十五岁。

为制造声势,韩侂胄下令在镇江府为抗金名将韩世忠建庙。时隔一月,在他的授意下,宁宗下诏追封岳飞为鄂王。岳飞是恢复故土、洗雪国耻的一面旗帜,要兴师伐金,自然有必要打这面大旗,既激励将士,又振奋民心,更抬高了自己。追封岳飞,尽管韩侂胄心存私欲,但确是大振民心、大得人心之举,起到了号召军民的积极作用,为北伐赢得了舆论上的广泛支持。

开禧元年(1205),礼部试进士第一名毛自知,在策论中主张"乘机以定中原",大得韩侂胄欢心,被宁宗点为状元。就连在实际抗金战争中并无殊勋可言的"中兴四将"之一刘光世,也被追封为鄜王。开禧二年(1206)初夏,韩侂胄翻开秦桧被高宗赠封申王、追谥忠献的旧账,令礼部从秦桧后裔处追讨了封王赠谥的告词,将秦桧追夺王爵,降为衡国公,改谥"缪丑",以示对主和派、投降派的痛恨。

韩侂胄利用陆游、辛弃疾、叶适等人的爱国热情和他们在士人中的名望,积极宣传造势,力图赢得舆论的支持。词人刘过在《代寿韩平原》诗中说,"要令邻敌尊裴度,必向东山起谢安",把他比作平定河北藩镇叛乱的裴度和战胜前秦侵犯的谢安,令韩侂胄踌躇满志,以为北伐已成全天下的共识,再也听不进不同的声音。

韩侂胄曾派外甥张嗣古为贺生辰使赴金,探听金国的虚实。张嗣古归来后,被韩侂胄叫到府上咨询敌情。张嗣古据实陈报:"以我之见,金未可伐。太师勿轻信人言。"他又把所见所闻详细报告给韩侂胄,令其大为光火。

其后,邓友龙以贺正旦使身份赴金。归国后,他向韩侂胄呈报说:"入金以后,夜半有人偷偷求见,极言金国外为蒙古所扰,内为饥馑所困,王师如来,势若摧枯拉朽。"邓友龙又投韩侂胄所好,上倡兵之书,北伐之议由此敲定。

战前的舆论准备达到了预期效果,但是两国战争单靠舆论是不行的。监察御史娄机极力劝阻韩侂胄用兵,说:"您北伐的初衷是好的,但是现在的状况是将领平庸、士兵娇弱、财力不足,战端一开,万一久拖不决,到那时能怎么办呢?"韩侂胄大为不悦。其实,娄机的话已经点明了北伐的结果,"将领平庸、士兵娇弱、财力不足",这样的赢弱之师,加之仓促用兵,怎么能战胜金国呢!然而,被欲望冲昏头脑的韩侂胄北伐的决心已定。

对敌方的误判、对己方的高估、眼高手低的战略决策水平和外强中干的军队素质叠加在一起,加上韩侂胄盲目乐观、轻开战端,终致开禧北伐惨败。

开禧二年(1206)五月,宋军西出四川进入陕西,中出荆湖剑指开封,东出两淮直逼徐州,开禧北伐不宣而战。

战争初期,东路大军在郭倪率领下两路分进,将金国大军主力吸引至淮河一线的寿春,宋军攻陷泗州。中路大军也是两翼进军,顺利攻破新息、内乡,进军开封的路线被打通。

捷报迅速传遍全国,隐居在山阴的陆游不顾年迈体衰,一口气写了四首祝捷的诗篇:

一

北伐下辽碣,西征取伊凉。壮士凯歌归,岂复赋国殇。连颈俘女真,贷死遣牧羊。犬豕何足雠,汝自承余殃。

二

煌煌艺祖业,土宇尽九州。当时王会图,岂数汝黄头。今兹缚纛下,状若縠觫牛。万里献太社,禅将皆通侯。

三

符离既班师,北讨意颇阑。志士虽有怀,开说常苦艰。诸将初北首,易水秋风寒。黄旗驰捷奏,雪夜夺榆关。

四

小丑盗中原,异事古未有。尔来闽左起,似是天假手。头颅满沙场,余蒇饲猪狗。天网本不疏,贷汝亦已久。

——《出塞四首借用秦少游韵》

南宋大军猝不及防的进攻,迅速打乱了金国北部御蒙、内部平叛的节奏,金国大军在开封外围建立起防线,以开封为中心,在大名府、洛阳、许州、归德四州建立起了完善的防御网。大军集结后,南宋东路大军分兵进攻宿州受阻,无奈撤兵。宿州城的金兵趁势疯狂追击,东路大军主力几乎全军覆没。中路大军也受阻于许州一带,金军铁骑乘胜追击,一举夺回失地,之后分兵九路,突破淮河,直扑长江。

此时,陆游当年的预言一语成谶,在巴蜀进兵的西路,四川宣抚使吴曦出让了陈州、阶州、和州、凤州的土地给金国,叛国称王。

吴曦叛乱,南宋朝廷无比惊慌,自知养虎为患的韩侂胄给吴曦写了一封亲笔信,许诺南宋朝廷给吴曦封王,请求其不要归降金朝,但这封信没有起到任何作用。

吴曦的倒行逆施招致蜀地官民的强烈愤慨,他们纷纷拒绝听命。大安军首领杨震仲喝毒药自杀,史次秦自瞎双目,陈咸自髡其发,更多的人选择弃官而去。吴玠的子孙后代都对吴曦的行为十分反感,没有一人参与反叛。即便是吴璘的子孙,也有反对吴曦叛宋降金的。

吴曦称王的第四十一天,兴州中军正将李好义与军士李贵、进士杨君玉、李坤辰、李彪等数十人,共同商量诛讨吴曦。之后,李好义带领其部下七十四人进入吴曦宫殿。当时大门洞开,李好义大声疾呼而入,说:"我们奉朝廷密旨,以安丙长史为宣抚,诛杀反贼,敢反抗者,夷其三族!"

吴曦的护卫有千余人,听说朝廷有密诏诛杀吴曦,一哄而散。吴曦正在睡觉,听到响声,刚想逃跑,李贵立即扑上来,一刀劈在吴曦的脸上,吴曦反扑过来,与李贵在地上厮打起来。李好义迅速呼喊王换用斧头砍吴曦的腰部,吴曦捂着伤口放开李贵,众人一拥而上,吴曦死于乱刀之下。

吴曦称王的闹剧落幕,给吴家八十年卫国戍边的辉煌砍出一道血淋淋的口子,让后人唾弃。这一刀也砍在南宋的身上,多年之后还隐隐作痛。

西线吴曦叛变,东线丘崈主和,使韩侂胄陷于孤立的境地。

为了扭转对金战争的被动局面,开禧三年(1207)一月,韩侂胄罢丘崈,以知枢密院事张岩督视江淮军马,转而采取以守为攻的策略。在内政、外交多重压力下,原本得势的金军在宋军的不断阻击中成了强弩之末,双方又进入相持阶段。

八月,出使金国的方信孺带回完颜浩给张岩的复信,提出了割让两淮、增岁币五万两、以银一千万两犒军、归还陷没人和归正人、斩韩侂胄之头并函首以献等挑衅性的议和条件。

韩侂胄大怒,再度加强战备,在全国招募新兵,任命辛弃疾为枢密院都承旨,让他代替已被贬黜的苏师旦来指挥军事,要他立即赶赴行在奏事。

这时,《宋史》中的另一个奸臣——礼部侍郎史弥远登场了。

十一月三日,史弥远等在杨皇后的支持下伪造密旨,指使权主管殿前司公事、中军统制夏震带领禁军埋伏于路旁,待韩侂胄上早朝来到六部桥附近时,突然发动袭击,将他截至玉津园夹墙内槌击致死。

之后,南宋与金议和,史弥远命人割下韩侂胄的头颅,装在木匣中送给金国,创造了又一个"史上奇观"。

惨烈的开禧北伐,最终换来一个更加屈辱的嘉定和议,在南宋的天空中如幽灵般飘飘荡荡……

青史英豪可雄跨:寄梦稼轩

稼轩落笔凌鲍谢,退避声名称学稼。十年高卧不出门,参透南宗牧牛话。功名固是券内事,且葺园庐了婚嫁。千篇昌谷诗满囊,万卷邺侯书插架。忽然起冠东诸侯,黄旗皂纛从天下。圣朝仄席意未快,尺一东来烦促驾。大材小用古所叹,管仲萧何实流亚。天山挂旆或少须,先挽银河洗嵩华。中原麟凤争自奋,残房犬羊何足吓。但令小试出绪余,青史英豪可雄跨。古来立事戒轻发,往往谗夫出乘罅。深仇积愤在逆胡,不用追思灞亭夜。

——《送辛幼安殿撰造朝》

开禧北伐之前,嘉泰三年(1203),镜湖边的三山别业。

小园的秋天,因为竹篱下的几丛紫菊,和那几棵挂红的黄栌、枫香树、红叶石楠,显得温馨而亮丽。不知不觉,自临安回到山阴,已经几个月了。陆游掂起一把锄,铲着园中的残草。

小院的门吱呀一声,一个高大的身影推门进来,转着头,在园中巡视一圈,目光落在陆游身上。

陆游拄着锄把,看看来人,说:"恕老夫眼拙,您是?"

"江左占形胜,最数古徐州。在下姓陆,号放翁,不知您是何人啊?"来人站直了身子,捋着胡须说。

陆游打量了一下来人,笑了一声,说:"莫射南山虎,直觅富民侯。老朽姓辛,号稼轩。"

两人念着对方词中的句子,有来有往,不约而同地大笑起来。

陆游放下锄,忙迎过来,老远就伸出双手,说:"稼轩啊,贵客到访,怎么不提前告知老朽一声,也好准备准备。"

辛弃疾也紧走几步,握住陆游的手,说:"哪敢烦劳您准备,不请自来,您不见怪就好。"

陆游紧抓住辛弃疾的手,说:"辛先生啊,神交已久。今日一见,您这是为老夫了了一桩憾事啊!"辛弃疾二十多岁就步入仕途,四十岁官居隆兴知府兼江西安抚使,之后又做了福州知州兼福建安抚使。此时的辛弃疾刚刚调任绍兴知府兼浙东路安抚使,成了陆游家乡的父母官。

辛弃疾摇了摇陆游的手,说:"还是叫我稼轩吧,见到您,我也是了了一个夙愿!"

两个伟大的爱国诗人、词人,彼此遥望,敬重、惦念已经很多年了。

当年,陆游在镇江通判任上,作了一首词——《水调歌头·多景楼》。后来,辛弃疾和陆游的词韵,也作了一首词:

落日塞尘起,胡骑猎清秋。汉家组练十万,列舰耸层楼。谁道投鞭飞渡,忆昔鸣髇血污,风雨佛狸愁。季子正年少,匹马黑貂裘。　　今老矣,搔白首,过扬州。倦游欲去江上,手种橘千头。二客东南名胜,万卷诗书事业,尝试与君谋。莫射南山虎,直觅富民侯。

——辛弃疾《水调歌头·舟次扬州和人韵》

辛弃疾没有说是和谁的韵,但是,"莫射南山虎"一句,分明说的就是陆游,古往今来,还有哪个诗人在南山射过虎呢?!

辛弃疾小陆游十五岁,如果说陆游是南宋的诗界翘楚,辛弃疾就是南宋的词坛霸主。两人的诗文堪为伯仲,报国之志更是如出一辙。惺惺相惜的两人,没有一点陌生感。

两人喝着酒,品着茶,谈天说地、纵论古今,不知不觉聊到太阳落山。陆游送辛弃疾回府,辛弃疾回头看了看陆游居住的院子、房子,说:"这房子狭小,也破旧了,晚年生活要舒适一些,我这些年有一些积蓄,把这房子、院子都为你翻建一下吧!"陆游知道辛弃疾的经济实力,他在上饶建的稼轩别墅就是个大庄园,占地一百五十亩,池塘、小山、亭台楼榭一应俱全,光房子就有一百多间。之前,见多识广的朱熹来到辛弃疾家,吓了一跳,说"以为耳目所未曾睹",意思是别说见过,听都没听过。这样的经济实力,可能一百个陆游也比不了。陆游委婉地拒绝了辛弃疾的好意,事后还写诗说:"幸有湖边旧草堂,敢烦地主筑林塘。漉残醅瓮葛巾湿,插遍野梅纱帽香。"人各有各的活法,以辛弃疾的俸禄,足够他活得大气、洒脱、通透、豪壮,而陆游满足于田园之乐,生活中亦有自己的情趣。

北伐前,韩侂胄把辛弃疾调任镇江。临行前,辛弃疾来向陆游辞别,陆游写下了《送辛幼安殿撰造朝》。陆游以"稼轩落笔凌鲍谢"由衷地赞颂辛弃疾的文学成就,以"大材小用古所叹,管仲萧何实流亚",赞叹他堪比管仲与萧何,惋惜朝廷对他大材小用,使他一身的抱负得不到施展。陆游深知辛弃疾的才华和能力,不止一次读过辛弃疾的《美芹十论》和《兵事九议》,对辛弃疾提出的抗金军事策略大为叹服。在诗中,陆游不忘告诫辛弃疾,有了热情也不应贸然兴兵,往往这个时候是最容易遭到"谗夫"陷害的时候。他又以"深仇积愤在逆胡,不用追思灞亭夜",来安慰、劝解辛弃疾不要计较个人的恩怨,把所有的力量都用在对付金人上。

辛弃疾到任后积极为北伐做准备。他来到镇江,站在京口的北固亭,把满腔的豪气化作一首磅礴的词作,流传了千年:

千古江山,英雄无觅孙仲谋处。舞榭歌台,风流总被雨打风吹去。斜阳草树,寻常巷陌,人道寄奴曾住。想当年,金戈铁马,气吞万里如虎。　　元嘉草草,封狼居胥,赢得仓皇北顾。四十三年,望中犹记,烽火扬州路。可堪回首,佛狸祠下,一片神鸦社鼓。凭谁问:廉颇老矣,尚能饭否?

——辛弃疾《永遇乐·京口北固亭怀古》

《建炎以来朝野杂记》载:"安丰守厉仲方言淮北流民愿归附,会辛弃疾入见,言敌国必乱必亡,愿属元老大臣预为应变计。"这是开禧北伐前辛弃疾赴任时觐见宁宗所言。辛弃疾的一番话给予了宁宗极大的信心,但与韩侂胄急于求成的观点不同,辛弃疾认为虽然金国外有蒙古崛起,内有流民叛乱,大宋北伐的时机已经具备,但是金国本身的军事实力依然强大,北伐需要周密部署、缓缓图之,争取一战而成。辛弃疾这些话让韩侂胄心生忌惮,在战争发生时,韩侂胄临时换将,罢免了辛弃疾。

后来,北伐不顺利,韩侂胄勃然大怒,决心再战。朝中已无人可用,他又想起了辛弃疾。可是,这时辛弃疾正躺在病床上,已经不再是当初那个"沙场秋点兵"的战将了。不久后,六十八岁的辛弃疾在家中去世。

史诗篇　春秋笔走　诗心绝唱

宋宁宗嘉泰二年(1202)

信史新修稿满床：三任史官

　　信史新修稿满床，牙签黄帊带芸香。中人驰赐初宣旨，丞相传呼早出堂。皇祖圣谟高万古，诸贤直笔擅三长。孤臣曾趣龙墀对，白首为郎只自伤。

——《史院书事》

　　嘉泰二年(1202)五月，由于孝宗、光宗两朝实录及三朝史未就，朝廷宣召陆游以原官提举佑神观，兼实录院同修撰，兼同修国史，免奉朝议。时隔十三年，七十八岁的陆游再次奉召入京，第三次充任史官。

　　耄耋之年还能为朝廷所用，陆游心里自然是高兴的。行前，他写了一首《入都》："葵苋登盘酒可赊，岂知扶病又离家。朝行打岸涛头恶，夜宿垂天斗柄斜。不恨山林淹岁月，但悲道路困风沙。邻翁好为看耕陇，行矣东归一笑哗。"没有祠禄的日子过得艰难，粗茶淡饭吃习惯了，倒也不觉得难吃，但酒还要去赊，这对一生好饮的陆游来说就有些挂不住面子了。此去临安，既能发挥余热，为国家做点事情，又能领取俸禄、维持生计，岂不是一举两得的好事？

　　修史的工作是一份苦差，但对陆游来说并没有什么难度。绍兴三十一年(1161),陆游就在圣政所(玉牒所)做过史官,记录高宗的日常生活和国家发生的大事。不久,陆游被外放镇江,缺少了陆游的圣政所,编辑工作进行得并不顺利,一直到四年后,仅三十卷的《光尧圣政录》才得以编辑完成。

当初,淳熙十六年(1189),陆游以朝议大夫、礼部郎中兼实录院检讨官的身份参与《高宗实录》的编撰,那是实实在在的修史工作。作为主笔,陆游下了很大的功夫。他在《高宗圣政草》中言:"某被命修光尧皇帝圣政,草创凡例,网罗放逸,虽寝食间,未尝置也。然不敢以稿留私箧……"

陆游曾写过一首《读史》:"南言莼菜似羊酪,北说荔枝如石榴。自古论人多类此,简编千载判悠悠。"意思是说,一些南方人不知道羊酪是什么,出于臆断,就说羊酪像浙江杭州一带出产的莼菜一样,入口滑溜;一些北方人未见过荔枝,就说荔枝和石榴差不多,因为它们都是圆形的。有些修史之人,就像上面这些人一样,轻易臆断,掩盖了事实,这是不对的。编修史籍最忌讳粗枝大叶、主观臆断、模棱两可,那是对历史的不尊重,也是对自己的不负责。

可惜,淳熙十六年(1189),修史刚有了眉目,陆游就被弹劾了,以致《高宗实录》修了几年才修完。

嘉泰二年(1202)这次,陆游入朝做史官,要修撰《孝宗实录》、《光宗实录》和《三朝史》,工程巨大。初入史局,陆游写了一首诗:

> 八十年光敢自期,镜中久已发成丝。谁令归蹋京尘路,又见新开史局时。旧吏仅存多不识,残编重对只成悲。免朝愈觉君恩厚,闲看中庭木影移。

>> ——《开局》

一年后,五百卷的《孝宗实录》、一百卷的《光宗实录》如期完成。其间,陆游被任命为秘书监,官为正四品,这是他仕途中做到的最高品级,陆游写了一首谢诗:

群仙鹤驾去难追,白首重来不自知。才艺荒唐痴独绝,功名蹭蹬老如期。海边郑叟穷耽酒,吴下韦郎晚学诗。扶上木天君莫笑,衰残不似壮游时。

——《恩除秘书监》

嘉泰三年(1203),陆游任宝谟阁待制,次年以太中大夫充宝谟阁待制致仕,自此结束了断断续续、起起落落的仕途生涯。之后在开禧三年(1207),陆游晋封渭南伯,是为《渭南文集》之名的由来。

"少不自力,坐沉废者半生;老当告休,怅报酬之无地。"陆游感慨万千,写了一份谢启:

册府秩清,偶至鳌峰之顶;禁途地密,遂穿豹尾之中。虽造化之至公,实恩怜之曲被。欲叙丹衷之感,莫知雪涕之横。伏念某虽起耕畴,粗传家学。书藏屋壁,尚摈斥而不容;迹遁园庐,岂荣华之敢望。虚名作祟,聚谤成雷,幸于先狗马塞沟壑之前,遂其赐骸骨归卒伍之请,任子以世其禄,寓直以华其行。固已负耒学耕,饰巾待尽,身还民服,口诵农书,从故里渔樵之游,拜高年羊酒之赐。忽从厩置,逖奉诏除。所愧忝大门之官,敢竟夺匹夫之志。惟俟奏篇之御,即伸告老之诚。简牍未终,丝纶已降。半生淹泊,沉舟真阅于千帆;一旦遭逢,开印适当于三日。已扶衰而拜命,旋曳塞以造庭。兹盖伏遇某官德懋忱恂,化均块圠。作成士类,兼小大而不遗;劾相皇家,泯异同于无迹。泽东渐而西被,功上际而下蟠。才或取于寸长,罪不捐于一眚。故虽么么,亦被生成。某敢不顶踵知恩,冰霜励节。少不自力,坐沉废者半生;老当告休,怅报酬之无地。

——《除宝谟阁待制谢丞相启》

如果说官方主持修撰的史书,还不足以让陆游成为一名史学家,那么他自主编撰的《南唐书》,则为他当之无愧地戴上了史学家的桂冠。

陆游自幼喜欢读书,尤其喜欢读史书。他在《左传》《史记》《汉书》《后汉书》《晋书》《唐书》《资治通鉴》里畅游,不断开阔视野、积蓄能量,打下了深厚的史学功底。淳熙年间,陆游检阅三十九年的南唐史,发现已成书的南唐史只重于史实的罗列,其文学性和对后世的启迪性都有待加强,因此下决心以春秋笔法写一部精炼、耐读、兼具史学和文学价值的《南唐书》,让时人比照南唐历史,吸取其亡国的历史教训。宋室南渡之后偏安一隅的情形,与南唐政权的情形颇为相似,南唐政权的兴衰成败,大可成为宋人反思和借鉴的对象。当时,南宋朝廷"主和"与"主战"两派斗争激烈,众多忠勇之士报国无门,最高统治者却苟且求安,他们一味求和的消极心态与南唐君臣也有很多相似之处。陆游撰写的《南唐书》,和他的爱国诗词一样,字里行间饱含忧国之情,旨在以南唐君臣为例,使后人以古鉴今、完善自我。

例如,对于南唐开国皇帝李昪,陆游评价说:"仁厚恭俭,务在养民,有古贤主之风焉。"他认为,这样的皇帝堪称帝王的楷模。

再如,南唐后主李煜,虽然是个亡国之君,却也是个仁爱的君主。叙述完李煜的生平,陆游给他做了一个总结:

> 后主天资纯孝,事元宗尽子道,居丧哀毁,杖而后起。嗣位之初,属保大军兴之后,国削势弱,帑庾空竭,专以爱民为急,蠲赋息役,以裕民力。尊事中原,不惮卑屈,境内赖以少安者十有五年。宪司章疏有绳纠过许者,皆寝不下。论决死刑,多从末减,有司固争,乃得少正,犹垂泣而后许之。常猎于青山,还,如大理寺亲录系囚,多所原释。中书侍郎韩熙载奏,狱讼有司之事,囹圄非车驾所宜临幸,请罚内库钱三百万以资国用。虽不听,亦不怒也。姐问至江南,父老有巷哭者。然酷好浮屠,崇塔庙,度僧尼,不可胜算。罢朝辄造佛屋,易服膜拜,以故颇废政事。又置澄心堂于内苑,引能文士及徐元机、元榆、元枢兄弟居其间,中旨由之而出,中书密院乃同散地。兵兴之际,降御札移易将帅,大臣无知者。皇甫继勋诛死之后,夜出万人斫营,招讨使但署牒遣兵,竟不知何往。盖皆澄心堂直承宣命

也。长围既合,内外隔绝,城中之人惶怖无死所,后主方幸净居室听沙门德明、云真、义伦、崇节讲《楞严圆觉经》,用鄱阳隐士周惟简为文馆诗易侍讲学士,延入后苑讲《易》否卦,赐惟简金紫。群臣皆知国亡在旦暮,而张洎犹谓北师已老,将自遁去。后主益甘其言,晏然自安,命户部员外郎伍乔于围城中放进士孙确等三十八人及第。其所施为,大抵类此,故虽仁爱足以感其遗民,而卒不能保社稷云。

陆游不无惋惜地总结了李煜作为帝王心性上的弱点。他认为,帝王要有帝王的雄才大略,光有一颗善心,建庙修塔、吃斋念佛、爱惜百姓,是保不住社稷的!

《南唐书》是一部杰出的史传。全书共十八卷,南唐三主本纪三卷,人物列传十四卷,另有浮屠、契丹、高丽列传一卷,总共写了一百二十八个人物,记录了从南唐烈祖李昪到后主李煜(937—975)三十九年间的历史事件。陆游创作的《南唐书》是现存最为完备生动、成就最高的南唐史书,得到史学界、文学界的高度认可。

湖山胜处放翁家:田园作歌

> 湖山胜处放翁家,槐柳阴中野径斜。水满有时观下鹭,草深无处不鸣蛙。箨龙已过头番笋,木笔犹开第一花。叹息老来交旧尽,睡余谁共午瓯茶。
>
> ——《幽居初夏》

三山别业位于绍兴城西,东有韩家山,西有行宫山,中有石堰山,在镜湖之畔,是陆游修建的小园。

陆游在绍兴城有旧居,还在乡村的云门、梅山、石帆居住过。这些住处中,陆游居住最久的是三山别业。"三山"说是山,不过是高不足百米的丘阜,却是诗人眼中的山水胜地。乾道元年(1165)陆游任镇江府通判时,就开始营建这处新居,一年后贬官回乡,定居在这里。

陆游一生颠沛流离,屡遭罢黜,从绍兴二十八年(1158)出仕为官,到八十五岁人生落幕,五十二年间,一多半是在山阴度过的。隐居的岁月是他人生旅程里重要的部分,写陆游,不能淡忘他的田园生活和他留下的那么多优美的田园诗篇。

散发阳狂不计年,园林只在小窗前。断虹千尺卷残雨,新月一钩生暮天。腊酿拆泥留客醉,山茶落硙唤儿煎。物华心赏元无尽,剩住人间作地仙。

——《小园新晴》

三山别业占地面积不大,建有十几间房,陆游一家十余口,加上佣仆,住得并不宽敞。此处远称不上园林,只是诗人善于布局和见缝插针,这儿堆个假山,那儿挖个小池,硬把这寻常处所弄成了世外桃源。

陆游给东一块西一块的园圃都起了名字,并把它们写入诗中。有了大诗人的诗句,这园子就不平凡了。

三山别业中,东园有水,水中有个小亭,还有个平台,诗人写道:

水亭不受俗尘侵,葛帐筇床弄素琴。
一片风光谁画得,红蜻蜓点绿荷心。

——《水亭》

小园草木手栽培,袤丈清池数尺台。拄杖倦时闲倚壁,芳醪熟后喜传杯。春芜满地鹿忘去,夏木成阴莺自来。堪笑山童惭饱食,时时走报一花开。

——《小园》

南园远可观山,近可品水,把湖山胜境尽收眼底,陆游写道:

一双芒屩伴筇枝,不用儿扶自出嬉。

贪看南山云百变,舍西溪上立多时。

——《雨晴风日绝佳徙倚门外》

北渚露浓蘋叶老,南塘雨过藕花稀。新秋渐近蝉更急,残日已沉鸦未归。铜镜面颜无药驻,玉关勋业与心违。一蓑一笠生涯在,且醉苍苔旧钓矶。

——《北渚》

西圃又称药圃,种了好多药材。诗人写道:

少年读《尔雅》,亦喜骚人语。幸兹身少闲,治地开药圃。破荒剔瓦砾,引水灌膏乳。玉芝移石帆,金星取天姥。申椒蘼芜辈,一一粲可数。次第雨苗滋,参差风叶举。山僧与野老,言议各有取。瓜香躬采曝,泉洁谨炊爨。老夫病若失,稚子喜欲舞。余年有几何,长镵真托汝。

——《药圃》

北圃,又称蔬圃,草堂在前,石泉在右,花草树木散植圃外,圃中菘、芋、芥、芹、葱、韭菜、芜菁、豌豆、黄瓜、莴苣一应俱全,在诗人的作品里纷纷登场,俨然一幅村居水墨,散发着田园的气息。诗人在《蔬圃》中写道:

蔬圃依山脚,渔扉并水涯。卧枝开野菊,残枿出秋茶。病骨知天色,羁怀感物华。余年有几许,且灌邵平瓜。

开禧元年(1205),辛弃疾探望陆游的第二年,陆游闲来无事,在东园扎了一个篱墙,按今天的算法,南北长二十多米,东西长不足三米。陆游勾连古今、以景喻义,写了一篇《东篱记》。

自从结了东篱,陆游便徜徉篱下,做起了采菊的五柳先生,醉卧老学庵,放眼韩家山,淡忘了闲愁。东篱不长,陆游诗兴却不浅,写了好几首关于东篱的诗。他在《东篱杂题》中写道:"深居远悔吝,简事养精神。曳杖一萧散,待茶时欠伸。风生丛竹啸,露圻野花新。自作东篱后,经旬不过邻。"

"自作东篱后,经旬不过邻",这个结果令陆游闷闷不乐,但这不是"鸡犬之声相闻,民至老死不相往来"的翻版吗?

东篱住着一位老伯,是位农事的行家,每当陆游想栽种新品种的蔬菜都会向他请教,在《小园》诗中,陆游写过他:"历尽危机歇尽狂,残年惟有付耕桑。麦秋天气朝朝变,蚕月人家处处忙。""村南村北鹁鸪声,水刺新秧漫漫平。行遍天涯千万里,却从邻父学春耕。""二顷春芜废不耕,半生名宦竟何成?归来每羡农家乐,月下风传打稻声。"一天,陆游心中记挂着老伯,决定去问候一下。出了院子,有一条小溪,刚到溪边,陆游见老伯的儿子搀着老伯也到了溪边。老伯见了陆游,吃力地打招呼:"陆先生,你这是要干啥去?"

陆游走向老伯,说:"正要去看你啊。"

老伯拍着脑袋说:"这些天犯了头风,我也正想让你帮忙看看病呢。"

陆游给老伯把了把脉,念出一首诗:"儿扶一老候溪边,来告头风久未痊。不用列求芎芷辈,吾诗读罢自醒然。"(《山村经行因施药·其二》)

"啥?不用药,念你的诗就能好?"老伯的儿子将信将疑地问。

陆游说:"对,没事儿就念,三五天就能好。"

老伯念了三天,头风病真的好了,还送了陆游一个"神医"的称号,逢人就夸赞一番。原来,陆游是用了《黄帝内经》中"以恬愉为务,以自得为功"的精神疗法。

有了"神医"的称号,邻里间找陆游寻医问药的人就多了起来,陆游记叙说:"逆旅人家近野桥,偶因秣蹇暂消摇。村翁不解读本草,争就先生辨药苗。"(《山村经行因施药·其四》)

好在陆游家有药圃,种植了很多药材,家里没有的药,就去山上采集,他边采药边写诗,一举两得。

> 簦子编成细箬新,独穿空翠上嶙峋。丹砂岩际朝暾日,狗杞云间夜吠人。络石菖蒲蒙绿发,缠松薜荔长苍鳞。金貂谒帝我未暇,且作人间千岁身。
>
> ——《采药》

闲来无事,陆游骑着毛驴,带着药囊,走街串巷当起了乡村医生。

> 驴肩每带药囊行,村巷欢欣夹道迎。
> 共说向来曾活我,生儿多以陆为名。
> ——《山村经行因施药·其三》

陆游是个闲不住的人,"半生羁宦走人间,醉里心宽梦里闲。自喜如今无一事,读书才倦即游山"(《自喜》),放下书卷就去登山,从山上下来就去观水。河中的菱角熟了,便要采些回来,"今年寒到江乡早,未及中秋见雁飞。八十老翁顽似铁,三更风雨采菱归"(《夜归》)。遇到有儿童玩斗草的游戏,童心未泯的陆游还会加入其间,与他们一较高低。他在《老甚自咏》中写道:"残年真欲数期颐,一事无营饱即嬉。身入儿童斗草社,心如太古结绳时。"输了,他就给孩子们讲故事,赢了,也要讲故事,村里有村塾,陆游常去那里给孩子们讲课,大家都喜欢这个满肚子都是故事的老头。

陆游还喜欢打鱼,买了一条小船,到镜湖撒网,不知道打了多少鱼,"鱼虾日日厌煎烹",连做都懒得做了。年纪大了,网撒不动了就钓鱼,最有趣的是夜钓,"少时妄意学金丹,八十溪头把钓竿。露湿荚丛姑恶哭,烟深沙渚鹭鸶寒。登临每叹乾坤大,强健犹应岁月宽。作意清吟未须厌,如山残稿后人看"(《溪上夜钓》)。陆游遥望临安,写下无数忧国忧民的爱国诗篇,也隐居乡野,在平淡的日子里寻找着快乐,用一首首朴素的、纯净的、淡雅的、深沉的诗,记录着有趣的生活……

一竿风月,一蓑烟雨,家在钓台西住。卖鱼生怕近城门,况肯到红尘深处? 潮生理棹,潮平系缆,潮落浩歌归去。时人错把比严光,我自是,无名渔父。

——《鹊桥仙·一竿风月》

六十年间万首诗:剑南诗吼

脱巾莫叹发成丝,六十年间万首诗。排日醉过梅落后,通宵吟到雪残时。偶容后死宁非幸?自乞归耕已恨迟。青史满前闲即读,几人为我作蓍龟?

——《小饮梅花下作》

嘉泰元年(1201),陆游七十七岁,在山阴写下这首《小饮梅花下作》,自注言:"予自年十七八学作诗,今六十年,得万篇。"如果将乾隆皇帝排除在诗人之外,在中国文学史上,陆游独占鳌头,是存世诗作最多的诗人。此时,他的仕途还没有结束,他的诗路也还有很长一段要走,显然,《剑南诗稿》中收录的九千三百六十二首诗,并不是他诗作的全部,他主观地"遗漏"了一些诗,那些诗作中一定有他的难言之隐;他遗憾地丢失了一些诗,那是在自成都去蜀州的路上丢的,他凭借记忆找回了一些,但更多的流落在历史的长河里,那时正值诗人创作的高光时刻,一定不乏"铁马秋风"那样雄浑、豪迈的句子。

同时代的诗人杨万里评价陆游诗说:"高处不减陈思王(曹植)、李太白,其下犹伯仲岑参、刘禹锡。"后人对陆游诗的评价褒贬不一,褒者之见相似,贬者则多称其诗作句式、意境雷同之处颇多,也属客观。万首诗篇,跨越六十余年,咏物言志,今天有了诗兴,谁能记得二十年前写过相似的句子呢?想必结集时陆游也发现了这个问题,只是未忍剔除而已。如只挑拣百首传世,岂不是篇篇都是精品,令读者意犹未尽吗?难能可贵的是,陆游的万首诗篇,不但是文学作品,更是记录那个时代政治、制度、军事、外交、经济、文化、地理、民俗、风物的生动画卷,为后人了解、研究宋代提供了宝贵的资料。

陆游的诗人生涯起步于江西诗派。

元代诗评家方回把杜甫、黄庭坚、陈师道、陈与义称为江西诗派的一祖三宗。其流派正式定名是在宋徽宗初年吕本中作的《江西诗社宗派图》中;其理论出自黄庭坚的"夺胎换骨""点铁成金""以故为新",或师承前人之辞,或师承前人之意,崇尚瘦硬奇拗的诗风,追求字字有出处。江西诗派的影响遍及整个南宋诗坛。

陆游早期的诗歌创作严格遵循"江西诗派"的章法,清人赵翼说陆游的诗句"使事必切,属对必工。无意不搜,而不落纤巧;无语不新,而不事涂泽"。

陆游的诗歌作品内容庞杂,体例众多,古体长诗、五古、七古、五绝、五律、七绝、七律、五排、七排,均能轻松驾驭,尤以律诗见长,律诗中以七律为最工。

陆游在研习江西诗派理论之余,潜心模仿有"宋诗开山祖师"之称的梅尧臣,颇得精要,下面这首诗便是例证:

庭中下午鹊,门外传远书。小印红屈蟠,两端黄蜡涂。开缄展矮纸,滑细疑卵肤。首言劳良苦,后问逮妻孥。中间勉以仕,语意极勤渠。字如老瘠竹,墨淡行疏疏。诗如古鼎篆,可爱不可摹。快读醒人意,垢痒逢爬梳。细读味益长,炙毂出膏腴。行吟坐卧看,废食至日晡。想见落笔时,万象听指呼。亦知题诗处,绿井石发粗。公闲计有客,煎茶置风炉。倘公无客时,濯缨亦足娱。井名本季疵,思人理岂无。居然及贱子,愧谢恩意殊。几时得从公,旧学锄荒芜。古文讲声形,误字辨鲁鱼。时时酌井泉,露芽奉瓢盂。不知公许否?因风报何如。

——《寄酬曾学士学宛陵先生体比得书云所寓广教僧》

时人称这首诗遣词布局与整体风格酷似宛陵先生（梅尧臣）。此时，陆游的创作依然没有跳出江西诗派的藩篱，在拟古、炫技中踯躅。直到入蜀从军，他的创作风格才开始转变。

> 我昔学诗未有得，残余未免从人乞。力孱气馁心自知，妄取虚名有惭色。四十从戎驻南郑，酣宴军中夜连日。打球筑场一千步，阅马列厩三万匹。华灯纵博声满楼，宝钗艳舞光照席。琵琶弦急冰雹乱，羯鼓手匀风雨疾。诗家三昧忽见前，屈贾在眼元历历。天机云锦用在我，剪裁妙处非刀尺。世间才杰固不乏，秋毫未合天地隔。放翁老死何足论，广陵散绝还堪惜！
> ——《九月一日夜读诗稿有感走笔作歌》

这首诗作于绍熙三年（1192），距陆游从戎南郑整整二十年，是陆游对自己自入蜀后诗风转变的一次总结。"我昔学诗未有得"等句，当然是自谦之言，谓其早年学诗，只是学步古人，所以内容贫乏，风格孱弱。直到在南郑从军，"诗家三昧忽见前"，陆游顿开茅塞、豁然开朗，终于悟到作诗的"三昧"。

是什么让诗人顿开茅塞的呢？是军中夜宴、打球筑场、阅马列厩、华灯满楼、宝钗艳舞、琵琶弦急、羯鼓如雨，总而言之，是火热的军旅生活和这种生活带给陆游的恢复故土的希望和激情。八个月的军旅生活，是陆游政治生涯的转折点，也是他创作生涯的转折点。在这里，陆游悟出了人生的"三昧"，也悟出了诗的"三昧"。

陆游悟到的"三昧"，是以诗写时代、言心志，秉承现实主义精神，抒发家国之爱，阐述政治主张，鞭挞腐朽思想，赞颂美好情操，姿态汪洋，不拘一格，而不是亦步亦趋、僵化刻板、沉溺于雕章琢句、故作高深。

陆游还写道：

> 我初学诗日，但欲工藻绘。中年始少悟，渐若窥宏大。怪奇亦间出，如石漱湍濑。数仞李杜墙，常恨欠领会。元白才倚门，温李真

自邻。正令笔扛鼎,亦未造三昧。诗为六艺一,岂用资狡狯。汝果欲学诗,工夫在诗外。

——《示子遹》

为什么功夫在诗外?当然是因为"心中有丘壑,笔下有乾坤"。万里入蜀,山水的雄奇壮丽;匹马从戎,边关的鼓角旌旗;热血一腔,高远的恢复之志,令陆游笔下的诗篇呈现出跌宕、豪迈、壮阔的风格与气势,贯穿诗人后半生的创作历程,在中国文学史上熠熠发光。

嘉定二年(1210)的冬天,三山别业,一片萧瑟。

陆游躺在病榻上,问陆子聿:"我这一年写了多少诗?"

子聿整理着诗稿,说:"父亲,作了近五百首呢。"

陆游说:"诗稿我已整理得差不多了,将来如能刊刻,就叫《剑南诗稿》吧!"

陆子聿握着陆游的手说:"父亲,您放心吧,我一定把您的诗稿刊刻出来,让它传之后世。"

陆游微微点点头,吃力地望向西方,他的目光越过千山万水,又回到南郑,回到那个他一生都为之骄傲和牵挂的地方……

一年前,朝廷停了陆游的祠禄,停就停吧,行将就木的人,还要钱干啥?停祠禄的诏旨是史弥远授意写的,尽管诏旨是以皇帝的口吻写的,但那绝非出自皇帝之意。皇帝自登基就是个摆设,先是韩侂胄专权,后是史弥远擅政,皇帝根本不知道他们都在干些什么。史弥远是史浩的儿子,史浩有恩于陆游,而陆游的几个儿子都在朝为官,他们的仕途都捏在史弥远的手上。史弥远知道陆游的名望,想召陆游出山。他以为陆游不会也不敢拒绝,但是他错看了陆游,陆游回了他两首诗,拒绝了。

其一

力请还山又几年,何功月费水衡钱。

君恩深厚犹惭惧,敢向他人更乞怜。

其二

俸券新同废纸收,迎宾仅有一绨裘。

日锄幽圃君无笑,犹胜墙东学饭牛。

——《半俸自戊辰二月罢不复言作绝句二首》

陆游在恍惚中艰难地睁开眼睛,说:"子聿,记下父亲的遗嘱。"子聿忙备好了纸笔。

陆游缓缓地念道:

死去元知万事空,但悲不见九州同。

王师北定中原日,家祭无忘告乃翁。

——《示儿》

嘉定二年十二月二十九日(1210年1月26日),文学家、史学家、伟大的爱国诗人陆游与世长辞。

后　记

　　癸卯仲春，幸与华文出版社传记文学编辑部主任胡慧华博士畅叙，谈古论今颇受启发。言及陆游，我欣然曰："绍兴的沈园我去过两次，还专门到访过陆游故居遗址，那时我在上海工作，距今整整二十年了。"对陆游，我有虔敬之心，尽管那只是一个文学青年对一代文学宗师的仰望！谈及陆游的文学成就，我说，"南宋四大家"中的杨万里、范成大、尤袤、陆游，陆游的官最小，但他诗的成就最高。他的词虽然不能比肩"苏辛"，却不逊于同时代的其他词人。慧华赞同我的说法，建议我多研究研究陆游，也可以写写陆游，写人物传记是最深刻的学习过程，写一个人物，其实是写一群人、一个时代、一种文化、一段历史……写好一部传记，对于一个成熟的作者来说，也不是件容易的事。

　　我接受了他的建议，但不认为写一部有据可查的传记会比写一部虚构的小说要难。我的印象里，写传记是学者的工作，专注于某一领域的人，基于自己的所学，拉出个提纲，再翻检手中的资料添枝加叶，以一个讲述者的身份规规矩矩地码字就可以了。

　　于是，我从书堆里捡取几本现成的"传记"，开始以借鉴者的视角来"研究"它们，梳理它们的经纬、架构、条理、铺排层次、叙述风格和语言特点。其实，这都是并不复杂的表面工作。似乎一念之间，我就有了成熟的思路——以陆游生平年谱为纵向轴，以当年的背景、地点、人物、事件、思想、言论、创作为横向轴，初步厘清陆游一生的经历和重要的人生转折点，进而形成大致的脉络，再以史实为基础，以有别于前人撰写的诸多传记的章法,以自己的认知规划出传记的创作大纲,这部书就完成一半了。

我淘来几本关于陆游的书,如《陆游诗选》《陆游词选》《老学庵笔记》和前人所作的陆游评传,并在网上收罗了陆游的简要年谱和一批似有出处的资料,恶补了一个月,就依我拟就的提纲,拉足了架势开始动笔了。

"陆游,字务观,小字延僧,号放翁,晚号龟堂老人。宋徽宗宣和七年(1125)十月十七日出生在淮河官船上……"刚写下开篇的一小段,我就没勇气再写下去了。就说这名字吧,几乎所有的作者都依叶绍翁《四朝闻见录》所言,人云亦云,笼统地说,陆游的母亲唐氏在产前的夜里,梦到了秦观,秦观字少游,依秦观的名和字,颠倒一下,就有了陆游的名和字。然而,陆游曾有诗曰:"晚生常恨不从公,忽拜英姿绘画中。妄欲步趋端有意,我名公字正相同"(《题陈伯予主簿所藏秦少游像》)。陆游以此诗抒发对秦观的敬仰之情,"正相同"三字,恰恰透露出陆游的名字不是因"慕少游"而取的。看来宋人叶绍翁"母梦秦观而得名"的说法是没有根据的,倒是清人查慎行认为陆游之名出于《列子》更为可信。再推究这淮河,是哪一段的淮河?他的出生地不能写淮河吧!这里就有了寿春的"淮之湄说"和淮安的"盱眙说"之分歧,哪个说法更有说服力?看来手头的资料和我仅限于常识层面的一点知识,远远不能支撑这部传记的写作,甚至一个百余字的开头都支持不了,幸好我及时发现了自己的鲁莽和幼稚。

我开列出一个庞大的书单,并随研读的逐步深入不断添加新的书目:《宋史》,《辽史》,《金史》,于北山的《陆游年谱》,钱仲联校注的《剑南诗稿校注》全卷,马亚中校注的《渭南文集》,燕永成点校的《中兴两朝编年纲目》,孔凡礼、齐治平编著的《陆游资料汇编》,齐治平的《陆游传论》,虞云国著的《南渡君臣——宋高宗及其时代》《南宋行暮:宋光宗宋宁宗时代》,余耀华著的《宋徽宗时代》,夏承焘、吴熊和笺注的《放翁词编年笺注》等史料和研究性质的书籍。为解开金国战胜辽宋的谜团,甚至淘来日本作者三上次男的《金代女真研究》,以及多种陆游传论范本,同时还收罗了一大批曾几、秦桧、范成大、王炎、虞允文、杨万里、辛弃疾、韩侂胄等历史人物的详尽资料,开始了皓首穷经般的研读。行文过程中,常常因一个人物、一个细节停顿很长时间,比如描述天祚帝头鱼宴上众酋长献舞的事情,为让这个无足轻重的插曲更加接近当时的情境,我特意购来巴景侃的《辽代乐舞》浏览了一遍,才完成这一小段不足百字的写作,以致本来半年就可以完成的这本传记,断断续续地写了近两年。

在此特向研究陆游、书写陆游的前辈、老师们表示敬意!我这部书中的很多章节,都汲取、借鉴了前人的研究成果,为避免过于烦琐,略去了关于出处的注解,在此诚恳声明!

我有三处陋室聊以卒岁,一在省城,一在县城,一在乡下,因时因事而居。我准备了两个皮箱,刚好装下这些书,每次辗转,都会拉着"陆游",像个苦修者一般徜徉在陆游的世界里。勘校考订、钩沉索隐、综罗鳞爪、参览百家,我成了陆游最忠实的粉丝。当我真正走进陆游的世界,便再也无法抽身了。"读尺厚书,成半寸文",这是慧华给我的一份苦差,却又如何不能算一份美差?这段经历将让我受益终生。

陆游,他的才华、博学、厚重让我敬慕;他的执着、坚韧、率真让我感佩;他的寂寞、忧伤、失落让我动容。

他是诗人,成就卓越的诗人。他一生创作了数量庞大的诗作,盛唐以降,古往今来,比肩者能有几人?

他是词家,他的诗名黯淡了他词的光芒。他的词有豪放,有婉约。他的"春如旧,人空瘦。泪痕红浥鲛绡透"(《钗头凤·红酥手》)写尽了失去挚爱后重逢的悲凉;他的"无意苦争春,一任群芳妒"(《卜算子·咏梅》)让梅花傲立霜雪而淡泊有为的气质瞬间绽放,回味无穷。

他是联家。他的律诗中有很多对仗句,如"万卷古今消永日,一窗昏晓送流年"(《题老学庵壁》),均可独自成联。

他是散文家,他的《入蜀记》是现存中国古代第一篇长篇游记。他的《老学庵笔记》是宋代笔记中的佼佼者。

他是书法家,他的行草酣畅淋漓、豪放恣肆、一泻千里。"世间谁许一钱直,窗底自用十年功"(《学书》),他传世的楷书、行书尽可为帖。

他是史学家,他三次为史官,参与撰修了《两朝实录》《三朝史》。他以一己之力,完成了《南唐书》,为后人留下了宝贵的文化遗产。

　　他是个出色的弈者,围棋是他的拿手好戏。"扫空百局无棋敌,倒尽千钟是酒仙"(《湖上遇道翁乃峡中旧所识也》)。他写了二百多首棋诗,是古代写棋诗最多的一位。

　　他是茶客。他的存诗中,写茶的就有三百多首,其中许多是茶诗的翘楚。

　　他是酒仙,黄酒是他家乡的特产,酒是他一生的钟爱。"采药归来,独寻茅店沽新酿。……醉弄扁舟,不怕黏天浪。江湖上,遮回疏放,作个闲人样"(《点绛唇·采药归来》),既然自嘲为"放翁",那就诗酒同框吧!他索性醉里挥毫,顺便把古代写酒诗最多的诗人之名号也收入囊中。

　　他是郎中,确切地说他是一位只管施药看病,不为发家致富的真医者。"驴肩每带药囊行,村巷欢欣夹道迎。共说向来曾活我,生儿多以陆为名"(《山村经行因施药》)。

　　他是藏书家,"残年唯有读书癖,尽发家藏三万签"(《次韵范参政书怀》)。他笑称自己是"书痴""书颠"。

　　他是农夫,"种菜三四畦,畜豚七八个"(《幽居》),归隐的时光里,他常以化身农夫为乐。

　　他是渔人,"江上秋风芦荻声,鱼虾日日厌煎烹"(《病思》)。为了垂钓,他专门购置了一条小船。百里镜湖上,他飞钩抛网,每次都能满载而归,以至连烹饪这些鱼虾都成了负担。

　　他是教育高手,"父子更兼师友分,夜深常共短檠灯"(《示子聿》)。在他的言传身教下,他的后人都成了出类拔萃的人才。

　　他是一个美食家兼厨艺高手……

　　他还有一个贯穿一生的最重要的身份:一个矢志不渝、百折不回的爱国者!他曾参军报国。他在诗中说,"国仇未报壮士老,匣中宝剑夜有声"(《长歌行》),"早岁那知世事艰,中原北望气如山"(《书愤五首·其一》)。爱国的热情贯穿他的一生。梁启超在《读陆放翁集》诗中说:

"辜负胸中十万兵,百无聊赖以诗鸣。谁怜爱国千行泪,说到胡尘意不平。"好一个"意不平"！晚年的陆游还不忘调侃自己,作《记悔》以排解心中的苦闷与无奈：

> 我悔不学农,力耕泥水中。二月始稽事,十月毕农功。我悔不学医,早读黄帝书。名方手自缉,上药如山储。不然去从戎,白首捍塞墉。最下作巫祝,为国祈丰年。犹胜业文辞,志在斗升禄。一朝陪众隽,所望亦已足。岂知赋命薄,平地成怨仇。生为马伏枥,死为孤首丘。已矣何所悲,但悔始谋错。赋诗置座傍,聊以志吾怍。

以我的学识和能力,没有资格去评价陆游,姑且做个虔诚的、深情的、愚笨的讲述者吧,献给他即将到来的900年诞辰……